高质量发展背景下的
科技人才管理

索柏民　范闻纾　刁畅　任珊珊　杨宇诗　著

清华大学出版社
北 京

内 容 简 介

本书基于高质量发展的时代背景，结合我国国情，针对科技人才管理展开了系统全面的研究。首先，从"高质量发展中如何管理科技人才"这一世纪之问和时代之问出发，全面系统地阐述了本书的研究背景、研究目的与意义，高质量发展的内涵与特征以及本研究的创新点与预期贡献。其次，从八个方面对科技人才管理进行了分类研究，主要包括"虚与实：科技人才的地位与作用""旧与新：科技人才的内涵与演变""收与放：科技人才的体制与机制""破与立：科技人才的激励与评价""形与神：科技人才的工作与精神""异与同：科技人才的类别与特点""扬与弃：科技人才的政策与变迁""质与效：科技人才的质量与效益"。最后，从传承与发展的角度，对科技人才管理的薪火承续与创新发展进行了探索与展望。

本书可作为公共人力资源管理领域和科学与科技管理领域研究生的教材，也可作为科技人才管理与创新领域的学者、政府部门人员以及其他专业人士的阅读资料。

图书在版编目 (CIP) 数据

高质量发展背景下的科技人才管理 / 索柏民等著 .

北京 : 清华大学出版社 , 2025. 7. -- ISBN 978-7-302-69607-0

Ⅰ . G316

中国国家版本馆 CIP 数据核字第 2025WF6363 号

责任编辑：施　猛　王　欢
封面设计：常雪影
版式设计：方加青
责任校对：成凤进
责任印制：刘海龙

出版发行：清华大学出版社
　　　　网　　　址：https://www.tup.com.cn，https://www.wqxuetang.com
　　　　地　　　址：北京清华大学学研大厦 A 座　　　　　　邮　　编：100084
　　　　社 总 机：010-83470000　　　　　　　　　　　邮　　购：010-62786544
　　　　投稿与读者服务：010-62776969，c-service@tup.tsinghua.edu.cn
　　　　质 量 反 馈：010-62772015，zhiliang@tup.tsinghua.edu.cn
印 装 者：三河市铭诚印务有限公司
经　　销：全国新华书店
开　　本：185mm×260mm　　　　印　　张：13　　　　字　　数：292 千字
版　　次：2025 年 7 月第 1 版　　　　印　　次：2025 年 7 月第 1 次印刷
定　　价：78.00 元

产品编号：110832-01

前　言

高质量发展是面对世界科技革命和产业变革潮流，在我国经济由高速增长转向中低速发展新常态、社会主要矛盾发生变化之际，党中央对我国经济发展阶段的判断，以及对我国未来经济社会发展提出的新目标和新要求。2017年10月30日，习近平总书记在会见清华大学经济管理学院顾问委员会海外委员和中方企业家委员时指出："中国经济已经由高速增长阶段转向高质量发展阶段。"习近平总书记在党的二十大报告中强调："高质量发展是全面建设社会主义现代化国家的首要任务。发展是党执政兴国的第一要务。没有坚实的物质技术基础，就不可能全面建成社会主义现代化强国。"基于这样的时代背景，开展科技人才管理研究，了解科技人才的地位与作用、内涵与演变、体制与机制、激励与评价、工作与精神、类别与特点、政策与变迁、质量与效益，以及科技人才管理的传承与发展，具有十分重要的理论价值和现实指导意义。

本书在参考其他科技人才管理相关图书优势与特色的基础上，从以下两个方面呈现自身特点。

第一，把高质量发展作为科技人才管理的研究背景。本书虽然是关于科技人才管理的专业图书，但在研究过程中又体现出一定的独特性，把通常情况下的科技人才管理研究与具有时代气息的高质量发展背景进行了有机结合，使科技人才管理的研究更加翔实且具体，使科技人才研究的应然与实然实现了统一。本书在理论上有分析，在实践中有抓手，读者易于理解和掌握、实践和操作。同时，本书把科技人才管理置于高质量发展的场景中，探索科技人才管理的规律性，使得科技人才管理研究工作既体现出高质量发展背景下的独特性，又体现出研究工作关切现实需求的使命感与责任感。

第二，本书在篇章结构设计和表达方式上有所创新。全书一共分为10章，具体包括"问与答：高质量发展中如何管理科技人才""虚与实：科技人才的地位与作用""旧与新：科技人才的内涵与演变""收与放：科技人才的体制与机制""破与立：科技人才的激励与评价""形与神：科技人才的工作与精神""异与同：科技人才的类别与特点""扬与弃：科技人才的政策与变迁""质与效：科技人才的质量与效益""承与发：科技人才管理的承续与发展"。本书不仅形成了全面覆盖科技人才管理各个方面的知识体系，而且在内容设计与表现形式上尽量新颖，并着重结合现代科学技术发展前沿展开论述，全书内容具有一定的趣味性和易读性。

本书撰写分工如下：索柏民负责全书框架设计；索柏民和王妍苏负责撰写第1章；索柏民和刘聪敏负责撰写第2章；刁畅、索柏民和王妍苏负责撰写第3章；杨宇诗、索柏民和王妍苏负责撰写第4章；范闻纾、索柏民和刘聪敏负责撰写第5章；崔元、索柏民和刘聪敏负责撰写第6章；任珊珊、索柏民和周志垚负责撰写第7章；曲家奇、索柏民和周志垚负责撰写第8章；谭惠馨、索柏民和周志垚负责撰写第9章；索柏民和周志垚负责撰写第10章；最后由索柏民与周志垚、刘聪敏、王妍苏负责全书的统稿与校对工作。

在写作本书过程中，作者们付出了心血与努力，同时出版社编辑也给予了悉心帮助，在此表达诚挚的谢意。此外，本书参考和借鉴了一些相关研究成果，在此向相关作者表达真诚的谢意。

本书系沈阳师范大学学术文库成果，在写作过程中，得到了学术文库项目主持人公共管理学院张韬教授的大力支持，在此表达由衷的谢意。本书系2024年度辽宁省高等学校基本科研项目"形成新质生产力背景下辽宁科技人才体系构建的机制与对策研究"(LJ112410166073)的研究成果。同时，沈阳师范大学公共管理学院孟迎辉教授给予了本书内容、方向上的指导以及出版资金方面的大力支持，在此表达诚挚的谢意。

由于撰写时间仓促，以及作者理论与实践视野的束缚、写作能力与水平的限制，本书可能会存在一些意想不到的纰漏，竭诚欢迎来自各领域的专家、学者以及读者予以批评指正，以便使本书不断完善与提升。反馈邮箱：shim@tup.tsinghua.edu.cn。希望本书的出版能够为当前高质量发展背景下的科技人才管理工作提供可资借鉴的发展建议和实施路径，助力相关领域的改革与实践取得成功。

索柏民

2025年1月20日

于沈阳师范大学校园

目　录

第3章
旧与新：科技人才的内涵与演变

第4章
收与放：科技人才的体制与机制

第5章
破与立：科技人才的激励与评价

第6章
形与神：科技人才的工作与精神

第7章
异与同：科技人才的类别与特点

第8章
扬与弃：科技人才的政策与变迁

第9章
质与效：科技人才的质量与效益

第10章
承与发：科技人才管理的承续与发展

第1章

问与答：高质量发展中
如何管理科技人才

1.1 研究背景、研究目的与意义

1.1.1 研究背景

1. 国家战略的引导

随着全球经济形势的变化和科技发展的加速，各国纷纷将科技创新作为国家发展的核心战略。中国提出了高质量发展的理念，强调在经济增长中注重质量和效益，这就增加了对科技人才的需求，同时对科技人才管理提出了更高的要求。

(1) 全球科技竞争加剧

全球科技竞争加剧是当今国际关系发展和经济发展的重要趋势，这一趋势受到多种因素的推动，包括技术的快速发展、国际战略竞争以及全球供应链的变化等。在全球化背景下，各国纷纷加大对科技创新的投入，科技竞争日益激烈。人才作为科技创新的关键要素，重要性愈加突出。因此，实施科学的人才管理战略，有助于国家在全球科技竞争中占据领先地位。

(2) 经济转型与高质量发展需求

进入21世纪20年代，许多国家尤其是发展中国家，面临的重要任务和挑战就是经济转型与高质量发展。随着全球经济环境的变化，传统的增长模式已难以为继，经济发展亟需从数量扩张转向质量提升。传统产业的发展面临瓶颈，而新兴产业则需要大量高素质的科技人才来支撑。为此，国家需要制定系统的人才管理战略，以适应新经济模式和高质量发展的要求。

(3) 科技创新引领发展的重要性

科技创新已被广泛认同为推动经济社会发展的重要驱动力。在这一背景下，国家必须建立有效的科技人才管理体系，以促进创新型人才的培养和引进，从而推动整体科技水平的提升及成果转化。科技创新引领发展是实现经济高质量增长、提升国家竞争力、改善民生、应对全球挑战的必由之路。国家应重视科技创新，积极营造良好的创新环境，通过政策支持、资金投入、人才培养等措施，激发全社会的创新活力，从而在全球化竞争中占据有利地位，实现可持续发展。

(4) 人口老龄化与人才短缺

随着人口老龄化的加速，许多国家包括我国在内，都面临劳动力市场人才短缺的问题。尤其是在科技领域，老龄化现象会导致技术空心化。国家需要通过战略引导，吸引和保留年轻的科技人才。人口老龄化与人才短缺是复杂且相互关联的社会经济问题，各国需要采取综合措施，既要应对老龄化带来的挑战，又要为未来的人才培养和引进做好准备，以实现经济的可持续发展和社会的和谐稳定。

(5) 科技政策与人才政策的融合

随着科技政策的制定与实施，人才政策的重要性愈发突出。科技人才管理的国家战略需要与国家整体发展战略、科技政策、教育政策等有机结合，这是实现国家科技创新和经济高质量发展的重要途径。两者的有效结合有助于形成合力，推动科技进步，促进经济转型，并应对人才短缺等挑战。

2. 经济转型与科技创新

经济转型与科技创新是现代经济发展的重要驱动力，两者之间存在密切的关系。经济转型通常是指一个国家或地区在经济结构、发展模式及增长方式等方面进行的深层次调整，而科技创新则是推动经济转型的核心力量。

中国经济正处于从高速增长向高质量发展的转型期，面临资源环境压力、人口老龄化等挑战。在此背景下，科技创新成为推动经济转型的重要动力，科技人才的培养、引进和管理尤为重要。

中国经济转型呈现以下三个特点：一是从低端向中高端转型，依靠技术进步和创新，推动产业向高附加值、高技术含量的方向发展；二是呈现服务化趋势，经济结构从传统制造业向服务业转型，提高服务业在国民经济中的比重；三是坚持可持续发展，强调绿色经济和可持续发展，推动低碳技术的应用。

科技创新的重要性主要体现在驱动经济增长、促进结构调整、增强国家竞争力三个方面。通过提高生产率和催生新产业可以驱动经济增长；通过优化资源配置和推动产业升级可以促进结构调整；通过提升国际竞争力和吸引投资，可以增强国家竞争力。

经济转型与科技创新的关系可以概括为相互促进、政策引导和人才驱动。具体来说，经济转型为科技创新提供了需求和市场，科技创新则为经济转型提供了技术支持和动力；政府通过制定相关政策和提供资金支持，促进科技创新，从而推动经济转型；经济转型需要大量高素质人才，而科技创新又为人才的培养和引进提供了新的机会和平台。

由此来看，经济转型与科技创新是相辅相成的过程，只有将两者有机结合，才能实现高质量发展。在这一过程中，政府、企业和社会各界需要共同努力，推动科技创新，助力经济转型，以应对未来的挑战，实现可持续发展。

3. 全球人才竞争加剧

全球人才竞争加剧是当今各国经济发展、科技进步和社会变革的重要背景。随着经济全球化的深入发展和科技革命的不断推进，各国对高素质人才的争夺愈发激烈。

全球人才竞争加剧的主要原因在于科技革命与产业变革、经济全球化、人口流动与移民政策以及人才短缺与老龄化等。人工智能、大数据、云计算等技术的兴起和快速发展，导致对具备相关技能的人才的需求激增。传统产业向智能制造和服务型经济转型，迫切需要具备专业知识和创新能力的人才。全球经济互联互通，各国和各地区之间的经济活动加速，企业需要具备国际视野和跨文化沟通能力的人才。各国纷纷出台优惠政策，以吸引外资和高端人才，导致人才竞争愈发激烈。许多国家放宽了对技术移民的限制，以吸引全球高技能人才。越来越多的学生选择出国留学，这些留学人员成为各国人才竞争的关键目标。许多发达国家面临劳动力短缺问题，增加了对年轻高技能人才的需求。在快速变化的工作环境中，许多国家面临技能与市场需求不匹配的挑战。

全球人才竞争的加剧对各国经济和社会发展提出了新的挑战，同时也提供了新的机遇。各国需要积极应对，通过优化教育体系、改善移民政策、促进产学研合作和创造良好的创新环境，来吸引和留住高素质人才。在这一过程中，政府、企业和社会各界应共同努力，实现人才的有效配置与利用，从而推动经济的高质量发展。

4. 科技人才结构性短缺

科技人才结构性短缺是当今许多国家和地区面临的重大挑战。这种短缺不仅会影响科技创新和经济发展，也会影响社会的整体竞争力。尽管中国科技人才储备充足，但高端科技人才和创新型人才的供给仍存在结构性短缺，特别是在前沿科技领域，如人工智能、量子计算、生物科技等，优秀人才稀缺制约了相关行业的发展。

(1) 科技人才结构性短缺的成因

① 教育体系与市场需求不匹配

许多高等院校教学内容滞后，课程设置未能及时响应快速发展的科技领域的需求，导致毕业生技能不足。同时，专业选择不均衡，学生趋向选择热门专业，导致某些关键领域(如基础科学、工程技术等)的人才供应不足。

② 科技领域的快速发展产生新的人才缺口

人工智能、大数据、云计算、量子计算等新兴领域的新兴技术迅速崛起，导致相关领域对具备这些技能的人才需求激增，人才缺口加大。同时，各种技术迭代加速，现有的科技人才需要不断学习新技术，但仍有许多人难以跟上技术发展的速度。

③ 人口老龄化与劳动力短缺

许多国家面临严重的老龄化问题，直接导致劳动力市场萎缩，劳动力人口比例下降，科技人才的供给受到限制。同时，在职人员退休加速，行业内大量资深人才退休，许多高技能岗位空缺难以及时填补。

④ 企业对人才提出较高要求

许多企业对科技人才的要求越来越高，人才不仅需要具备专业知识，还需要具备跨学科的能力和实践经验。同时，人才竞争愈加激烈，企业之间对顶尖科技人才的争夺加剧，导致人才流失和供需失衡。

(2) 科技人才结构性短缺的影响

① 科技创新受到限制

科技人才短缺直接影响企业的研发能力和创新效率，制约新技术的开发和应用。此外，缺乏足够的科技人才会使国家在全球科技竞争中处于劣势，使国家竞争力减弱，进而影响经济增长。

② 经济发展有所放缓

科技人才的不足不仅会使企业在转型升级中面临巨大困难，而且会直接影响整体经济结构优化。另外，投资者往往更愿意投资有创新能力和人才支撑的地区，科技人才短缺可能会削弱一个地区的投资吸引力，导致经济发展速度放缓。

③ 社会发展不平衡

高技能人才往往流向经济更发达的地区，导致一些地区面临人才短缺和经济发展的不平衡。同时，教育资源分配不均，教育资源过度向某些区域集中会导致另外一些地区在科技人才培养方面处于劣势，进一步加剧结构性短缺的问题。

科技人才的结构性短缺是一个复杂而紧迫的问题，影响着国家的科技创新能力、经济发展和社会进步。为了解决这一问题，需要从多方面入手，综合施策，以实现科技人才的可持续培养和合理配置。

5. 科技人才管理的挑战

许多企业和科研机构在科技人才管理方面面临诸多挑战，如果不能有效应对，不仅会影响科技人才的积极性和创造力，也会影响组织整体的创新能力。

挑战一：技能短缺

随着科技的迅速发展，尤其是在人工智能、大数据、云计算等领域的突破，市场对高技能人才的需求不断增长。然而，合适的人才供给不足，导致企业在招聘和留住人才时面临困境。

挑战二：快速变化的技术环境

技术日新月异，企业需要不断更新员工的技能和知识，以适应新的工具和平台。这要求企业建立培训机制，但往往存在资源有限的情况。

挑战三：人才流动性高

科技行业人才普遍存在高流动性，优秀人才容易被竞争对手挖走。企业需要提供有竞争力的薪酬和职业发展机会，以吸引和留住人才。

挑战四：跨文化管理

随着经济全球化的加剧，科技公司往往拥有多元化团队，涉及不同文化背景的员工。管理者需要具备跨文化沟通和管理的能力，以促进团队协作和创新。

挑战五：工作与生活平衡

科技行业的工作压力普遍较大，加班现象严重。企业需要关注员工的心理健康，提供灵活的工作安排，以提升员工的满意度和忠诚度。

挑战六：创新与管理的平衡

在追求创新的同时，企业需要保持一定的管理规范，以确保项目的顺利推进。这种平衡往往难以把握，管理者需要具备灵活应对的能力。

挑战七：多样性与包容性

在科技领域，企业需要采取措施，创造包容的环境，以吸引和留住不同种族、文化背景的人才。

挑战八：参与感和归属感

在远程办公日益普及的情况下，如何增强科技人才的参与感和归属感成为一个重要挑战。企业需要采用有效的沟通和团队建设策略，促进科技人才之间的联系。

挑战九：绩效评估与激励机制

传统的绩效评估方法可能无法有效反映科技人才的贡献，企业需要建立更为灵活和公平的评估标准，以激励员工的创新能力，从而促进生产力发展。

挑战十：人才培养与接班人计划

企业需要建立系统的人才培养机制，以确保有足够的后备人才来应对未来的业务挑战，具体包括规划清晰的职业发展路径和制订培训计划。

6. 政策环境的变化

科技人才政策环境的变化反映了一个国家或地区在科技创新、经济发展和人才培养方面的战略调整。近年来，政府在科技人才管理方面出台了一系列政策，如"百千万人才工程""中学生科技创新后备人才培养计划"等，有力地推动了科技人才的引进与培养。但是，政策的实施效果和可持续性仍需深入研究，以确保科技人才的有效管理和利用。

(1) 全球化与竞争的影响

随着全球科技竞争的加剧，各国纷纷出台政策，以吸引和培养科技人才，增强自身的创新能力。例如，发达国家可能会推出更为宽松的移民政策，鼓励高技能人才的流入。

(2) 科技进步的影响

新兴技术(如人工智能、大数据、区块链等)的快速发展，促使各国重新审视其科技人才的培养和引进策略，强调跨学科和应用型人才的培养。

(3) 经济转型的影响

许多国家正在经历经济结构转型，传统产业向高科技、绿色经济转型，因此对相关科技人才的需求日益增加，这导致政策更倾向于与产业需求对接的人才培养和引进。

(4) 教育政策改革的影响

为了适应不断发展的科技环境，教育系统也在不断改革，强调实践能力、创新能力的培养，推动产学研结合，旨在培养符合市场需求的科技人才。

(5) 政策支持与激励机制的影响

各国政府通过财政资助、税收优惠、科研经费分配等政策来激励企业和高校加大对科技人才的培养和引进力度。同时，建立完善的人才评价和激励机制，旨在留住和激励优秀科技人才。

(6) 国际合作与交流的影响

在全球科技合作日益紧密的背景下，科技人才的国际流动性增强，政策环境也趋向于促进国际交流与合作，鼓励高校、研究机构与国际同行进行合作研究，以吸引外国优秀人才。

(7) 社会环境变化的影响

社会对科研人员的重视程度不断提升，科研人员的职业发展、待遇和社会地位等方面受到更多关注，促使政府和企业给予更多政策支持。

7. 科技与教育的融合

科技与教育的融合是指将现代科技手段和工具应用于教育教学的各个环节，以提升教学效果、促进学习方式的创新和教育公平。科技与教育的融合是当今教育领域的重要趋势之一，旨在通过先进的技术手段提升教育质量和学习效果。这种融合体现在多个方面，具体包括在线教育平台、虚拟现实与增强现实、人工智能、大数据与学习分析、物联网（internet of things，IoT）、移动学习、区块链技术、游戏化学习、远程实验与虚拟实验室、混合学习模式等。

在高质量发展背景下，科技与教育的融合愈发重要。高等教育应与产业需求紧密对接，培养符合高质量发展要求的科技人才。因此，如何制定科技人才培养模式、建立管理机制成为亟待解决的问题。

科技与教育的融合不仅能改变教学方式和手段，还能推动教育理念和模式的创新，促使教育更加个性化、灵活化和普惠化。在未来，这种融合将继续深化，进一步推动教育的变革与发展。

1.1.2　研究目的与意义

1. 研究目的

在高质量发展的视域下，我国科技人才管理的研究目的主要包括以下八个方面。

(1) 推动科技创新与经济转型升级

高质量发展要求经济结构从传统的资源驱动向创新驱动转型。科技创新是这一转型的核心动力，而科技人才是推动科技创新的关键力量。研究科技人才管理的目的之一是通过优化人才管理机制，提升科技人才的创新能力，为国家经济高质量发展提供强大的智力支持和技术保障。

(2) 优化科技人才的配置与流动

在高质量发展背景下，科技人才的高效配置和合理流动至关重要。研究科技人才管理旨在探索如何根据不同地区、行业和学科的需求，优化科技人才的引进、培养和流动机制，促进科技资源的合理布局，确保关键领域和核心技术人才的供给，推动科技创新要素的高效流动。

(3) 完善人才培养和引进机制

研究科技人才管理有助于满足科技创新对人才的需求，完善人才培养和引进机制。通过建立更加科学和灵活的科技人才培养体系，加大对高层次、前沿领域人才的引进力度，确保科技人才的数量与质量能够满足国家科技创新和经济高质量发展的需求。

(4) 构建激励与考核体系，提升人才活力

高质量发展要求科技人才具备更强的创新能力和实践能力。通过研究科技人才管理，能够探索并制定适应高质量发展要求的激励措施和考核机制，从而激发科技人才的创新活力，确保人才的积极性与创造性得到充分发挥。

(5) 促进科技与产业深度融合

高质量发展不仅需要科技领域的创新，还需要科技成果能够转化为产业发展的动力。科技人才是科技创新与产业转型的桥梁和纽带。通过研究科技人才管理，能够加强人才与产业的对接，推动科技成果转化应用，充分发挥科技人才在产业升级和经济高质量发展中的作用。

(6) 加强科技人才的国际竞争力

在全球化背景下，科技人才的国际竞争力是国家科技创新能力的体现。通过研究科技人才管理，可以探索如何增强我国科技人才的全球创新力和竞争力，拓展科技人才的国际视野并提升合作能力，从而提升我国在全球科技创新领域的地位和影响力。

(7) 促进区域协调发展

我国不同地区在科技创新和人才储备方面存在差异。研究科技人才管理，有助于制定有针对性的人才政策，促进科技人才在区域间的均衡配置，缩小地区之间的创新差距，从而推动区域经济的协同发展，特别是能促进经济欠发达地区的科技创新与高质量发展。

(8) 实现科技人才的全面发展

高质量发展不仅关注科技人才的创新能力，也关注人才的综合素质和社会责任感。通过研究科技人才管理，可以为科技人才的全面发展提供保障，有助于完善科技人才的职业发展路径，提升人才的社会影响力和责任感，从而培养既具有创新能力又具有社会责任感的高素质科技人才。

综上所述，在高质量发展视域下，我国科技人才管理的研究目的在于通过优化科技人才的配置、培养、激励和流动机制，提升科技创新的效率和效果，从而推动我国经济向创新驱动转型，并提高科技人才在全球科技竞争中的地位，进而支撑我国经济社会的高质量发展。

2. 研究意义

在高质量发展视域下，我国研究科技人才管理的意义主要体现在以下八个方面。

(1) 促进创新驱动发展战略的实施

高质量发展要求我国从传统的资源驱动型经济向创新驱动型经济转型，而科技创新的核心是人才。研究科技人才管理，有助于识别当前科技人才培养、引进、激励等方面的瓶颈和不足，探索适应创新驱动发展的管理模式，为创新体系建设提供支撑。通过优化人才管理，能够推动更多科技创新成果的涌现，为我国经济高质量发展提供强有力的人才支持

和技术支撑。

(2) 提升科技人才的培养与引进质量

我国正处于建设创新型国家的关键时期，科技人才的供给侧结构性改革刻不容缓。研究科技人才管理，有助于提升科技人才的培养和引进质量，优化人才政策和培养机制，确保不同层次、不同领域的人才能够满足国家科技创新需求。特别是在高层次、基础性和前沿技术领域的人才引进及培养方面，能够为国家科技创新体系建设提供更加有效的支持。

(3) 优化人才资源配置，推动区域协调发展

我国各地区在科技创新和人才储备上存在较大差异，尤其是东部与西部、发达地区与欠发达地区之间的人才资源分布不均。研究科技人才管理，可以为区域协调发展提供思路，有助于优化人才流动和配置机制，帮助国家在实现科技人才均衡发展的同时，促进不同地区的科技创新和经济高质量发展，缩小区域创新差距。

(4) 增强科技人才的创新活力与国际竞争力

科技创新不仅仅依赖人才数量，更依赖人才的创新能力与全球视野。研究科技人才管理，可以为我国科技人才提供更加良好的激励机制、发展空间和科研平台，增强科技人才的创新活力，推动我国在国际科技竞争中占据有利位置，从而提升我国在全球科技领域的竞争力，促使我国能够更好地融入全球科技创新网络，进而推动技术进步和产业升级。

(5) 推动科技与产业深度融合

高质量发展要求将科技成果转化为实际生产力，这就需要科技人才与产业之间的深度融合。研究科技人才管理，有助于构建完善的人才管理体系，促进科技人才与产业需求的对接，从而推动科研人员的创新成果更快转化为实际应用，进而推动传统产业的技术升级和新兴产业的快速发展。这对促进产业结构优化、提升经济效益、实现绿色发展具有重要作用。

(6) 提升人才管理的系统性与科学性

随着社会和科技的快速发展，传统的人才管理方式和体系已不完全适应新形势的需求。研究科技人才管理，有助于构建更加科学、系统的管理框架，提升人才培养、引进、激励和流动等环节的效率。通过制定并实施科学合理的管理措施，不仅能够优化人才资源配置，还能提升科技人才的综合素质、科研能力与社会责任感，从而助力高质量发展目标的实现。

(7) 促进科技人才的可持续发展

高质量发展的核心是可持续发展，而科技人才的可持续发展同样至关重要。研究科技人才管理，能够揭示当前人才发展的瓶颈问题，如科研环境、职业发展路径、晋升机制等方面的问题，并提出改进策略。通过拓宽科技人才的职业发展空间、增强其归属感和创造力，可以为科技人才的长期稳定发展奠定基础，从而为我国科技创新提供源源不断的动力。

(8) 实现国家科技自立自强

我国在科技领域的独立性和自主创新能力对经济高质量发展至关重要。研究科技人才管理，有助于探索增强科技人才自主创新能力的途径，避免过度依赖外部科技力量，从而增强国家科技的自主可控能力。通过建立健全科技人才管理体系，可以培育出一批具有原

创性、突破性创新能力的科技领军人才，推动我国在核心技术领域实现自主可控。

总体而言，在高质量发展视域下，我国科技人才管理的研究意义在于通过优化人才培养、激励、引进和流动等机制，提升科技创新的整体效能，推动国家科技自立自强，促进经济高质量发展。通过加强科技人才管理，可以实现人才资源的合理配置，促进科技与产业的深度融合，推动区域协调发展，从而增强我国在全球科技竞争中的影响力，为我国迈入创新型国家行列和高质量发展奠定坚实的人才基础。

1.2 高质量发展的内涵与特征

1.2.1 高质量发展的定义

高质量发展是相对于传统的数量扩张型发展模式而言的一种新的发展理念，强调经济增长不仅仅依赖于速度和数量，更注重质量、效益和可持续性。高质量发展的核心目标是推动经济结构优化升级，实现均衡、绿色、创新、开放和共享的经济发展。高质量发展不仅关注经济总量的增长，还强调经济发展的内涵和质量。

2017年，习近平总书记在党的十九大报告中指出："我国经济已由高速增长阶段转向高质量发展阶段。"2020年，习近平总书记在《关于〈中共中央关于制定国民经济和社会发展第十四个五年规划和二〇三五年远景目标的建议〉的说明》中指出："经济、社会、文化、生态等各领域都要体现高质量发展的要求。"2021年，习近平总书记在参加十三届全国人大四次会议青海代表团审议时强调："高质量发展不只是一个经济要求，而是对经济社会发展方方面面的总要求；不是只对经济发达地区的要求，而是所有地区发展都必须贯彻的要求；不是一时一事的要求，而是必须长期坚持的要求。"党的十九届六中全会审议通过的《中共中央关于党的百年奋斗重大成就和历史经验的决议》提出："不能简单以生产总值增长率论英雄，必须实现创新成为第一动力、协调成为内生特点、绿色成为普遍形态、开放成为必由之路、共享成为根本目的的高质量发展。"2022年，习近平总书记在党的二十大报告中强调："我们要坚持以推动高质量发展为主题。"

根据上述习近平总书记关于高质量发展的论断，我们可以从以下七个方面来理解。

(1) 创新驱动发展

高质量发展注重通过技术创新、管理创新和制度创新来推动经济增长，而不是单纯依赖资源消耗或劳动力投入。这意味着创新成为经济发展的第一动力，有助于推动科技、产业、企业和社会制度的不断革新和进步。

(2) 绿色可持续发展

高质量发展强调生态环境保护与经济发展的协调性，其核心是实现"绿水青山就是金山银山"，推动经济发展与资源环境保护的平衡。通过绿色低碳的产业结构和能源结构，推动能源的清洁化、产业的绿色化、消费的绿色化，最终实现经济与自然的和谐共生。

(3) 结构优化升级

高质量发展注重产业结构、经济结构和区域结构的优化调整。通过推动服务业、制造业、农业等行业的高端化、智能化和绿色化，促进传统产业的升级，提升经济发展质量和效率。同时，区域间的经济差异逐步缩小，有助于促进区域协调发展，提升整体经济的竞争力。

(4) 共享发展

高质量发展强调发展成果更加公平地惠及全体人民，推动社会公平和民生改善。通过提高收入分配的公平性、促进就业、改善公共服务和社会保障体系，确保所有社会群体尤其是弱势群体都能共享经济发展带来的红利，从而缩小贫富差距，实现共同富裕。

(5) 开放合作

高质量发展强调通过深化对外开放、开展国际合作和参与全球价值链，推动中国经济与世界经济的深度融合。这包括推动贸易自由化、投资便利化，加强国际科技合作，参与全球治理，从而提升国家经济在全球价值链中的地位。

(6) 高效的资源配置

高质量发展追求资源配置的高效性，不仅关注物质资源的使用效率，还注重人力资源、技术资源、信息资源等的高效配置。通过深化市场改革、提升市场效率、降低制度性交易成本，推动社会资源的高效配置。

(7) 注重社会资本与文化建设

高质量发展包括文化和社会资本的建设，具体包括加强社会诚信、建设法治环境和提升公共服务水平。社会的和谐稳定、文化的繁荣发展是推动经济高质量发展的重要基础。

高质量发展的本质是从"数量型增长"转向"质量型增长"，它强调的是在追求经济增长的同时，实现创新驱动、绿色可持续、结构优化、民生共享等多维目标。通过丰富经济发展的内涵、提升经济发展的质量，使经济增长更具内生动力、更符合社会需求、更加可持续化，从而为人民带来更大的福祉。

1.2.2　高质量发展的特征

速度与质量是辩证统一的，没有一定的发展速度就很难谈到发展质量，高质量发展同时注重发展的"量"和"质"。

1. 高质量发展的总体特征

从总体上看，高质量发展的显著特征包括：从关注经济规模以及增长过程，转向关注增长的结果和增长的效益；从关注经济增长一个维度，转向关注经济发展、社会公平、生态环境等多个维度；从片面重视高增长产业，转向关注产业协同发展、构建现代化产业体系；从关注经济增长的要素投入，转向关注要素生产率的提升和要素优化配置；从关注GDP，转向关注以人民为中心的各项制度安排和城乡区域之间的协调发展。由此可见，我们要的高质量发展是更充分、更均衡的发展，并能在更高水平上实现供给和需求的动态平衡。

2. 高质量发展的具体特征

具体来看，高质量发展的特征体现在以下八个方面。

(1) 创新驱动

高质量发展强调科技创新和制度创新的驱动作用。创新不仅仅局限于技术层面，还包括管理创新、商业模式创新、社会治理创新等。通过增强创新能力，增加科技研发投入，推动关键技术突破，从而优化产业结构，增强自主创新和全球竞争力。从技术创新看，主要是加快人工智能、大数据、5G、量子计算等领域的突破和应用。从管理创新看，主要是通过智能化管理、精益生产、数字化转型等手段提升效率。从制度创新看，主要是通过优化市场机制、创新社会治理、加强法治保障来维持环境平衡。

(2) 绿色低碳发展

高质量发展注重经济增长与生态环境保护的平衡，强调绿色、低碳、循环经济，追求经济、社会和环境的和谐发展。通过节能减排、污染防治和资源循环利用，推动生态文明建设，确保经济可持续发展。从低碳经济看，主要是推动能源结构的绿色转型，减少对化石能源的依赖，发展清洁能源(如太阳能、风能等)。从绿色产业看，主要是鼓励发展环保、节能、绿色建筑等低碳产业。从资源循环利用看，主要是提升资源使用效率，推动废弃物资源化和再生利用。

(3) 高效资源配置

高质量发展追求资源的高效配置，不仅仅是物质资源的高效利用，还包括人才、资金、技术、信息等各类资源的优化配置。通过市场机制、政府引导和科技创新等手段，减少资源浪费，提高生产和服务效率。从优化产业结构看，主要是推动产业升级，发展战略性新兴产业，淘汰低效产能。从高效能源利用看，主要是提高能源使用效率，减少能源浪费。从人力资源配置优化看，主要是通过教育、培训、人才引进等提升劳动力的质量和效率。

(4) 结构性调整与优化

高质量发展注重经济结构的优化调整，包括产业结构优化、消费结构升级、就业结构和区域协调发展。通过高端化、智能化、绿色化提升传统产业，并推动新兴产业发展，实现"经济发展由外延扩张转向内涵提升"。从产业结构优化看，主要是推动制造业向高端制造和智能制造升级，发展信息技术、绿色技术等高附加值产业。从消费结构升级看，主要是促进从基础消费到高品质消费的转变，如发展健康、文化、旅游等新兴消费。从区域协调发展看，主要是缩小东中西部地区之间、城乡之间的发展差距，推动区域均衡发展。

(5) 社会共享与民生改善

高质量发展不仅关注经济增长，还强调发展成果要能够惠及全体人民，推动社会公平正义。具体来说，高质量发展关注收入分配公平、教育和医疗等公共服务改善、社会保障等，致力于实现共同富裕。从收入分配公平看，主要是提高中低收入群体的收入水平，推动财富的合理分配。从公共服务改善看，主要是提升教育、医疗、养老、住房等公共服务的质量，缩小城乡、区域、阶层之间的差距。从社会保障看，主要是健全社会保障体系，保障民众基本生活需求，增强社会的稳定性和幸福感。

(6) 开放型经济

高质量发展强调全球化和对外开放，通过深化国际合作、参与全球竞争、推动"一带一路"建设等措施，加强与国际经济的融合，从而推动中国企业走向全球，吸引外资，进而提升国际竞争力。从贸易和投资自由化看，主要是通过自由贸易区建设、贸易协议签订等方式扩大对外开放。从国际化市场竞争看，主要是推动中国企业走向全球，提升出口技术含量，打造全球品牌。从跨国合作看，主要是加强科技、人才、文化等领域的国际合作，提升全球影响力。

(7) 质量效益优先

高质量发展不仅追求经济增长速度，还注重发展的质量和效益。经济增长不仅要创造GDP，还要创造更多的社会价值，如环保效益、就业机会、社会稳定等。从高效益增长看，主要是强调产出的效益和附加值，注重每一单位资源的生产效率。从全面素质提升看，主要是推动产业技术含量的提升，提高人力资源的质量，促进社会整体素质的提高。

(8) 人才驱动与智慧社会

高质量发展更关注人力资源素质的提升，人才是创新的根基，通过推动教育、科技和人才的协同发展，打造具有全球竞争力的人才体系。智慧社会建设要求加速数字化转型，推动社会治理、教育、医疗、交通等领域的智能化升级。从人才培养和引进看，主要是构建更加完善的教育体系，吸引全球顶尖人才。从数字化与智能化看，主要是推动社会各领域的信息化、数字化和智能化转型，提升社会管理效率。

1.2.3　高质量发展与科技创新及科技人才的关系

1. 高质量发展与科技创新的关系

(1) 科技创新是高质量发展的核心驱动力

科技创新为高质量发展提供了源源不断的动力，尤其是在当前全球竞争激烈、技术日新月异的背景下。高质量发展的核心理念是通过创新提高生产效率、优化资源配置、推动产业升级和社会进步。没有强大的科技创新支撑，就无法实现经济发展方式的转变，无法提升经济发展的质量和效益。从提高生产力角度看，科技创新推动新技术、新产品的诞生，能够显著提高生产力水平和生产效率。从产业升级角度看，技术创新为传统产业的转型升级提供了可能，能够推动产业从低附加值向高附加值转变。从创造新兴产业角度看，科技创新可以催生新的产业形态(如人工智能、物联网、绿色能源、量子计算等)，成为推动高质量发展的重要引擎。

(2) 科技创新推动绿色低碳发展

绿色发展是高质量发展的重要目标之一，而科技创新是实现绿色低碳转型的关键。例如，通过科技创新可以开发新的清洁能源技术、提高能源利用效率、减少资源浪费和环境污染，实现经济与环境的和谐共生。从清洁能源技术角度看，太阳能、风能、氢能等可再生能源可以替代传统的高污染、高能耗能源，为实现绿色发展奠定基础。从节能技术角度看，能源技术创新能够提升工业、交通、建筑等领域的能效，降低碳排放。从污染治理技术看，通过科技创新研发新的污染治理和环境保护技术，有助于减少污染物的排放，改善生态环境。

(3) 科技创新促进生产方式和消费方式的变革

高质量发展不仅需要生产方式的优化，还需要消费方式的升级。科技创新能够推动智能制造、数字化转型和智能消费，从而提升经济增长质量。从智能制造看，自动化、数字化、人工智能等技术的发展，促使制造业从劳动密集型向技术密集型、智能化转型，从而提高生产效率和产品附加值。从数字经济角度看，大数据、云计算、人工智能等技术有效推动数字经济发展，从而提升产业服务化水平，促进消费的个性化、多样化和高端化。从智能化消费角度看，科技创新改变了消费者的购物、娱乐、出行等方式，推动消费模式向更加高效、智能、绿色的方向发展。

(4) 科技创新提升产业竞争力

在全球化竞争环境中，国家和企业能否在技术领域做到领先，直接决定了它们在全球市场中的竞争力的强弱。科技创新不仅能够推动企业提升产品质量和服务质量，还能够通过提高生产效率和降低成本增强企业的全球竞争力。从增强自主研发能力角度看，通过科技创新，企业能够自主掌握核心技术，减少对外部技术的依赖，从而提升自主创新能力和品牌影响力。从提升产业链附加值角度看，科技创新能够推动产品从低端走向高端，从而提升产业链的附加值和市场竞争力。

(5) 科技创新为社会发展提供支撑

高质量发展不仅体现为经济增长，也体现为社会发展和民生改善。通过科技创新，能够提高医疗、教育、交通、公共安全等服务的水平，从而推动社会文明的进步。从医疗技术角度看，通过医学创新，能够提高医疗服务水平，延长人类寿命，从而改善全民健康水平。从教育技术角度看，通过在线教育、智慧教育等技术的应用，能够提升教育的公平性和质量。从智慧城市角度看，通过物联网、大数据等技术的运用，能够打造智慧城市，提高城市管理效率，从而提升居民的生活质量。

(6) 科技创新助力全球化与开放合作

高质量发展要求在更加开放的环境下实现资源配置优化与全球竞争力提升。科技创新不仅能推动国家内部的经济增长，还能提升国家在全球化进程中的参与度和话语权。从国际合作角度看，科技创新能够促进国际科技合作，从而推动全球技术的共享与发展。从全球市场拓展角度看，科技创新能够帮助企业进入国际市场，提高产品的国际竞争力，从而推动跨国经营的发展。

总之，科技创新是高质量发展的核心驱动力，它不仅能提升生产效率，推动产业升级，促进产业绿色发展，还能提升社会治理和民生水平。要实现高质量发展，必须坚持创新驱动，注重科技创新的应用和发展。与此同时，高质量发展的理念和要求也为科技创新提供了更广阔的舞台，促使科技创新能够在更加广阔的领域发挥作用，从而推动经济社会的全面进步。

2. 高质量发展与科技人才的关系

(1) 科技人才是创新驱动发展的核心

高质量发展强调创新是引领发展的第一动力，而科技创新的根本驱动是科技人才。没有高素质的科技人才，就无法进行有效的技术研发和创新突破，因此，科技人才直接决定了高质量发展的创新能力和水平。从创新源泉看，科技人才引领技术创新，他们通过知识、技能和创意推动科技进步，并将新技术转化为生产力。从技术突破看，科技人才的研发能力是突破关键技术瓶颈、实现产业升级和技术进步的关键。

(2) 科技人才推动产业升级与结构调整

高质量发展要求实现产业结构的优化和升级，而这一过程离不开科技人才的支持。科技人才不仅在技术创新方面发挥作用，还能够带动产业从低端向高端转型，推动传统产业升级，培育新兴产业。从高端制造业发展看，科技人才通过研发新型材料、智能制造技术、先进装备等，推动制造业向高端化、智能化转型。从新兴产业培育看，高质量发展要求发展战略性新兴产业，如人工智能、绿色能源、数字经济等，科技人才是这些产业发展的中坚力量。

(3) 科技人才推动绿色低碳发展

绿色低碳发展是高质量发展的重要目标，科技人才通过技术创新推动绿色能源、节能减排、污染治理等领域的发展，助力实现经济可持续发展。从清洁能源技术看，科技人才在太阳能、风能、氢能等绿色能源研发技术突破方面发挥重要作用，推动能源结构的绿色转型。从绿色技术创新看，在建筑、交通、工业等领域，科技人才通过创新节能技术和绿色生产工艺，促进资源节约和污染减排。

(4) 科技人才促进社会发展与增进民生福祉

高质量发展不仅关注经济增长，还关注社会民生的改善。科技人才的贡献不仅体现在经济层面，更体现在提高教育、医疗等公共服务水平层面，从而改善人民的生活质量。从医疗技术创新看，科技人才能够推动医学、药物研发和健康技术的发展，提高医疗服务质量，延长人类寿命，从而提升全民健康水平。从教育与智能化社会看，科技人才通过教育技术的创新，推动教育公平和质量的提升，从而促进知识普及。同时，科技人才在智慧城市建设、智能交通、社会治理等方面也发挥着重要作用。

(5) 科技人才助力全球竞争力提升与开放合作

高质量发展要求增强国家和地区的国际竞争力，而科技人才的培养和引进是实现这一目标的基础。通过科技创新和国际合作，科技人才能够帮助国家提升在全球经济中的话语权和竞争力。从提升国际竞争力看，科技人才通过自主创新和技术突破，使国家在全球产业链中占据更有利的位置，从而增强全球竞争力。从国际科技合作看，科技人才能够推动国际技术合作和学术交流，从而促进全球技术的进步与共享，提升国家在全球科技领域的影响力。

(6) 科技人才的培养与引进推动人才红利

高质量发展的实现依赖于各类高素质人才，尤其是科技人才。一个国家或地区的科技创新和经济发展潜力，往往取决于科技人才的储备、质量和创新能力。从人才引进与培养看，为了实现高质量发展，各国和地区纷纷加大科技人才的引进力度，通过优化政策、提升科研环境、增加投入等手段，吸引和培养高层次科技人才。从人才驱动型发展看，高质量发展强调"人才是第一资源"，政策的重点之一便是通过对人才的激励和培养，促进创新驱动，从而推动经济和社会的高质量发展。

(7) 科技人才促进经济效益与社会效益的双赢

科技人才通过创新能力和专业能力，推动企业、行业乃至整个社会的效益提升。高质量发展不仅体现为经济效益的提升，还体现为社会效益的改善，而科技人才在此过程中发挥着双重作用。从提升生产力与效益看，科技人才通过创新技术和提高生产效率，帮助企业降低成本、提高产值，从而提升经济效益。从推动社会进步看，科技人才的贡献不仅仅体现为经济领域的发展，也体现为社会治理、环境保护、公共安全等社会效益的提升。

科技人才是高质量发展的"源头活水"。高质量发展的核心是创新驱动，而创新的核心是科技人才。科技人才不仅能推动技术创新，提升产业和社会的竞争力，还能促进绿色发展、提升社会福祉以及推进全球化进程。因此，为了实现高质量发展，必须加强对科技人才的培养、引进与激励，创造更好的创新环境和条件，让科技人才在各个领域发挥更大的作用。

1.3 本研究的创新点与预期贡献

1.3.1 研究创新点

1. 研究视角的创新

以往的研究通常是从宏观层面探讨科技人才管理的理论和实践问题，而本研究侧重于从微观层面，结合科技人才个体的认知、情感、社交、工作特征等方面进行深入剖析，因此研究结果更具针对性和指导性。

(1) 跨学科整合研究视角

通过整合管理学、心理学、社会学等多个学科的理论和方法，深入探讨科技人才的激励机制、团队协作和创新能力等问题。采用这种跨学科的视角有助于更全面地了解科技人才的需求与行为。

(2) 生态系统研究视角

从创新生态系统的角度，研究政府、高校、企业和科研机构之间的协同作用，分析如何构建良好的科技人才成长环境，促进科技成果转化和产业升级。

(3) 可持续发展研究视角

探讨科技人才管理在可持续发展中的角色，研究如何培养具备可持续发展意识的科技人才，促进绿色科技发展和社会责任感的提升。

(4) 全球化研究视角

在全球化背景下，研究科技人才的流动性以及不同国家和地区的人才管理政策对科技创新的影响。分析国际竞争与合作对科技人才培养和引进的启示。

(5) 个性化发展视角

关注科技人才的个体差异，研究如何根据不同人才的特点规划个性化的职业发展路径以及制订个性化的培训计划，以提高人才的满意度和留任率。

(6) 组织文化研究视角

探讨企业或机构的组织文化对吸引、激励和保留科技人才的影响，研究如何营造支持创新和合作的文化氛围，以增强科技人才的归属感和创造力。

(7) 政策导向视角

研究各级政府在科技人才管理方面的政策导向，分析政策对科技人才供给和需求的影响，为政策制定提供参考依据。

2. 评价体系和机制的创新

对科技人才进行评价是管理工作中的重要环节。如今的研究更加注重构建多元化的评价体系，评价内容不再局限于业务技能，还涉及团队合作、创新能力、心理契约等方面，旨在全面了解科技人才的现状和需求。此外，还探索了激励机制的创新，如构建多层次、多元化的激励机制，以满足科技人才不同阶段的物质需求、精神需求和自我实现需求。

(1) 评价体系创新

① 多维度评价指标体系

建立包括专业能力、创新能力、团队协作、项目管理、社会责任等多个维度的评价指标体系，旨在确保评价的全面性和系统性，既关注科技人才的技术能力，也重视其软技能和社会价值。

② 动态评价机制

引入动态评价机制，根据科技人才在不同阶段的表现，定期更新其评价结果。通过实时反馈和调整，帮助科技人才更好地发展，并促进其持续学习和成长。

③ 定量与定性相结合

结合量化指标(如科研成果、专利数、项目完成率等)与定性评价(如同行评议、领导评价、客户满意度等)，形成综合评价结果，反映科技人才的真实能力和贡献。

④ 价值创造导向

评价体系应以价值创造为导向，关注科技人才在推动技术创新、提升企业竞争力和社会贡献方面的实际效果，评估其对组织和社会的综合影响。

⑤ 自我评价与参与式评价

鼓励科技人才进行自我评价，并引入同事、下属、上级等多方参与的360度评价机制，促进自我反思与成长，提升评价的公正性和全面性。

(2) 评价机制创新

① 构建多维度评价体系

设计包含定量指标和定性指标的综合评价体系，如科研成果(论文、专利)、项目参与(项目数量、质量)、行业影响(引用率、产业转化)和个人素质(沟通能力、领导力)等。

② 实施360度评价机制

引入多方评价，包括自我评价、同事评价、上级评价以及外部专家评价，实现全方位反馈，提升评价的客观性和全面性。

③ 建立动态评价体系

定期对科技人才进行评价，关注其在不同阶段的表现和发展，允许根据实际情况进行调整和反馈，以促进人才的持续成长。

④ 引入项目成果导向

将科技人才的评价与具体项目成果紧密挂钩，评价其在项目中的贡献、创新点和实际应用效果，强调成果导向的评价方式。

⑤ 重视团队绩效评价

除了个人评价外，还应关注团队的整体表现，评价团队合作、协同创新的能力，鼓励跨学科、跨领域的合作。

在高质量发展背景下，创新科技人才管理的评价体系和机制，不仅可以提升科技人才的管理效率，还能更好地发挥科技人才的作用，推动科技创新和经济发展。通过多维度的综合评价、灵活的激励机制以及持续的教育培训，可以构建适应新时代的科技人才管理体系，为未来实现高质量发展提供有力支持。

3. 管理模式的创新

随着信息技术的快速发展，人工智能、大数据、云计算等新技术在科技人才管理中的应用越来越广泛，为管理模式创新提供了新的可能。例如，可以利用大数据技术对科技人才的行为数据进行深入分析，为管理工作提供科学依据；可以利用人工智能技术辅助决策者进行科学决策，提高管理效率和质量。

4. 跨学科研究的创新

科技人才管理是一个涉及多学科的领域，包括心理学、社会学、管理学等。如今的研究更加注重跨学科的融合，通过借鉴其他学科的理论和方法，为科技人才管理研究提供新的角度和路径。

总之，在高质量发展视域下，科技人才管理研究的创新点主要体现为研究视角的创新、评价体系和评价机制的创新、管理模式的创新以及跨学科研究的创新等多个方面，这些创新点有助于提高科技人才管理的科学性和有效性。

1.3.2　对现实问题的指导意义与预期贡献

在当前经济社会转型的背景下，高质量发展已成为中国经济发展的核心战略目标，尤其在科技创新驱动发展的过程中，科技人才的作用愈加重要。高质量发展的内涵不仅仅是加快经济增长速度，还更加关注经济增长的质量、效益与可持续性。在这一过程中，如何科学、高效地管理科技人才，提升其创新能力与生产力，成为科技管理研究的重点。

1. 为科技创新提供人才保障

科技创新是高质量发展的核心驱动力，而科技人才是创新的主力军。通过研究科技人才管理的有效机制，可以帮助政府和企业制定更加科学的人才培养和引进政策。例如，研究如何通过优化人才梯队，提高技术人员的研发效率，推动高端人才与基层人才的协同合作等，为科技创新提供强有力的支撑。这不仅可以加快科技成果的转化，推动产业升级，也有助于增强国家竞争力。

2. 推动科技人才管理体制创新

在高质量发展背景下，传统的人才管理模式和机制已不再适应新时代的需求。研究科技人才管理，尤其是如何建立适应创新驱动发展的现代化科技人才管理体制，具有重要意义。预期贡献之一是通过系统分析现有管理体制的优缺点，提出创新性的人才引进、培养、激励、评价、流动等管理策略，从而助力形成更加灵活、高效、适应性强的人才管理机制，进一步促进科技人才的高效配置与流动。

3. 提升科技人才的创新活力与创造力

科技人才的创新活力和创造力是高质量发展的源泉。通过研究科技人才的需求特征、心理状态以及激励机制，预期可以为企业和科研机构提供有效的人才激励方案。例如，如何通过薪酬、股权、职业发展空间等多方面的激励措施，激发科技人才的潜能。此外，如何通过创新文化的培育、跨学科的合作模式，推动科技人员的多元化思维，增强其解决复杂问题的能力，都是值得研究的课题。

4. 为人才流动与培养提供科学决策依据

高质量发展要求高素质的人才资源得到合理流动与配置。通过研究科技人才流动的规律和路径，可以为政府和企业在人才引进、流动、培养及留用等方面提供科学决策支持。特别是如何通过政策创新打破人才流动的体制性障碍，推动人才的跨区域、跨行业流动，以及如何优化国内外人才交流与合作，都是值得研究的课题，解决这些问题，能有效提升人才效益。

5. 推动高端科技人才的国际竞争力提升

在全球化竞争中，高端科技人才的竞争尤为激烈。通过对科技人才管理的研究，可以为国家确定如何通过更加灵活的政策吸引海外高端人才提供策略依据，提升国家的全球人才竞争力。此外，研究如何利用国际科技合作和人才交流平台，加强与全球创新资源的对接，也有助于拓展科技人才的国际视野，提升科技人才的创新能力，从而帮助国家在全球科技竞争中占据有利地位。

6. 促进产学研合作及创新生态系统建设

科技创新作为高质量发展的核心驱动力不能仅依赖单一的科研机构或企业，产学研深度融合是强化科技创新、推动高质量发展的重要途径之一。对科技人才管理的研究可以为产学研合作提供有效的支持，探索如何通过优化人才管理，促进学术界、产业界和研究机构之间的沟通与协作，形成良好的创新生态。通过推动科研人员、企业技术人员与大学生的联合培养、合作研发等方式，可加速创新成果的转化。

7. 推动人才评价体系的改革

传统的人才评价体系往往过于注重短期成果和标准化考核，忽视了对人才长期发展潜力和创新能力的评估。研究高质量发展视域下的科技人才管理，有望推动更加科学、全面的评价体系改革。推动人才评价体系的改革，有助于构建一个更加注重创新性、跨界性和长期发展的评价标准体系，提升科技人才的综合素质和社会贡献能力。

8. 为政策制定提供理论依据和数据支持

科技人才管理的研究不仅有助于丰富和完善科技人才管理理论，还能为政府制定相关人才政策提供实证支持。通过深入分析当前科技人才管理的现状、问题和趋势，可以为政策制定者提供数据支持和理论依据，帮助政策制定者制定出符合高质量发展需求的人才引进、培养和留存政策。

在高质量发展视域下，科技人才管理研究不仅能推动科技创新和经济转型，还能促进科技人才管理体制的创新、科技人才流动与培养的优化，以及全球竞争力的提升。最终的研究成果有望为国家和企业提供具有可操作性的政策建议和实践指导，助力国家实现高质量发展的战略目标。

第2章

虚与实：科技人才的地位与作用

2.1 科技人才的"虚"与"实"

2.1.1 科技人才"虚"的层面——地位

科技人才"虚"的层面，特指科技人才的地位方面，涉及社会对科技人才的认同、尊重和赋予其的价值。这个层面的"虚"通常体现为科技人才的社会地位、影响力以及他们在公共领域中的话语权，虽然这些并不直接与科技成果或生产力挂钩，但却在科技人才的成长、发展以及科技创新的推广中起到至关重要的作用。

1. 社会层面：认同者与尊重者

科技人才的社会地位通常反映了社会对知识、创新和技术进步的重视程度。在一个注重科技创新的社会中，科技人才通常会受到尊敬和推崇，会被视为推动社会发展的关键力量。社会认同和尊重科技人才，才能为科技人才提供更多的支持和资源，从而激发他们的创造力。

(1) 社会认同与尊重

科技人才的社会地位往往与他们的社会认可度和尊重度密切相关。在社会进步和发展进程中，在科技发展迅速的国家，科技人才被视为社会发展的中坚力量。社会对科技人才的尊重通常表现为对他们的成就的高度评价，对他们的知识和专业技能的广泛认可，以及对他们在技术创新和社会进步中所起到的作用的高度重视。例如，许多成功的科技企业创始人、科学家和技术专家会受到社会广泛的关注与尊敬，他们不仅会成为行业领军人物，还可能成为社会生活中积极进取、努力向上的典范。例如，钱学森、袁隆平、任正非等科学家和科技产业带头人，他们不仅在专业领域取得了显著成就，还在社会层面成为"符号"，代表着创新与改变。

(2) 科技对社会进步的贡献

科技人才的地位与其对社会发展的贡献息息相关。随着社会现代化和信息化进程的加快，科技对经济、医疗、教育、环境保护等领域的深刻影响日益显现，科技人才的地位得到了社会各界的普遍认可。例如，在发生公共健康危机时，科学家的贡献尤为突出，他们的研究成果和技术创新甚至直接关系到人类的生存与发展，因此社会应给予科技人才更多的关注和尊重。在很多领域，科技人才推动了社会生活的深刻变革。从基础设施建设到医疗技术突破，从绿色能源开发到信息技术应用，科技人才在各行各业发挥着不可替代的作用。随着人们对科技提升生活质量的认知加深，科技人才在社会中的地位和影响力也将不断上升。

(3) 公众价值观的变化

科技人才的地位反映了社会公众价值观的变化。在传统社会中，社会地位可能主要与政治权力、经济财富等因素挂钩，而在现代社会中，尤其是在信息社会和知识经济时代，知识、技能和创新逐渐成为社会评价个体的重要标准。科技人才的地位因此得到了提升，尤其是在科技创新快速发展的背景下，越来越多的人开始将科技人才视为"社会进步的推动者"和"未来的建设者"。随着数字化、人工智能、大数据等前沿技术的普及，许多人对科技人才的价值认同逐渐从传统行业的工匠转向具有创造力、能够推动技术进步和社会变革的创新型人才。这种观念的转变，促使科技人才在社会层面的地位发生了显著变化。

(4) 社会对科技人才的需求

社会对科技人才的需求进一步提升了科技人才的地位。在全球科技竞争加剧的背景下，科技人才被视为国家和地区竞争力的核心因素。无论是在制造业、信息产业、医疗健康产业，还是在环保、能源等领域，科技创新都已成为推动社会发展的重要引擎。社会对科技人才的需求不仅体现在学术研究领域，也广泛体现在企业、政府和各种社会组织中。随着对创新型国家建设的推动，各国政府纷纷出台政策，提供优越的科研环境、资金支持、教育培训等，以此来吸引和培养优秀科技人才。这种需求的变化进一步巩固了科技人才在社会中的重要地位。

(5) 科技人才的社会责任

随着科技创新带来的影响越来越深远，科技人才的社会责任也日益得到强调。科技进步虽然能够推动经济社会的发展，但也可能带来一些负面效应，如技术失业、隐私泄露、技术滥用等。因此，社会对科技人才的期望不仅仅是技术创新和商业成功，还包括对社会责任的承担。社会期待科技人才在推进创新的同时，也能够关注伦理、道德和社会的可持续发展，确保科技为全人类造福。例如，在人工智能、基因编辑、大数据等新兴技术领域，科技人才不仅要关注技术的前沿突破，还需考虑这些技术可能带来的社会伦理问题和风险。社会对科技人才的道德标准、社会责任和公共利益的关注度，实际上也提升了他们在社会中的整体地位。

(6) 公众对科技的认知和教育

科技人才的社会地位在很大程度上取决于社会大众对科技的认知水平。一个科技人才密集的社会通常伴随着公众较高的科学素养和对科技的高度重视。各类科技普及活动、科普教育和科学传播方式，有助于增强公众对科技创新的认同和理解，从而提高科技人才在社会中的地位。例如，许多国家和地区通过组织各种科技展览、科学讲座、创新大赛等活动，让公众更加深入地接触和了解科技前沿，加强对公众的科技教育，培养公众的创新意识，这有助于塑造科技人才的社会地位。而科技人物在社会上广泛开展科普活动，也进一步提升了他们在公众心中的形象和地位。

2. 经济层面：创新引领者

科技人才在经济发展中扮演着核心角色。随着全球进入知识经济时代，科技人才不仅是创新的源泉，还是产业升级和经济转型的推动者。在高科技行业，科技人才的专业素养和创新活力是决定技术进步的速度和质量的关键因素，因此提升科技人才的地位、充分发挥其作用对提升国家和地区的经济竞争力具有重要意义，具体体现在以下九个方面。

(1) 推动经济增长

科技人才通过技术创新和科研成果直接推动经济增长。在全球经济日益依赖技术进步的背景下，科技人才的创新成果能够带动新的产业崛起，促进传统产业升级，从而推动整体经济的增长。科学技术突破往往会创造新的市场需求和就业机会，提升经济运行效率。例如，信息技术、人工智能、生物医药等高新技术产业的蓬勃发展，离不开科技人才的核心支撑。这些技术的应用和推广创造了巨大的经济价值，提高了生产力水平，并推动了全球经济的结构性转型。

(2) 促进产业升级与创新

在现代经济中，科技人才是产业升级和技术创新的核心力量。从传统的制造业到新兴的互联网经济、绿色能源和智能制造，产业的转型与发展都离不开科技人才的创新能力。优秀的科技人才不仅推动了传统产业的技术改造和优化，还在新兴行业中创造了颠覆性的技术和商业模式。例如，5G、物联网、大数据等新兴技术的广泛应用，带来了产业结构的重大调整。科技人才在这些领域的创新，帮助企业提升了生产效率，降低了成本，同时推动了新的商业模式的形成，进而推动了整体经济效益的提高。

(3) 增强国家竞争力

科技人才是国家竞争力的关键组成部分。在全球化和国际化日益加深的今天，科技创新和技术优势已经成为国家经济竞争力的重要标志。国家之间的科技人才竞争，不仅体现在科技创新领域的领先地位，还体现在国家对科技人才的吸引力和培养机制。例如，美国、中国、德国等创新型国家，能够吸引和培养大量的科技人才，通过知识产权、技术创新和高端产业的竞争来提升国家整体经济竞争力。这种竞争力不仅体现在技术领先，还体现在对经济结构的优化和对全球市场的渗透。

(4) 优化劳动市场与创造高质量就业

科技人才的培养和应用能够为劳动市场带来高质量的就业机会。科技创新通常会带动对高技能、高素质人才的需求，这些人才通过解决技术难题、开发新产品或服务、改善生产过程等方式，提高了劳动生产率，并推动了新兴行业的发展，从而带来了就业机会。例如，随着人工智能、大数据、机器人等领域的迅猛发展，相关行业对科技人才的需求激增，这不仅促进了高技术岗位的就业，还带动了相关产业链的繁荣。科技人才不仅为高新技术企业创造价值，还为教育、培训、科研等相关行业提供了大量就业机会。

(5) 促进区域经济发展

科技人才的集聚能够促进区域经济的发展，带动科技创新中心和高科技园区的建设。例如，美国硅谷、深圳华强北、北京中关村等地，因科技人才的集聚而成为全球创新和科技产业的重要中心。科技人才带来了资金、技术和创新的流动，不仅推动了当地企业的发展，还促进了当地经济的增长。在许多国家和地区，科技人才的聚集带动了创新型经济的形成，吸引了大量投资，推动了产业链上下游的合作，从而形成了经济发展的良性循环。

(6) 提高生产力和经济效率

科技人才通过技术创新和流程优化，帮助企业和行业提高生产力和经济效率。无论是企业内部的技术改进，还是整个产业链的创新，科技人才都能够通过科学方法和技术手段，减少资源浪费、降低成本、提高效益。例如，制造业中的自动化、智能化技术和流程管理系统的创新，大大提高了生产效率，并且降低了人工成本。在农业、能源、交通等行业中，科技人才的应用提高了资源利用效率，从而提升了经济效益。

(7) 吸引外资与促进国际合作

科技人才在全球化经济中的地位，体现在其对外资的吸引力和对国际合作的促进作用上。随着科技创新的加速，许多跨国公司和国际投资者将目光聚焦于拥有大量高端科技人才的国家和地区，从而为这些国家和地区带来了更多的投资机会。科技人才的集中不仅能够推动本土技术的创新，还能够吸引外国企业和国际资本的进入，推动国际合作与技术交流，提升国家和地区的经济影响力。例如，国际大公司通常会选择那些科技人才聚集的地区进行投资或设立研发中心，因为这能够帮助他们快速实现技术突破，提升全球竞争力。

(8) 支持国家科技政策与经济转型

科技人才是实施国家科技政策和推动经济转型的关键力量。随着许多国家和地区经济增长方式的转型，传统的依赖资源和低成本劳动力的经济发展模式逐渐被以创新为驱动的新经济发展模式所替代。在这一过程中，科技人才的培养与引进成为推动转型的基础。例如，在中国的"创新驱动发展"战略中，科技人才的培养和引进被视为提升国家竞争力、实现经济转型的关键。通过培养和引进高水平科技人才，国家能够推动先进技术的应用和产业升级，最终实现经济的可持续增长。

(9) 科技创业与创新生态系统的形成

科技人才不仅在企业中发挥作用，也在推动创业和创新生态系统的建设方面发挥重要作用。许多科技人才通过创办高科技企业、开展创新项目等形式，推动了新兴产业的蓬勃发展。这些企业和项目往往会带来高附加值的产品和服务，从而推动经济结构的优化和增长。在许多创新型城市和地区，科技创业成为促进经济发展的重要引擎。政府通过提供资金支持、政策优惠和技术支持，帮助科技人才转化技术成果，形成具有市场竞争力的创新企业，从而推动经济的多元化和持续增长。

总体来说，在经济层面，科技人才对经济增长、产业升级、国家竞争力、劳动市场优化、生产力提高、外资吸引等方面产生了深远影响。随着全球经济结构的不断变化，科技人才的作用将愈加重要，强化其在经济发展中的核心地位，将推动社会走向更具创新性、更加智能化和可持续发展的未来。

3. 组织层面：战略核心资产

在企业或科研机构中，科技人才往往被视为组织的核心资产。他们的技术研发能力、创新思维和解决复杂问题的能力，决定了企业或科研机构的竞争力和持续发展能力。优秀的科技人才可以帮助企业保持市场领先地位，推动产品和服务创新，甚至带领企业进入新的行业领域。

(1) 推动组织创新与保持竞争力

科技人才是创新的源泉。在技术驱动型组织中，科技人才通过研发新技术、优化现有产品和服务、改进工作流程，直接推动组织的技术创新和业务模式创新。无论是传统企业的数字化转型，还是新兴企业的产品创新，科技人才都起到了关键作用。在技术日新月异的环境中，拥有一支强大的科技人才队伍能确保组织在市场中保持竞争力。例如，科技人才在互联网、人工智能、大数据、云计算等领域的创新应用，能够帮助企业在产品设计、生产流程、客户服务等方面提高效率和质量，从而促使企业在市场中占据有利位置。

(2) 提高组织的核心技术能力

对于许多高科技企业而言，核心技术水平直接决定了组织的市场地位。科技人才通过开发和掌握核心技术，帮助企业建立技术壁垒，提高市场竞争力，尤其是在像半导体、通信设备、软件开发、医药研发等技术密集型行业，科技人才的技术专长和创新能力能够为组织创造出独特的产品和解决方案。例如，苹果、谷歌、微软等全球科技巨头企业，依靠技术研发和创新保持行业领先地位，而这背后无不依赖于高水平的科技人才团队。科技人才通过持续的技术研发和技术积累，帮助企业形成强大的技术优势，确保其在市场上的独特地位。

(3) 塑造组织文化与价值观

科技人才不仅在技术创新上发挥作用，还在组织文化和价值观的塑造上具有重要影响。在创新型企业中，科技人才往往具有较强的自主性和创造性，他们通过积极参与决策、推动跨部门协作、倡导创新思维等方式，影响着组织的文化氛围。科技人才通常注重创新、探索和解决问题，他们的行为模式和工作态度能够在组织内部形成一种以创新为驱动力的文化，从而促进组织内部成员的思想碰撞并培养其协作精神，进而推动整个组织的进步。

(4) 提升组织技术领导力

科技人才对组织技术领导力的提升至关重要。在许多科技公司尤其是高技术企业中，首席技术官(chief technology officer，CTO)等技术团队领导者不仅需要具备深厚的技术背景，还需要具备战略眼光和领导能力，以引领技术团队朝着正确的方向发展。这些科技领导者通过制定技术战略、领导技术研发、管理技术团队，为组织提供技术支持和决策依据，帮助组织在技术变革中保持灵活性，推动业务创新，确保组织在技术领域的领先地位。

(5) 优化组织决策过程

科技人才通过提供数据驱动的决策支持，能够帮助组织优化决策过程。在当今数据密集型的商业环境中，科技人才往往会参与战略决策和运营决策，运用数据分析、机器学习、人工智能等技术手段，帮助管理者做出更加科学、正确的决策。例如，在市场营销、产品开发、供应链管理等领域，科技人才能够通过数据分析预测市场趋势、优化资源配置、提高运营效率，从而提升组织的整体表现。科学的数据支持不仅能提高决策的准确性，还能够有效降低决策中的不确定性和风险。

(6) 增强组织的适应能力与灵活性

科技人才具有较强的技术敏感性和适应能力，能够帮助组织在快速变化的市场环境中保持灵活性。在数字化转型和技术革命日新月异的时代，组织需要不断适应新的技术变化和市场需求，而科技人才正是这种转型的推动者和实施者。例如，在面对技术更新换代和产业变革时，科技人才能够迅速了解新技术、调整研发方向、改进产品设计，并帮助组织在技术变革中快速适应，降低转型风险。同时，科技人才还能够通过推动创新实验、技术试水等方式，让组织具备更强的技术应变能力。

(7) 吸引外部资源与合作机会

科技人才能够帮助组织吸引外部资源和合作机会。在许多行业，尤其是高技术行业，科技人才的声誉和能力常常是吸引投资、合作伙伴以及技术交流的重要因素。拥有高端科技人才的组织，往往能够吸引更多的风险投资，获得战略合作机会，从而在行业中占据有利位置。例如，许多初创企业通过招聘知名科技人才、组建强大的技术团队，成功吸引了投资者的注意，获得了资金和资源支持，从而推动企业发展壮大。此外，科技人才的技术交流和合作，也有助于组织拓展国际市场，建立全球化的合作网络。

(8) 提高组织的效率与生产力

科技人才能够通过技术手段提高组织的整体工作效率与生产力。无论是开发新的自动化工具，还是优化现有流程，科技人才的贡献都能够使组织内部的运营更加高效，节省时间和成本，从而提高整体生产力。例如，在制造业中，科技人才通过开发和引入智能化生产设备和自动化系统，帮助企业降低人工成本，从而提高生产效率。在企业管理中，科技人才能够利用信息系统、企业资源计划(enterprise resource planning，ERP)等工具，优化资源分配，降低运营成本，从而提高组织运营效率。

(9) 提升组织的社会影响力

在一些高技术行业和创新型组织中，科技人才不仅代表了组织的技术实力，还能够提升组织在社会中的声誉和影响力。拥有顶尖科技人才的组织，往往能在行业中占据领先地位，成为技术创新的典范，从而获得更多的媒体关注、社会认同和消费者青睐。例如，一些领先的科技公司，通过吸引世界顶尖的科技人才，创造出划时代的技术产品，从而提升组织的社会形象，同时也能通过创新成果吸引更多的客户和投资者，进而推动品牌的全球化发展。

4. 政策层面：人才优先战略

在政策层面，科技人才的地位同样非常重要。在国家和地区的科技政策中，科技人才通常享有优先地位。国家会通过引进、培养、激励等多方面的政策，提升科技人才的地位。这些政策包括提供税收优惠、科研资金、创业支持等，以确保科技人才能够专注于创新与研发工作。人才政策的倾斜，能够反映国家对科技创新和人才价值的高度重视。政府通过制定相关政策，能够为科技人才的培养、引进、激励和保护提供系统支持，从而推动国家和地区的科技进步、经济发展和社会创新。以下是科技人才在政策层面地位的主要体现。

(1) 科技人才引进与流动政策

为了促进科技创新和技术进步，政府通常会通过一系列政策引导和激励科技人才的引进与流动。许多国家和地区会出台针对海外高层次科技人才的引进政策，如设立人才专项基金、提供税收优惠、配备科研设施等，吸引海外专家来或回到这些国家或地区从事科研工作，以推动科技创新发展。我国一些地区或城市会根据当地产业特色制定特定的科技人才政策，提供财政支持、住房补贴、子女教育等福利，吸引优秀的科技人才落户。例如，深圳、杭州等城市通过创新政策吸引了大量技术人才。为促进科技人才的自由流动和交流，政府会支持和建设各类人才交流平台、开发科技合作项目、举办学术会议等，在彰显科技人才地位的同时，推动跨地区、跨行业的知识和技术共享。

(2) 科技创新与人才培养政策

政府通过出台科技政策，以及提供基础教育、高等教育、继续教育等多个层面的教育，支持科技人才的培养和成长。政府通过推动教育体制改革，培养高水平的科研和工程技术人才。例如，通过改革大学教育和科研体系，提高科研院所和大学的自主创新能力，鼓励学生和科研人员从事具有前瞻性和战略性的研究课题。为了支持年轻科技人才的成长，政府推出专门的博士后工作站、青年人才计划等，提供科研经费、实验条件和学术支持，帮助他们在科学研究领域取得突破。政府还通过科研资助政策，为科技人才提供经济支持，鼓励他们从事基础研究和应用研究。例如，许多国家设有国家自然科学基金、国家创新基金等项目，资助优秀科技人才开展研究工作。除了学术研究，政府还通过制定职业教育政策，鼓励企业和社会机构为技能型科技人才提供培训，以增强他们的实践能力，从而提升社会整体科技水平。

(3) 科技人才激励与保护政策

科技人才的创新工作通常伴随风险和压力，因此政府在政策上也应提供激励和保护，以确保科技人才的积极性和创造力得到最大化的发挥，具体体现在以下几方面。一是税收优惠与补贴。许多国家为科技创新企业和科技人才提供税收优惠政策，以鼓励企业在技术研发方面加大投入。例如，通过研发费用加计扣除、创新基金补贴等方式，减轻科技人才的经济负担，激发其创新活力。二是专利保护与知识产权政策。知识产权的保护对于科技人才的创新工作至关重要。政府可以通过加强知识产权保护，确保科技人才的创新成果能够得到合法的保护，从而激励他们开展更加深入的科研工作。三是社会保障和福利。政府可以制定相关社会保障政策，以确保科技人才在工作中得到合理的劳动保障，如提供社会保险、医疗保障、退休福利等，消除科技人才的后顾之忧，使其能专心从事科研工作。

(4) 科技人才在国家战略中的地位

科技人才的培养和利用是国家科技战略和经济发展战略的重要组成部分。政府通过制定与科技人才相关的宏观政策，将科技人才融入国家战略，推动经济转型和产业升级。围绕创新驱动发展战略，许多国家，尤其是发展中国家，已经意识到创新驱动经济发展的重要性。而科技人才被视为实施创新驱动发展战略的核心力量。例如，中国的"创新驱动发展战略'强调科技人才的引领作用，要求通过增强自主创新能力，推动传统产业转型升级和新兴产业的发展，具体体现在以下两方面。一是产业政策与科技人才对接。政府在制定产业政策时，往往会考虑到产业结构与科技人才的对接。例如，政府对高新技术产业、战略性新兴产业的扶持政策，通常会优先考虑那些能够吸引科技人才的企业和项目。二是国家科技计划和重大科研工程。我国政府设立了国家级的科技计划，如"国家高技术研究发展计划""国家重点基础研究发展计划"以及重大科研项目等，鼓励科技人才参与其中。这些计划通常会提供丰厚的资助和奖励，推动科技人才在特定领域的深入研究和应用推广。

(5) 提升国家竞争力的国际化人才政策

在全球化背景下，国家竞争力的提升不仅依赖于技术创新，还依赖于全球科技人才的引进和合作。政府通过制定国际化人才政策，促进科技人才的全球化流动和合作，具体体现在以下两方面。一是国际科技合作与交流。政府积极推动与其他国家或地区的科技合作，鼓励科技人才参与国际科研合作项目和学术交流，以提升本国科技水平和国际影响力。这种合作不仅限于研究机构和大学，还包括企业间的技术合作、跨国公司的人才交流等。二是搭建全球人才网与跨国合作平台。许多国家通过搭建全球人才网、国际科技论坛等平台，吸引全球优秀的科技人才来本国工作，以增强本国在全球科技竞争中的优势。

5. 教育层面：知识传承者

科技人才在教育体系中的地位极为重要，尤其是在高等教育和科研机构中，科技人才是知识的创造者和传播者。科技人才不仅通过学术研究，还通过教育培养下一代科技人才推动学科发展，他们是科技创新和社会进步的基石。

(1) 推动学科知识的延续与更新

科技人才通过教学、研究、技术创新等方式，将学科领域的核心知识不断传递给学生等后继者。在知识的传授与创新方面，在高校和科研机构中，科技人才不仅负责教授专业知识，还不断推动学科的更新和进步。例如，教授会将前人的研究成果、最新的科学理论、技术应用等内容传授给学生，并引导学生进行科研探索，以促进新知识的诞生和学科的演进。在教科书与研究成果的发布方面，科技人才通过撰写学术论文、出版教科书和参考资料，传播和整理学科领域的知识，确保知识的传承不会断层。同时，他们还通过科研项目、学术会议等形式，向全球分享最新的科研成果和学术观点，推动全球科技的发展。

(2) 培养后继的科技人才

作为知识传承者，科技人才通过教育、辅导和引导，培养一代又一代的科研人员和技术专家，确保科技力量的持续发展。通过导师制与科研指导，科技人才在研究生教育和科研项目中担任导师角色，负责培养年轻学者和科研人员。在指导过程中，他们不仅传授专业技能，还传递科研的精神和方法，帮助学生和年轻研究者独立思考、创新探索，从而确保知识的有效传递。通过科研团队建设与合作，科技人才可以组建和带领科研团队，从而培养学生和年轻科研人员在实际项目中应用和创新科技知识的能力。这些团队成员在合作过程中能够学到如何在科研中解决实际问题，并通过团队内的知识共享和经验交流，推动知识的代际传承。

(3) 学术思想与科研文化的传承

科技人才通过自己的学术思想和科研文化影响学生和年轻研究者，从而培养他们的科研精神、批判性思维以及创新能力。在科研精神的传递方面，科学研究不仅意味着知识的积累，还象征着精神的传承。科技人才往往会通过自己的实践经验，来培养学生的科研思维、逻辑推理和解决问题的能力。此外，科研中的坚持、严谨与创新精神也会在学生中得到延续。在批判性思维培养方面，知识的传承不仅是"知识点"的传递，还是思维与创新精神的传承。科技人才通过启发式教学、批判性讨论等方式，教导学生从不同角度分析问题，从而在科学的框架内进行理论创新和技术突破。

(4) 技术与实践经验的传授

除了理论知识的传授，科技人才在实践经验的传承上也发挥着重要作用。在许多技术领域，实践经验对于技能培养至关重要，科技人才的经验往往会成为后继者的重要财富。在技术技能的传授方面，许多学科，尤其是工程、计算机、医学等领域，知识的应用性很强，科技人才往往通过授课、实验、项目实践等形式，传授技术技能，帮助学生熟练掌握行业所需的实际操作能力。在案例分析与经验分享教学方面，科技人才往往会通过案例分析的方式，把自己在工作和科研过程中积累的经验传授给学生，帮助他们避免常见的错误，并启发他们找到解决问题的新思路。这些经验的传递，是科技领域知识的重要组成部分。

(5) 跨学科知识的整合与传播

在现代科学技术快速发展的背景下，跨学科的知识整合成为科技创新的重要推动力。科技人才通过跨学科的合作与交流，将不同学科的知识传递给不同领域的学生和研究者，从而促进知识的相互渗透与融合。在跨学科教学和研究方面，许多前沿科技领域，如人工智能、生命科学与信息技术结合等，要求科研人员拥有跨学科的知识结构。科技人才通过参加跨学科的课程、科研项目和学术论坛等，促进不同领域知识的共享和交叉，帮助学生跨越学科界限，培养综合性的创新能力。在促进知识的融合与创新方面，科技人才通过创造跨学科研究成果，推动不同领域之间的知识融合。例如，物理学和生物学的结合催生了生物物理学，计算机科学与医学的结合带来了医学信息学，这些新发展离不开科技人才在知识传承中所发挥的作用。

(6) 社会责任与科技伦理的传递

科技人才不仅要发挥传递知识和技能的作用，同时还肩负着传递科技伦理和社会责任的使命。他们通过教学和研究，帮助学生树立正确的科技观念，理解科技进步对社会的深远影响。在科技伦理的教育方面，科技人才需要在教育中传授科技伦理，帮助学生理解科技创新与社会责任的关系。例如，在人工智能、大数据、基因工程等前沿领域，科技伦理尤为重要。科技人才通过课堂讨论、案例分析等方式，帮助学生了解如何在技术创新的同时，保持对社会伦理和人类福祉的关注。在科技的社会责任方面，科技人才在教学中传递着科技的社会责任感，强调科技应该服务于社会，推动人类社会的可持续发展。这不仅是对学生的知识教育，也是对他们职业责任感的培养，可以帮助他们在未来的工作中做出更加负责任的科技决策。

科技人才在教育层面担当传承者的角色，既体现在他们传授学科知识和技术技能方面，也体现在他们培养创新思维、科研精神、社会责任感等方面。他们通过教学、研究、实践和跨学科合作等方式，确保科技知识能够代代相传，推动学术和技术的不断创新与发展。这种知识的传递不仅限于课堂上，他们还通过科研项目、团队合作和学术交流等形式，在学术界和社会中广泛传播科学知识。

6. 全球层面：国际竞争力

在全球化背景下，科技人才通常关乎国际竞争与合作。优秀的科技人才不仅会受到本国重视，还可以通过国际化的合作与交流，提升自身在全球科技创新体系中的地位。科技人才的国际争夺已经成为科技竞争的重要方面，人才的流动和全球网络的形成，推动了跨国企业和全球创新平台的发展。

(1) 科技创新与国家竞争力的关系

科技人才是推动创新和提升国家竞争力的核心力量。国家的创新能力往往与其对科技人才的培养和吸引力密切相关。在创新驱动发展方面，全球经济已经进入知识经济时代，科技创新成为各国经济增长的主要动力。科技人才通过技术研发、产品创新和工艺改进等方式，推动企业和社会的科技进步。这种创新不仅限于高端技术领域，如人工智能、量子计算、生命科学等，也涵盖传统行业的技术升级和数字化转型。在国家经济布局方面，世界经济竞争越来越依赖于科技竞争力。一些科技领先国家，如美国、中国、德国、日本等，往往通过高水平的科技教育、强大的科研体系和高效的创新环境，培养大量的科技人才，从而提升国家的国际竞争力。这些国家在全球科技版图上取得领导地位，离不开他们对科技人才的投入和重视。

(2) 全球科技人才的流动性

全球化不仅加速了资本、技术、信息的流动，还极大地促进了科技人才的跨国流动。科技人才的国际流动性对国家和地区的科技竞争力有着重要影响。在人才吸引与引进战略方面，许多国家和地区通过高薪酬、优质的研究环境、税收优惠等政策吸引全球顶尖的科技人才。例如，美国、加拿大、英国等国家通过开放的移民政策，吸引大量国际科技人才，从而促进本国科技的蓬勃发展。中国、印度、以色列等国家也通过国家级的创新政策，积极引进海归科技人才。在人才流动的双向性方面，除了发达国家吸引科技人才外，发展中国家和新兴市场国家也在提升教育和科研水平，培养自己的科技精英，并通过技术合作和国际交流来提升自己的创新能力。全球科技人才的流动促进了知识和技术的跨国共享，提高了全球创新的整体水平。与此同时，科技人才的全球流动也带来了"脑流失 (brain drain)"的问题，尤其是在发展中国家或欠发达地区，许多优秀的科技人才会因为有更好的机会，选择出国深造或工作，这导致所在国家或地区的人才储备和创新能力受到影响。因此，如何留住科技人才，减少"脑流失"，成为许多国家面临的挑战。

(3) 科技人才与全球合作

随着全球科技问题日益复杂，跨国合作成为解决全球性挑战的必要途径。科技人才不仅在国内发挥作用，通过国际合作也对提升全球竞争力起到了重要作用。在跨国科研合作方面，许多重大科研项目，如人类基因组计划、国际空间站、气候变化研究等，都是跨国合作的成果。这些科研合作通常依赖于不同国家和地区的科技人才共同参与。科技人才通过跨国合作，不仅能够在全球范围内交流和学习，也能共同攻克全球性难题，应对环境保护、公共卫生等领域的科技挑战。在国际化的科研环境下，全球顶尖的科研机构和大学，如麻省理工学院、斯坦福大学、剑桥大学等，吸引了世界各地的科技人才汇聚一堂。国际化的科研环境不仅能够促进知识的交流和技术的创新，还能推动全球创新生态系统的形成。气候变暖、能源危机、传染病防控等一些全球问题的解决，需要全球科技人才的合作与集智。不同国家和地区的科技人才在合作中充分发挥各自优势，才能共同推动全球解决方案的制定。例如，针对全球健康危机，世界卫生组织(World Health Organization，WHO)和国际科研团队展开合作，凸显了科技人才在应对全球问题中所扮演的关键角色。

总体而言，科技人才在不同层面、不同维度中都至关重要，他们的科研能力和创新能力不仅决定着个人、组织和国家的发展，也影响着全球科技进步与竞争格局。

2.1.2 科技人才"实"的层面——作用

科技人才"实"的层面，主要体现为他们在实际工作中的作用和贡献，即他们如何通过技术创新、成果研发、产业应用等具体行动推动社会、经济和科技的发展。这个层面强调的是科技人才在解决现实问题、创造实际价值、推动技术进步和产业变革方面的实际作用。

1. 推动技术创新

科技人才是技术创新的核心动力。他们通过深入研究和探索，推动新技术、新理论的诞生，帮助社会和不同行业解决技术难题。

(1) 基础研究

科技人才在基础科学研究领域，尤其是物理学、化学、生物学等领域的基础研究与应用研究中，通过理论突破和实验发现，为技术创新奠定理论基础。

(2) 应用研究

在应用研究领域，科技人才将基础研究成果转化为具体的技术应用，推动新产品、新工艺的研发与产业化。

(3) 技术突破

在突破性技术的发明方面，科技人才不仅负责推动渐进性的技术改进，还负责推进重大的技术突破，例如人工智能、量子计算、基因编辑等领域的革新。通过这些突破，科技人才为社会发展带来革命性的变化。

2. 促进经济发展

科技人才的培养和创新直接影响到国家和地区的经济增长。科技创新是提升经济生产力、创造新产业和新市场的关键因素。

(1) 提升产业竞争力

在工业、制造业、信息技术、绿色能源等行业中，科技人才能够推动技术的持续创新，帮助企业提升产品质量、降低成本、提高效率，从而增强企业的市场竞争力，进而推动行业升级。

(2) 催生新兴产业

科技人才的创新推动了许多新兴产业的崛起，如互联网、人工智能、生物技术、可再生能源等。这些新兴产业不仅创造了大量的就业机会，还带动了相关产业的发展，对全球经济产生深远影响。

(3) 推动数字化转型

在传统行业和服务行业中，科技人才推动数字化、智能化转型，通过大数据、云计算、物联网等技术，帮助企业提升运营效率和市场竞争力，从而推动数字经济的快速发展。

3. 解决社会问题

科技人才的作用不仅限于经济领域，他们在解决社会问题、改善人民生活方面也发挥着重要作用。科技创新可以有效应对全球性挑战，并提升人类的生活质量。

(1) 公共卫生

在医疗健康领域，科技人才能够通过创新药物、医疗设备和治疗方法，提高疾病的预防、诊断和治疗水平。例如，基因组学和精准医疗的发展，极大地提升了对疾病的个性化治疗能力。

(2) 环境保护方面

科技人才在环境保护领域，尤其是在清洁能源、废物回收、污染控制等方面，发挥了至关重要的作用。绿色技术的创新不仅有助于减少环境污染，还促进了可持续发展的实现。

(3) 教育与信息传播

科技人才在教育领域的创新推动了在线教育、教育信息化等新型教育模式的发展，提高了教育资源的普及程度，特别是在全球范围内，缩小了教育资源的差距。

4. 提升国家竞争力

科技人才的数量和质量是衡量一个国家国际竞争力的重要标志。全球化的科技竞争要求国家不断培养和吸引高水平的科技人才，以确保其在全球科技、经济和政治舞台上的竞争力。

(1) 国家创新体系建设

科技人才是国家创新体系的核心组成部分。政府通过政策支持、资金投入等手段，推动科技人才的培养和引进，从而提升国家的科技创新能力和竞争力。

(2) 技术安全与自主可控

在全球技术竞争的背景下，科技人才对国家的技术安全和自主可控至关重要。拥有足够的科技人才，能够确保国家在关键技术领域的自主创新和技术主权，减少对外部技术的依赖。

5. 推动全球合作与知识共享

在全球化的背景下，科技人才通过国际合作与交流，推动全球科技发展。

(1) 国际科研合作

许多全球性问题的解决，如气候变暖、能源危机、疫情防控等，依赖于科技人才的跨国合作。通过合作，科技人才能够共享知识、资源和技术，促进全球科技进步。

(2) 提升全球创新能力

科技人才的跨国流动与合作推动了全球创新生态的建设，有助于促进不同国家和地区之间的科技互补，从而加速全球技术的进步和应用。

6. 促进社会进步与文化发展

科技人才在推动社会进步方面的作用，远超技术创新本身。他们在推动社会文化的演变、塑造公众认知和改善社会制度等方面，也有着重要影响。

(1) 技术与社会变革

科技人才通过创新技术和新观念，促进了社会结构的变革。例如，信息技术的普及带来了社会生活方式的改变，社交媒体的出现改变了人们的沟通方式，人工智能和机器人技术改变了劳动力市场的格局。

(2) 文化创新与传播

科技人才在文化产业中的创新推动了数字文化、虚拟现实、增强现实等新型文化形式的发展，丰富了社会文化的表达方式，也推动了全球文化交流与传播。

7. 提升国家软实力

科技人才的培养和创新能力，不仅是国家硬实力的体现，也能够提升国家软实力。在全球化科技竞争中，科技人才在树立国家形象和提升国家话语权方面发挥着重要作用。

(1) 吸引国际关注与促成国际合作

国家通过培养和引进优秀科技人才，提升在全球科技领域的影响力。这有助于国家在国际谈判中占据有利地位，增强国家的全球话语权。

(2) 文化认同与国际形象

科技人才的创新成果能够提升国家的文化认同，塑造积极向上的国家形象，增强国家的吸引力和软实力，促进国际文化与科技交流。

科技人才的作用是全方位的，他们不仅推动技术创新和经济发展，还在社会、环境、教育等多个领域发挥着积极作用。随着科技的不断进步，科技人才的重要性将愈加凸显。他们不仅是创新的源泉，也是影响国家竞争力的关键因素，推动着世界各国的科技进步与社会发展。

2.2 科技人才地位的确立与提升

2.2.1 科技人才地位的确立

科技人才地位的确立是一个多层次、多维度的过程，涉及社会、经济、文化等各个方面的交织与互动。科技人才的地位不仅取决于自身的科研成就和技术创新，还与他们所处的社会环境、国家政策、行业需求及全球科技竞争格局密切相关。以下是影响科技人才地位确立的关键因素。

1. 学术成就与创新能力

科技人才的地位首先来源于其在学术领域的突出贡献与技术创新。这些成就往往通过科研成果、技术发明、学术论文、专利等方式得以体现。

(1) 科研成果的影响力

科技人才通过独创性的研究和突破，催生出影响广泛的科研成果。例如，爱因斯坦的相对论、霍金的黑洞理论、特斯拉的交流电等，这些科技成就不仅推动了科学的发展，也确立了相关科技人才在社会中的地位。

(2) 技术创新与产业转化

科技人才的创新成果若能转化为实际的技术应用或产业化产品，对社会产生深远的影响，则能进一步提升其地位。例如，乔布斯通过引领苹果公司推出革命性产品，获得了全球科技领域的高度认可，形成了较大的影响力。

2. 国家与社会的支持与认同

国家政策和社会环境对科技人才的支持与认同直接影响其地位的确立。各国政府对科技人才的培养、引进和奖励机制，以及社会对科技工作者的认同和尊重，都在很大程度上决定了科技人才的社会地位。

(1) 政策扶持与资源投入

政府对科技人才的重视表现在多个方面，如资金支持、税收优惠、科研平台建设等。国家对科技人才的培养和激励政策(如国家级科学奖项、科技人才专项计划等)能够促使他们的地位不断提升。

(2) 社会认同与尊重

在一些文化中，科技人才因其创造性和解决实际问题的能力而获得高度尊重，尤其是在一些以技术为驱动的社会(如美国、德国等)，科技人才不仅是行业精英，也被视为社会的宝贵财富。

3. 产业需求与经济贡献

随着科技的快速发展，尤其是信息技术、生物医药、新能源等领域的迅猛进步，科技人才在现代经济体系中的地位愈发突出。他们通过技术创新推动了产业发展，为国家经济发展做出了重要贡献。

(1) 产业驱动与创新

科技人才的技术发明和创新直接推动产业发展。例如，互联网产业的崛起、人工智能的突破都离不开科技人才的持续创新，科技人才推动了相关行业的高速发展，同时也确立了其在经济发展中的重要地位。

(2) 经济价值的体现

在现代经济中，高技术行业和创新型企业是经济增长的引擎。科技人才作为这些行业的核心力量，直接影响企业的竞争力和市场表现，从而对国家经济产生重要影响。例如，谷歌、苹果、特斯拉等科技公司，背后都有一批技术精英，他们通过技术创新推动着企业的创新与发展。

4. 全球化与国际化合作

全球化时代，科技人才的地位不仅在国内得到认同，而且还通过他们的国际合作与竞争，在国际上得到进一步提升。在科技领域，国家和企业之间的合作、技术交流、人才流动非常频繁，这为科技人才提供了更多展示自己的平台，从而拓展了科技人才的国际化视野，进而提升了他们的影响力。

(1) 跨国科研合作

随着全球科研合作日益增多，科技人才通过国际合作，获得了更广阔的舞台。例如，国际空间站、气候变化研究、全球疫苗研发等大型科研项目，都涉及大量跨国合作，离不开全球科技人才的共同努力。这些合作不仅促进了全球科技进步，也让科技人才在国际上获得了更多的影响力。

(2) 人才流动与全球竞争

在全球科技竞争日益激烈的背景下，科技人才通过跨国流动和参与国际会议等方式，不断提升自己在全球科技领域的地位。许多世界顶级科技公司、高校和研究机构(如Google、MIT、NASA等)吸引着全球顶尖科技人才，进一步增强了他们在全球舞台上的话语权。

5. 社会贡献与公共影响

科技人才的地位受到他们对社会公共事务的贡献以及所承担的社会责任的影响。科技人才不只能在技术领域发挥作用，还能在社会领域承担一定的责任。

(1) 公共问题解决

科技人才能够通过技术和创新，解决一系列公共健康、环境保护、教育普及等社会问题。例如，疫苗研发人员通过研制疫苗来抗击疫情、拯救生命；气候领域的科学家通过科研监测、制定应对策略、开展国际协作推动全球应对气候危机。这些贡献不仅提升了科技人才的社会地位，也增强了他们在公共领域的影响力。

(2) 社会责任与伦理

随着科技进步，科技人才在社会责任和伦理层面扮演着越来越重要的角色。例如，人工智能、基因编辑等技术带来了许多伦理争议，科技人才需要在技术创新与社会伦理之间找到平衡，这种责任感与伦理敬畏感也有助于提升他们的地位。

6. 教育与培养后继人才

科技人才的地位体现在他们在教育领域的贡献。通过培养、指导下一代科技创新者，科技人才在社会中树立了长远的影响力。

(1) 教育与科研人才培养

很多科技人才不仅从事科研工作，还积极参与到学术和教育工作中，旨在培养下一代科技人才。例如，许多著名的科学家和工程师不仅以科研成果著称，还以培养出大量学生，帮助他们走向科技前沿而闻名。

(2) 人才输出与国际影响

许多科技人才通过海外讲学、学术交流、联合研究等方式，推动全球科技的共享与发展，从而提升了自己在全球科研体系中的地位。

科技人才地位的确立是一个多维度、多层次的过程，涉及个人的科研成就、社会的认同与支持、产业的需求与发展以及全球化合作等多方面的因素。随着科技的不断进步和全球竞争的加剧，科技人才的地位将越来越受到社会和国家的重视。科技创新不仅依靠科技人才的能力和智慧，也依赖社会对科技人才的认同和支持。

2.2.2　科技人才地位的提升

科技人才地位的提升是一个持续的、渐进的过程，涉及个人、社会、国家及全球多个层面。随着科技的不断发展，科技人才在推动社会进步中的作用愈加显著，其地位也在不断提升。以下几个关键因素有助于提升科技人才的地位。

1. 提高科研和创新成果的影响力

科技人才的核心地位来自其科研和创新的成果。科技人才通过创新性和前瞻性的科研成果，推动行业甚至社会进步的同时，社会地位自然得到相应提升。

(1) 解决重大科技难题

攻克技术难关和突破关键技术瓶颈，尤其是在信息技术、生命科学、能源、环境等领域的创新，能有效提升科技人才的社会影响力和地位。

(2) 引领产业升级

科技创新的产业化应用，可以推动新兴产业和传统产业的升级，能够有效提升科技人才的经济地位。例如，数字经济的发展、人工智能的应用、新能源技术的突破等，都是科技人才推动社会变革的表现。

2. 加强跨学科合作与国际合作

科技领域的创新越来越呈现跨学科、多领域融合的趋势。科技人才通过跨学科合作和国际合作，能够解决更为复杂和多元的问题，从而提升其地位。

(1) 跨学科合作

科技问题日益复杂，涉及多个学科的知识和技术。通过跨学科合作，科技人才能够在不同领域的融合中找到创新的突破口，提升科研水平和社会贡献度。

(2) 国际合作

全球科技竞争日趋激烈，国际合作为科技人才提供了更广阔的平台。科技人才通过参与国际合作项目，能够提升自己的影响力，获取更多的资源和机会。

3. 社会与文化环境的转变

科技人才的地位不仅仅取决于科研成就，还受到社会文化环境的影响。随着科技对人类生活的影响越来越大，社会对科技人才的尊重和认同逐渐提高。

(1) 科技与社会价值的结合

随着科技成果的应用逐渐改善人们的生活质量，社会对科技人才的认可度也在逐步提高。例如，疫苗研究、气候变化应对技术、公共卫生防控等领域的创新与突破，直接关系到人民群众的福祉，这使得科技人才成为社会的"英雄"。

(2) 科技与人文的结合

现代科技不仅关注技术突破，还涉及伦理、法律、哲学等问题。科技人才通过对科技人文价值的思考和贡献，能够赢得更广泛的社会认同。

4. 加强教育与培养体系建设

科技人才素质的提升需要良好的教育和培养机制。科学的教育体系和培养方式有助于更多的科技人才脱颖而出。

(1) 人才培养体系的完善

国家和社会应加大对科技人才的培养力度，完善教育体系，从基础教育到高等教育，再到科研机构的培养，逐步形成完善的人才链条。

(2) 科研平台的建设

搭建先进的科研平台和孵化器，为科技人才提供更多的创新资源和支持，能促进他们的学术成长和实践应用。

5. 加大政策支持与奖励力度

国家和社会应制定更加具有前瞻性的科技政策和激励机制，以确保科技人才得到足够的资源和支持。政策的良好导向能够促使科技人才更好地发挥自己的能力和潜力。

(1) 科研资助与奖励

通过奖学金、基金资助、税收优惠、科研项目等支持，激励科技人才继续进行创新研究，推动产业和社会进步。

(2) 人才引进政策

制定针对高层次科技人才的引进政策，不仅能吸引海外顶尖人才回国，也能鼓励本土科技人才成长和人才队伍的壮大。

6. 提升公众认知与科技传播

科技人才的地位提升，还依赖于社会对科技的认知和科技成果的传播。科技人才不仅要做好科研工作，还要学会与社会有效对接，增强公众对科技的认知与理解。

(1) 科普教育与公众参与

通过加强科技普及教育，提升公众对科技创新的认知和接受度，从而使科技人才的贡献得到更多人的认可。

(2) 媒体与科技传播

科技人才需要与媒体合作，将自己的研究成果和创新技术以更通俗易懂的方式传递给社会大众，增强社会对科技人才的认同感。

7. 发挥科技人才的榜样作用

科技人才可以通过实际行动和榜样作用，激励后继者，促进社会发展，从而进一步提升他们的社会地位。许多科技领军人物和科研工作者不仅在技术上取得突破，还在社会道德、职业操守等方面树立了良好的榜样。一些科技领域的领军人物，如任正非、张颖、屠呦呦等，通过勇于创新和承担社会责任，成功树立了自己的形象，成为公众的楷模，从而提升了整个行业及其自身的地位。

通过以上几个方面的持续推动，科技人才的地位将得到更全面和更深入的提升，从而推动整个社会在科技创新和经济发展中的进一步跃升。

2.3　科技人才的作用

科技人才在现代社会中的作用日益凸显，尤其在推动科技创新、产业升级、社会进步等方面。充分发挥科技人才的作用，不仅是国家和社会关注的重点，也是促进科技进步和社会发展的关键。科技人才的作用主要体现在以下几个方面。

2.3.1　推动科技创新与技术进步

科技人才是科技创新的核心力量。他们通过科研和技术突破，推动新技术的产生和应用，从而改变社会生活的方方面面。

(1) 技术研发与创新

科技人才在基础研究和应用研究中发挥着重要作用，他们能够解决行业中的关键技术难题，开发新材料、新设备、新工艺。例如，人工智能、量子计算、5G通信等领域的突破，离不开科技人才的辛勤耕耘。

(2) 产业转型升级

随着科技的进步，许多传统行业借助新技术实现转型升级。科技人才通过对先进技术的研发与推广，推动制造业、服务业、农业等行业的技术革新和产业重构，从而提升国家的综合竞争力。

2.3.2　促进经济高质量发展

科技人才在推动经济高质量发展方面，起着"引擎"作用，具体体现在以下两个方面。

(1) 新兴产业发展

科技人才是新兴产业的创新源泉，新能源、新材料、人工智能、生命健康等领域的快速发展不仅推动了经济增长，还为社会创造了大量就业机会。

(2) 数字化转型

随着数字技术的普及，科技人才在推动传统产业数字化转型方面至关重要。他们通过大数据、云计算、物联网等技术，帮助企业提升运营效率、优化资源配置，从而促进经济效益的提升。

2.3.3　解决社会重大问题

科技人才的作用不仅体现在经济领域，还体现在解决社会重大问题方面。例如，环境保护、公共卫生、教育普及等方面。在应对气候变化方面，科技人才通过研发清洁能源技术、节能减排技术、碳捕集与封存技术等，帮助社会应对气候变化和缓解环境污染，推动绿色可持续发展。在医疗健康领域方面，如疫情防控、疫苗研发、药物创新、健康监测等方面，科技人才的作用不可或缺。在公共安全与应急管理方面，科技人才通过大数据、人工智能等技术手段提升社会公共安全管理水平，如自然灾害预测、疫情预警、城市安全监控等，确保社会安定与人民福祉。

2.3.4 推动社会治理和智能化发展

随着信息技术的快速发展，科技人才在推动社会治理智能化方面发挥着越来越重要的作用。在智慧城市建设方面，科技人才推动智慧城市建设，利用物联网、大数据、云计算等技术，改善城市的交通、环境、能源管理，从而提高城市治理效率和居民生活质量。在智能化政府服务方面，科技人才通过人工智能、区块链等技术，为政府提供智能化决策支持、公共服务优化等方案，提升政府管理的透明度和公民的服务体验。

2.3.5 加强科技教育与人才培养

科技人才不仅自身要有所成就，还应承担培养后备人才的责任。通过科技教育和技术培训，科技人才帮助社会培养更多的创新型和应用型人才。在创新型人才培养方面，科技人才通过高等教育、科研院所等渠道，为学生提供创新思维和科学研究的基础，培养他们的批判性思维、跨学科合作能力以及解决实际问题的能力。在技术普及与技能提升方面，通过职业教育、培训机构等，科技人才可以向更广泛的人群传播科学知识，提升公众的科技素养，从而增强全民创新意识和创业能力。

2.3.6 促进国际合作与全球科技竞争

在全球化的背景下，科技人才的国际化视野和跨国合作成为提升科技创新水平和全球竞争力的关键。在跨国科技合作方面，科技人才通过国际合作项目与其他国家的专家进行交流与合作，共享资源、技术和经验，推动全球科技创新的发展。例如，在面临气候变化、公共卫生等全球性问题时，国际科技合作至关重要。在全球科技竞争方面，随着国际科技竞争的加剧，国家对科技人才的需求也日益增强。优秀的科技人才不仅能为国家带来技术创新，还能在全球科技舞台上提升国家的影响力和竞争力。

2.3.7 提升企业创新力与竞争力

科技人才在企业中的作用尤为重要，他们是企业创新的源泉，能够推动企业技术水平的提高和产品研发的突破。在产品创新与市场竞争力方面，企业中的科技人才负责技术研发、产品设计与优化，不断推出具有竞争力的新产品，以应对市场的变化与挑战。在技术孵化与创业方面，科技人才可以通过创办技术型公司来推动科技成果转化，促进技术创新与市场需求对接，从而推动经济结构调整和产业升级。

2.3.8　改善社会生活质量

科技人才作用的最终落脚点是提高人类的生活质量。科技通过提高生产效率、改善医疗条件、优化教育资源、促进信息获取等方面，改变着人们的日常生活。在智能生活应用方面，智能家居、智能穿戴设备等日常生活中的创新应用，极大地提高了人们的生活便捷性、舒适度和安全性。在医疗健康改善方面，通过医疗科技的进步，许多病患得到了有效治疗，许多疾病得到了有效预防，健康管理也更加精准和高效，从而改善人类的整体健康水平。

科技人才在各个领域的作用都至关重要。只有在合理的政策支持、良好的社会氛围以及科学教育体系的保障下，科技人才的作用才能得到充分发挥，从而促进社会、经济、文化等的全面发展。科技创新不仅是国家竞争力的核心，也是人类社会进步的引擎。

科技人才在当今社会中既有"虚"的理想化期望，也有"实"的实际贡献。他们的地位和作用不仅体现在经济发展和社会变革中，更在于推动技术进步和知识传播。随着科技的不断发展，科技人才的重要性将愈加显著，社会应更加关注对他们的培养与支持。

第3章

旧与新：科技人才的
内涵与演变

3.1　科技人才的内涵

科技人才为推动科技进步与社会发展的核心力量，对其内涵进行界定是对其进行深入研究的起点。在此，我们将从定义与标准、社会角色与社会价值、国内外探究与比较三个维度展开，深入剖析科技人才的本质特征。

首先，我们将明确科技人才的定义与标准，探讨其应具备的知识结构、能力素质及道德品质等要素。这不仅是识别与选拔科技人才的基础，也是制定相关政策与措施的重要依据。其次，分析科技人才在社会经济发展中所扮演的多重角色与社会价值，包括科研创新、成果转化、人才培养等方面，以展现其在国家发展大局中的重要作用。最后，通过国内外科技人才的比较，揭示不同国家与地区在科技人才培养、引进、使用等方面的差异与共性，为构建具有中国特色的科技人才发展体系提供借鉴与启示。

3.1.1　科技人才的定义与标准

1. 科技人才的定义

在探讨"科技人才"这一概念之前，首先需要明确人才的一般性定义。"人才"这一词汇，自古以来便承载着深厚的文化内涵与社会期许，其内涵随着时代的变迁而不断丰富与深化。最初，人才多指个体所展现出的卓越才能与学识，强调个人在学识与才能上的出类拔萃。随后，人才的概念逐渐扩展，涵盖那些不仅才华横溢，更兼具高尚品德且能够引领社会进步、推动时代发展的杰出个体。人才，简而言之，是指那些在某个领域或行业中具备专业知识、技能、经验和创新思维，能够为社会创造价值并推动社会发展的个体或群体。他们通常具备较高的智力水平、学习能力、适应能力和创新能力，是各行各业发展的核心力量。

进入21世纪，随着全球化与信息化的加速发展，人才的概念进一步具体化、精细化。2010年，中共中央、国务院高瞻远瞩，发布了《国家中长期人才发展规划纲要(2010—2020年)》，对人才作出了全面而深刻的定义："人才是指具有一定的专业知识或专门技能，进行创造性劳动并对社会作出贡献的人，是人力资源中能力和素质较高的劳动者。人才是我国经济社会发展的第一资源。"这一界定，不仅强调了人才的专业技能与创新能力，还突出了他们对社会的实际贡献，体现了人才价值的多元化与综合性。

随着科技的飞速发展，人类社会正在经历前所未有的变革。从信息与通信技术(information and communications technology，ICT)、人工智能(artificial intelligence，AI)、生物技术(biotechnology，BT)、新能源(new and renewable sources of energy，NRSE)、物联网(internet of things，IoT)、量子计算(quantum computing，QC)到虚拟现实(virtual reality，

VR)和增强现实(augmented reality，AR)，科技的力量正在深刻地改变着我们的生活方式、工作方式乃至思维方式。在这一背景下，科技人才的概念应运而生，特指那些在科技领域具备卓越才能和突出贡献的个体或群体。

在科技日新月异的今天，科技人才作为推动科技进步与创新的核心力量，其定义也愈发精准。科技人才的定义，强调了科技人才需具备扎实的专业知识、专门的技能，并积极参与或引领创造性科学技术活动，通过其努力与贡献，促进科学技术事业的蓬勃发展，进而对经济社会产生深远影响。这一定义，不仅涵盖科技人才的专业素养与实践能力，还隐含对他们的社会责任感与使命感的期待。

在此基础上，我们强调科技人才不仅应具备高超的专业技能与创新能力，而且还需要拥有较高的政治素养与道德品质；他们不仅是科学技术的探索者与传播者，更是社会进步的推动者与引领者。科技人才作为新时代的宝贵资源，其定义与内涵的不断丰富与深化，既是对个人能力与价值的肯定，也是对社会发展需求的积极响应。在未来的发展中，我们期待更多具备专业知识、创新能力、高尚品德与社会责任感的科技人才涌现，共同推动科技进步与社会繁荣。在全球化的今天，科技竞争日益激烈，因此科技人才还需要具备国际视野和跨文化交流能力，能够在国际舞台上展现中国科技的实力和风采。

科技人才这一概念的提出，是对科技领域人才特质和需求的深刻认识与把握。在未来的发展中，我们需要更加重视科技人才的培养与引进工作，为他们提供更加广阔的发展空间和更加完善的支持体系，激发他们的创新活力与创造动力，为科技进步和社会发展贡献更多力量。同时，我们也需要关注科技人才的成长环境和激励机制建设，为他们创造更加公平、公正、开放的竞争环境和发展空间。

2. 科技人才的标准

在探讨科技人才的内涵时，明确其标准是至关重要的一环。科技人才为推动科技进步与创新的核心力量，其标准的设定不仅关乎科技人才个体能力的评估，更直接影响科技体系的整体效能与社会的长远发展。在此，我们将从以下维度深入剖析科技人才的标准，力求构建一套全面、科学、动态的标准。

(1) 专业知识与技能水平

科技人才首先应具备扎实的专业基础，这是其从事科技活动的基础与前提。这要求科技人才在某一科技领域内，掌握系统的理论知识体系，包括但不限于基础理论、前沿动态、研究方法等。深厚的专业基础不仅有助于科技人才快速适应新环境、解决新问题，更是其进行原创性研究与突破的关键所在。

除了理论知识外，科技人才还需具备精湛的专业技能，包括实验操作能力、数据分析能力、软件开发能力、专利撰写能力等。这些技能都是科技人才将理论知识转化为实际成果的重要工具，也是衡量其科技创新能力的重要指标。

(2) 创新能力与实践能力

创新能力是科技人才的核心竞争力。科技人才应具备敏锐的洞察力，能够及时发现并把握科技发展的前沿趋势；同时，还应具备敢于挑战权威、勇于探索未知的勇气与决心。在创新过程中，科技人才应综合运用所学知识，提出新颖独特的见解或解决方案，推动科技进步与产业升级。创新能力的形成，既需要天赋的支撑与灵感的迸发，也离不开长期的实践积累与刻苦钻研。

实践能力是科技人才将理论知识与创新成果转化为实际应用的关键。科技人才应具备较强的实验设计与操作能力，能够独立完成科研项目或技术攻关任务；同时，还应具备良好的团队协作与沟通能力，能够与不同领域的专家学者进行有效合作，共同推动科技成果的转化与应用。

(3) 道德素养与社会责任感

科技人才为社会精英群体，其道德素养直接影响科技事业的健康发展。科技人才应具备高尚的职业道德，诚实守信、尊重他人、团结协作、勇于创新；同时，还应树立正确的世界观、人生观和价值观，自觉抵制学术不端行为，维护科技界的良好风气。科技人才应不断加强自我修养，树立正确的道德观念与行为准则，从而提升道德素养。

社会责任感是科技人才不可或缺的重要品质。科技人才应充分认识到自身所肩负的国家使命与责任，积极投身到国家建设与社会发展的伟大事业中去。在科研活动中，科技人才应关注社会热点问题与民生需求，努力解决制约经济社会发展的关键技术难题；在成果转化过程中，应注重经济效益与社会效益的有机统一，努力实现科技成果的普惠共享。科技人才应不断提升自身的思想觉悟与使命担当，从而增强社会责任感。

(4) 国际化视野与跨文化交流能力

在全球化背景下，科技人才应具备广阔的国际化视野。这要求科技人才不仅关注本国科技发展动态与趋势，还应积极了解世界科技发展的最新成果与前沿方向，同时具备全球性的战略思维与布局能力，能够在全球科技竞争中占据有利地位。科技人才应加强与国际同行的交流合作，积极参与国际学术会议与项目合作等活动，从而拓宽国际化视野。

跨文化交流能力是科技人才在国际舞台上发挥作用的重要保障。科技人才应具备良好的外语水平与跨文化沟通能力，能够跨越语言和文化的障碍，与不同国家和地区的专家学者进行有效沟通与合作。在跨文化交流过程中，科技人才应尊重并理解不同文化的差异与特点，寻求共识与合作点，共同推动科技进步与全球发展。科技人才应不断加强外语学习与跨文化交流实践，从而提升跨文化交流能力。

(5) 持续学习与自我提升能力

科技领域日新月异，知识更新速度极快，因此科技人才必须具备持续学习的能力，以适应这一变化。持续学习不仅包括对新技术、新知识的掌握，还包括对学习方法、思维方式的不断更新与升级。科技人才应保持对新知识的渴望与追求，积极参与各类培训、研讨等活动，从而不断提升自身综合素质与竞争力。

自我提升能力是科技人才实现个人成长与职业发展的重要途径。科技人才应具备较强的自我反思与自我评估意识，能够客观分析自身优劣势，明确个人发展的目标与方向；同时，还应具备自我激励与自我管理的能力，能够克服困难与挑战，保持积极向上的心态与行为。科技人才应不断挖掘自身潜力，激发内在动力，从而增强自我提升能力，进而实现个人价值与社会价值的双重提升。

科技人才的评价标准是多维度、多层次的，它既包括专业知识与技能水平等硬性指标，也涵盖创新能力与实践能力、道德素养与社会责任感等软性要求，同时还涉及国际化视野与跨文化交流能力、持续学习与自我提升能力等时代特征。这些标准的设定，旨在引导科技人才全面发展、不断进步，为中国式现代化建设贡献更大力量。

3.1.2 科技人才的社会角色与社会价值

1. 科技人才的社会角色

在21世纪，科技以前所未有的速度改变着世界，而这一切变革的幕后推手，正是那些拥有卓越智慧、创新思维与不懈探索精神的科技人才。他们不仅是科技进步的引擎，更是社会发展的中坚力量，扮演着多重社会角色，展现出不可估量的价值。

(1) 科学研究的引领者

科技人才的首要社会活动为对科学研究领域的引领与突破。他们投身于基础科学与应用科学的研究前沿，致力于探索自然规律、解决科学难题，为人类的认知边界不断拓宽贡献力量。在实验室中，他们运用精湛的实验技术和严谨的科研方法，追求真理、积累知识，为科技创新奠定坚实的理论基础。

(2) 技术创新的推动者

在技术创新的浪潮中，科技人才扮演着至关重要的角色。他们不仅是新技术的研发者，更是技术转化与应用的推动者。通过跨界融合、协同创新，科技人才将科研成果转化为实际应用技术，推动产业升级与转型。在人工智能、生物科技、信息技术等前沿领域，科技人才的创新成果层出不穷，为社会经济发展注入了强劲动力。

(3) 社会发展的支持者

科技人才积极参与社会发展的决策过程，为政府、企业及社会组织提供科学咨询与技术支持。他们运用专业知识与数据分析能力，为政策的制定提供科学依据，推动社会向更加科学、合理、可持续的方向发展。同时，科技人才也是社会公益事业的重要支持者，他们通过科技手段解决社会问题，增进民生福祉。

2. 科技人才的社会价值

科技人才的社会价值体现在多个方面。

(1) 对经济增长产生强劲的促进作用

科技人才通过技术创新与成果转化，推动产业升级与结构优化，提高生产效率与竞争力，为经济增长提供新的动力源泉。在数字经济、智能制造等新兴领域，科技人才的贡献尤为突出，为全球经济注入了新的活力。

(2) 对于提升国家竞争力具有关键作用

在全球科技竞争日益激烈的背景下，科技人才成为国家科技实力和国际地位提升的核心要素。他们通过攻克关键技术难题、掌握核心自主知识产权，为国家在全球科技竞争中赢得优势地位。这种优势不仅体现在经济领域，更关乎国家安全、社会稳定与民族尊严。

(3) 在解决社会重大问题上发挥着重要作用

面对环境污染、气候变化、资源短缺等全球性挑战，科技人才通过跨学科研究与合作，提供科学的解决方案与技术支持。他们致力于推动环保技术、可持续发展技术的创新与应用，为构建人类命运共同体贡献力量。

(4) 促进国际科技交流与合作

科技人才通过参与国际科技项目、发表学术论文、举办科技论坛等方式，加强与国际同行的交流与合作，推动全球科技资源的优化配置与共享。这种交流与合作不仅有助于拓宽我国科技人才的国际视野、增强竞争力，也为全球科技事业的共同发展与进步注入了新的活力。

科技人才的社会角色是多方面的，其价值的影响深远的，他们不仅是科学研究的引领者、技术创新的推动者，更是社会发展的重要推动者。科技人才的社会价值体现在促进经济增长、提升国家竞争力、解决社会重大问题以及促进国际科技交流与合作等多个方面。随着科技的不断进步和时代的持续发展，科技人才将继续发挥其独特的作用与价值，为人类社会的繁荣与进步做出更加卓越的贡献。

3.1.3　国内外科技人才的探究与比较

随着全球科技竞争的日益激烈，科技人才成为推动国家经济增长和社会进步的关键力量。国内外在科技人才培养、激励机制和政策环境等方面存在显著差异，这些差异直接影响了科技人才的分布、流动与创新能力。因此，深入探究并比较国内外科技人才的发展现状，对于把握全球科技人才竞争态势、优化我国科技人才政策具有重要意义。

1. 国内外科技人才发展现状

近年来，我国在科技人才队伍建设方面取得了显著成就，科技人才总量持续增长，结构不断优化。国家高度重视科技人才培养工作，出台了一系列政策措施，如"国家高层次人才特殊支持计划"等，旨在吸引海外高层次科技人才回流，提升科研水平和人才培养质量。然而，与发达国家相比，我国在高端科技人才、基础科学研究等方面仍存在差距。国外对科技人才队伍建设的成功经验值得我们学习并借鉴。

发达国家在科技人才发展方面积累了丰富的经验，形成了较为完善的培养体系和激励机制。以美国为例，其科研环境开放自由，创新氛围浓厚，吸引了众多全球范围内的顶尖科技人才。美国的高等教育体系、科研资助体系及知识产权保护制度都为科技人才提供了广阔的发展空间。此外，欧洲国家也通过设立各类科研基金、实施"欧盟地平线计划"等措施，加强科技创新和人才培养。

2. 科技人才培养模式与策略

我国的科技人才培养模式正在逐步从传统的"学术型"向"创新型、应用型"转变。高校和科研机构开始注重培养学生的创新思维和实践能力，加强与产业界的合作，推动产学研深度融合。同时，政府通过政策引导和市场机制，鼓励企业加大研发投入，建立研发中心，培养自己的科技人才队伍。

发达国家的科技人才培养模式注重跨学科、跨领域的交叉融合，鼓励学生在不同领域自由探索。高校和科研机构拥有高度自主权，能够根据市场需求和科研前沿动态，灵活调整研究方向和课程设置。此外，国外还注重通过国际交流与合作，引进外部优质教育资源，以提升本国科技人才的国际竞争力。

3. 科技人才国际竞争与合作

在全球化的背景下，科技人才的国际竞争与合作日益激烈。各国纷纷出台优惠政策，吸引海外高层次科技人才。同时，通过国际科研合作项目、联合实验室等形式，加强跨国界、跨学科的科研合作与交流。中国在这一领域也取得了积极进展，与多个国家建立了科技合作关系，共同应对全球性挑战。

通过对国内外科技人才的探究与比较，我们可以发现，科技人才的发展需要政府、高校、企业等多方面的共同努力。未来，中国应继续深化科技体制改革，优化科技人才发展环境，加强与国际同行的交流与合作，努力培养并造就一支具有国际竞争力的高水平科技人才队伍。同时，也应关注科技人才的心理健康和职业发展需求，为他们提供更加全面、个性化的支持与服务。

3.2 科技人才发展的历史沿革

中华人民共和国成立以来，科技人才的成长与国家科技事业同频共进。从建国初期科技领域的初步探索到改革开放后科技事业的蓬勃发展，我国持续优化科研环境，不断深化科技体制改革，推出更加开放的人才政策，有效推动了高水平人才高地建设。科技人才以梦为马，书写着我国科技事业的辉煌篇章，为经济社会发展注入强劲动力。

3.2.1 社会主义革命和建设时期科技人才的初步发展(1949—1977年)

中华人民共和国成立初期，我们面对的是一个科技基础薄弱、人才储备匮乏的局面。然而，正是在这片亟待耕耘的土地上，我国科技人才的发展踏上了从筚路蓝缕到灿烂辉煌的道路，为社会主义革命和建设时期的经济社会发展提供了坚实的科技支撑。

1. 整合已有科技资源

1949年，中华人民共和国成立后，党和政府迅速着手整合科技资源。一方面，通过接管和改造遗留下来的科研机构、学校和工厂，保留了一批有价值的科研设备和资料，以及早期的科技人才；另一方面，积极动员海外留学人员回国，他们带回了先进的科学技术和丰富的科研经验，成为中国科技事业的中坚力量。钱学森、华罗庚、李四光等一大批著名科学家皆在这一时期回国，迅速投入到国家的科技建设中，为中国科技事业的起步奠定了坚实的人才基础。

2. 发展教育和科研事业，培育科技人才

为了培养更多适应国家建设需要的科技人才，党和政府高度重视教育事业的发展。在高等教育方面，国家通过调整学科专业设置、扩大招生规模、提高教学质量等措施，大力培养各类科技人才。同时，积极发展中等教育和职业教育，为科技人才的后续发展提供源源不断的生源。此外，国家还通过举办各种形式的培训班、进修班和研究生教育，不断提高科技人才的专业素质和创新能力。在这一时期，我国的高等教育体系逐渐完善，科技人才队伍不断壮大，为国家的科技事业发展提供了有力的人才保障。

党和政府相继成立了一批国家级和省级科研机构，加强科研工作的组织和管理。中国科学院作为国家最高学术机构，在这一时期得到了快速发展，不仅建立了多个研究所和实验室，还吸引了一大批优秀的科技人才加入。同时，国家还通过设立科研项目、组织科研攻关等方式，推动科技事业的快速发展。在此阶段，我国取得了一系列重大科研成就，如成功研制出"两弹一星"、发现大庆油田等，这些成果的取得不仅提升了我国的国际地位，也为后续科技事业的发展积累了宝贵经验。

3. 制定科技政策和激励措施

为了激发科技人才的创造活力和工作热情，党和政府制定了一系列科技政策和激励措施。一方面，通过提高科技人才的待遇和地位、改善他们的工作和生活条件等方式，吸引更多的优秀人才投身到科技事业中来。另一方面，通过设立科技成果奖、科技进步奖等奖项，表彰优秀科技人才和科研成果；通过建立院士制度、博士后制度等高层次人才培养和选拔机制，提升科技人才研发水平；通过推动产学研合作和科技成果转化等方式，促进科技创新和经济发展。这些政策的实施不仅提高了科技人才的积极性和创造力，还推动了我国科技事业的迅速成长与快速发展。

　　然而，在社会主义革命和建设时期，我国科技人才的发展也面临诸多挑战。如国际环境的封锁与打压、国内科研条件的艰苦与落后等。面对这些挑战，党和政府采取了一系列积极措施加以应对，如加强国际合作与交流、引进国外先进技术和设备、加大科研投入力度、改善科研条件、加强科技人才培养和引进工作等。这些措施的实施，不仅缓解了我国科技人才短缺的问题，而且为我国科技事业的持续发展提供了有力保障。

　　在社会主义革命和建设时期，我国科技人才经历了从无到有、从弱到强的初步发展历程。这一时期的科技人才队伍建设为我国科技事业的快速发展奠定了坚实基础，也为后续科技事业的蓬勃发展提供了有力支撑。尽管面临诸多挑战，但党和政府通过一系列有力措施有效推动了科技人才的快速发展和科技创新的蓬勃兴起，为我国的社会主义现代化建设做出了重要贡献。

3.2.2　改革开放科教融合导向下科技人才的发展契机(1978—1999年)

　　1978年，随着党的十一届三中全会的胜利召开，中国踏上了改革开放的历史新征程，这一伟大的历史转折不仅为国家的经济社会发展注入了新的活力，还为科技人才的发展带来了前所未有的契机。在这一阶段，科教融合的理念逐渐深入人心，成为推动科技人才发展的重要动力。

1. 恢复和重建科技人才队伍

　　改革开放初期，面对"文化大革命"造成的科技人才断层和制度破坏，国家迅速出台了一系列政策，旨在恢复和重建科技人才队伍。首先，通过恢复职称评定、重启研究生招生等措施，为科技人才提供了制度保障。其次，国家提出"尊重知识、尊重人才"的口号，大力倡导提升知识分子的地位、重视其作用，极大地激发了科技人才的积极性和创造力。

　　在这一阶段，人力资源管理开始逐步引入科技人才管理中。通过建立健全人才选拔、培养、使用、评价和激励机制，国家努力为科技人才创造一个公平、公正的竞争环境。例如，通过设立科研项目基金、提供科研经费支持、举办学术交流活动等方式，为科技人才提供广阔的发展空间和展示平台。此外，还建立了科技成果奖励制度，对在科研工作中做出杰出贡献的科技人才给予表彰和奖励，进一步激发了他们的创新热情。

2. 推动教育体制改革和科技体制改革

　　随着改革开放的进一步发展，科教融合的理念逐渐受到重视。国家意识到要实现科技事业的快速发展，必须依靠教育和科技的紧密结合。因此，在这一阶段，国家加大了对教育和科技的投入力度，推动教育体制改革和科技体制改革。通过改革教育体制，国家逐步建立了适应市场经济需求的人才培养模式；通过改革科技体制，国家加强了科研机构与企业之间的合作与交流，促进了科技成果的转化和应用。

在科教融合理念的指导下，国家还推出了一系列重大科技计划和人才工程。例如，"国家高技术研究发展计划""国家重点基础研究发展计划"等国家级科技计划的实施，为科技人才提供了广阔的科研舞台和充足的资金支持；同时，"百人计划""长江学者奖励计划"等人才工程的实施，吸引了大量海外高层次人才回国工作，为国家的科技事业注入了新的活力。

在改革开放和科教融合的推动下，我国科技人才队伍实现了快速发展和结构优化。一方面，科技人才数量大幅增加，质量显著提升。通过培养、引进和使用等多种方式，国家建立了一支规模宏大、结构合理、素质优良的科技人才队伍。另一方面，科技人才队伍的结构也得到了优化。在年龄结构方面，中青年科技人才逐渐成为科研工作的主力军；在学科结构方面，基础研究、应用研究和技术开发等领域均涌现出一批杰出的科技人才；在地域分布方面，科技人才逐渐从东部沿海地区向中西部内陆地区扩散，形成了科技人才在全国范围内的广泛分布。

3. 科技人才政策的完善与创新

进入20世纪90年代，随着社会主义市场经济的深入发展和全球化趋势的加强，我国科技人才政策也得到了进一步的完善与创新。国家不仅继续加大对科技人才的投入力度和支持力度，还积极探索符合国际惯例和我国国情的人才管理制度。例如，通过引入竞争机制、完善评价机制、强化激励机制等方式，国家努力构建一个公平、公正、开放、竞争的科技人才发展环境。同时，还加强了对科技人才的国际化培养与交流合作，提高了我国科技人才的国际竞争力和影响力。

在改革开放与科教融合导向下，我国科技人才的发展迎来了前所未有的契机。通过政策恢复与调整、科教融合理念的提出与实践、科技人才队伍的快速发展与结构优化以及科技人才政策的完善与创新等措施的实施，我国科技人才队伍实现了从恢复到发展再到壮大的历史性跨越，为国家的经济发展与社会进步提供了强有力的科技支撑和人才保障。

3.2.3 高速发展向高质量发展转型时期科技人才的创新发展(2000年至今)

自2000年以来，中国科技人才的发展经历了从高速发展向高质量发展转型的关键时期，这一发展历程清晰展现了国家科技人才战略的转变、政策体系的完善以及人力资源管理模式的创新。

1. 国家科技人才战略的转变

进入21世纪，随着全球经济一体化和科技的飞速发展，我国深刻认识到科技人才对于国家竞争力的重要性。这一时期，国家出台了一系列政策措施，旨在扩大科技人才队伍规模，提升整体创新能力。通过"科教兴国"战略的实施，高等教育体系不断完善，研究生招生规模显著增加，为科技人才队伍的快速发展奠定了坚实基础。同时，企业也逐渐重视技术创新和人才培养，形成了产学研相结合的创新体系。

然而，在高速发展的同时，也暴露出一些问题，如科技人才结构不合理、高层次人才短缺、科研评价机制单一等。这些问题为后续的转型升级埋下了伏笔。

2. 政策体系的完善

2010年以来，中国科技人才政策体系逐步完善，呈现系统化、精细化的特点。党的十八大以来，国家明确提出创新驱动发展战略，将科技人才视为实现高水平科技自立自强的关键力量。为此，国家出台了一系列针对科技人才的专项政策，如"国家高层次人才特殊支持计划"等，旨在吸引和培育高层次科技人才。

在政策实施过程中，国家注重政策的协调性和系统性，避免"政出多门"和"政策打架"的现象。同时，加大了政策执行力度，确保政策落地生根。此外，国家还积极推动科技人才政策的国际化，加强与国际科技组织和发达国家的合作，为科技人才提供更广阔的发展平台。

3. 人力资源管理模式的创新

近年来，中国科技人才发展进入高质量转型阶段。面对全球科技竞争的新态势，国家更加注重科技人才的创新能力和质量提升。在这一阶段，人力资源管理在科技人才发展中扮演了重要角色。

首先，国家进一步优化了科技人才评价机制，破除了"唯论文、唯职称、唯学历、唯奖项"的"四唯"现象，建立了以创新能力、质量、贡献为导向的多元化评价体系。这一改革激发了科技人才的创新活力，促进了科技成果的转化和应用。其次，国家加强了科技人才的培养和引进工作。通过实施"青年科学家培养计划""海外高层次人才引进计划"等，吸引了一大批具有国际视野和创新能力的优秀人才回国发展。同时，国内高校和科研机构也加大了对青年科技人才的培养力度，为他们提供了更多的科研资源和支持。最后，国家积极推动科技人才与产业发展的深度融合，通过建设科技园区、创新中心等载体，促进科技成果的转化和产业化。同时，加强科技人才与企业的合作，推动产学研深度融合，形成了协同创新的良好局面。

在人力资源管理方面，国家注重构建更加灵活、高效的人才激励机制。通过完善薪酬体系、制订股权激励计划等措施，激发科技人才的积极性和创造力。同时，加强人才流动和配置的优化，促进人才在不同领域和地区之间的合理流动和优化配置。

进入21世纪以来，中国科技人才的发展经历了从高速发展向高质量发展转型的关键时期。在国家政策的支持和引导下，科技人才队伍规模不断扩大，结构日益优化，创新能力显著提升。未来我国将继续深化科技人才发展体制改革和创新，为实现高水平科技自立自强提供坚实的人才保障。

3.3　蓄积新势能：科技人才实现跨越式发展

在这个日新月异的时代，科技发展的浪潮不断推动着社会的进步，而科技人才作为最宝贵的资源，正以前所未有的速度蓄积推动社会发展的新势能。他们不仅是知识的探索者，更是创新的实践者，他们以非凡的智慧和不懈的努力，引领科学技术革命的风向标。

3.3.1　科技人才发展激发的新势能

科技人才发展促进了社会进步和经济发展，正以前所未有的速度和规模，在全球范围内激发新势能。这股力量不仅重塑了知识与技术的边界，更深刻地改变了我们的生产方式、生活方式乃至思维方式。以下将从知识与技术的新高度、创新驱动与产业变革、经济增长与效益提升以及国际合作与全球影响力提升四个方面，深入探讨科技人才发展所激发的新势能。

1. 知识与技术的新高度

科技人才作为促进时代进步的先锋队，正引领着知识与技术实现跨越式的新发展。他们凭借深厚的学术功底、敏锐的创新思维和不懈的探索精神，不断突破现有知识边界，开辟技术前沿，为人类社会带来了前所未有的变革。

科技人才的发展，首先体现为对知识与技术边界的不断拓展与突破。随着教育体系的不断完善和科研环境的日益优化，越来越多的科技人才投身于基础科学研究与应用技术研发之中。他们凭借深厚的学术功底、敏锐的洞察力和不懈的探索精神，在人工智能、量子计算、生物技术、新能源等前沿领域取得了举世瞩目的成就。这些成果不仅丰富了人类的知识宝库，更为解决全球性挑战提供了强有力的技术支持。例如，人工智能技术的飞速发展，不仅推动了智能制造、智慧城市等新兴产业的兴起，还深刻改变了医疗、教育、金融等传统行业的运作模式，极大地提高了社会运行效率和服务质量。

在知识领域，科技人才通过跨学科研究与合作，促进了知识的深度融合与交叉创新。他们不仅深化了对自然规律和社会现象的理解，还开创了新的学科领域和研究方向，为人类认识世界提供了更加全面、深入和精准的视角。这种知识的跨越式发展，不仅提高了人类的认知水平，更为技术创新提供了坚实的理论支撑。

在技术领域，科技人才致力于将最新的科研成果转化为实际应用，推动技术革新与产业升级。他们利用人工智能、量子计算、生物技术等前沿科技，开发出一系列具有颠覆性影响的技术成果，为智能制造、智慧城市、生物医疗等新兴产业的崛起提供了有力支撑。这些技术的跨越式发展，不仅提高了生产效率和服务质量，更为解决全球性挑战、促进经济社会可持续发展提供了强有力的技术支持。

科技人才的发展带来了知识与技术的跨越式新发展，为人类社会进步注入了强劲的动力。他们的贡献不仅体现为科研成果的产出，还体现为不断挑战自我、追求卓越的精神风貌，他们激励着更多人投身于科技创新的伟大事业中。

2. 创新驱动与产业变革

科技人才的创新活力是推动产业变革的关键。在创新驱动发展战略的引领下，科技人才积极投身创新创业大潮，以市场需求为导向，以技术创新为核心，不断催生新技术、新业态、新模式。

在创新驱动方面，科技人才以其深厚的专业素养、卓越的创新能力和敏锐的洞察力，持续在科学技术的前沿阵地探索与突破。他们不仅致力于基础科学的研究，为理论创新提供坚实支撑，更在应用技术领域不断开拓，将科技成果转化为实际生产力。这种由科技人才引领的创新浪潮，不仅推动了传统产业的技术改造和升级，更催生了以人工智能、大数据、云计算等为代表的新兴产业，为经济社会的发展注入了新的活力与动能。

在产业变革层面，科技人才的流动与聚集成为推动产业升级的重要力量。科技人才通过跨学科、跨领域的合作与交流，促进了技术、资本、人才等创新要素的深度融合与优化配置。这种基于科技人才驱动的产业变革，不仅打破了传统产业的界限，推动了产业链的延伸与拓展，还促进了新兴产业的崛起与壮大，为经济的多元化、高质量发展奠定了坚实的基础。同时，科技人才的发展还促进了全球产业分工与合作，加快了全球经济一体化的进程。

科技人才通过跨领域、跨学科的协同与创新，打破了传统产业的边界，推动了产业链、价值链的重组与升级。同时，科技人才还注重将科技创新成果转化为现实生产力，通过技术转移、成果转化等方式，促进了科技成果与产业经济的深度融合，为经济增长注入了新的动力。

3. 经济增长与效益提升

在深入剖析科技人才发展对经济增长与效益提升的显著贡献时，不难发现，这一群体已成为推动社会经济发展的核心驱动力。科技人才凭借其深厚的专业知识、精湛的技能以及持续的创新精神，在促进技术进步、产业升级及经济结构优化等方面发挥着不可替代的作用。

首先，科技人才通过研发新技术、新产品，直接推动了生产力的飞跃。这些创新成果不仅提高了生产效率，降低了生产成本，还极大地丰富了市场供给，满足了消费者日益多样化的需求。这种由科技人才驱动的生产力提升，为经济增长注入了强劲动力，促进了经济总量的持续增加。

其次，科技人才的聚集与流动促进了知识溢出与技术扩散，进一步放大了经济增长效应。在创新生态系统中，科技人才之间的交流与合作加速了知识的传播与应用，推动了产业链上下游的协同发展。这种基于科技人才的知识溢出效应，不仅提升了整个产业的技术水平，还促进了新兴产业的崛起，为经济增长开辟了新的增长点。

最后，科技人才的发展带动了经济效益的全面提升。随着技术创新的不断深入，传统产业得以转型升级，新兴产业则迅速崛起，形成了更加合理、高效的产业结构。这种产业结构的优化不仅提高了经济的整体竞争力，还促进了资源节约与环境保护，实现了经济效益与社会效益的双赢。

科技人才的发展是推动经济增长与效益提升的关键因素，他们以其卓越的创新能力和不懈的努力，为经济社会的发展注入了源源不断的活力与动力，为经济增长与效益提升提供了坚实的人才支撑。

4. 国际合作与全球影响力提升

科技人才以其卓越的创新能力、开放的国际视野以及深厚的专业素养，在全球科技舞台上发挥着举足轻重的作用，这一群体已成为连接不同国家和地区、促进全球科技交流与合作的桥梁。

首先，科技人才的跨国流动为国际科技合作注入了新的活力。随着全球化的深入发展，越来越多的科技人才跨越国界，参与到跨国研发项目、国际学术会议等活动中。他们通过分享研究成果、交流创新思路，促进了全球科技知识的传播与共享，推动了国际科技合作的不断深化。这种基于科技人才的跨国合作，不仅加速了全球科技创新的步伐，还促进了不同国家和地区之间的经济、文化等方面的交流与合作。

其次，科技人才的发展提升了我国在国际科技领域的话语权和影响力。随着我国科技实力的不断增强，越来越多的科技人才在国际科技舞台上崭露头角，成为引领全球科技创新的重要力量。他们通过发表高水平学术论文、申请国际专利、参与国际科技组织等方式，积极展示我国科技创新的成果与实力，提升了我国在国际科技领域的地位和影响力。这种影响力的提升，不仅为我国争取了更多的国际科技资源和合作机会，还为我国在全球科技发展中发挥更大的作用提供了有力支撑。

3.3.2　新时代科技人才跨越式发展的新模式

在快速变化的新时代背景下，科技人才作为国家核心竞争力的重要组成部分，其发展模式正经历着深刻的变革。

1. 数字化赋能模式

数字化赋能模式是新时代科技人才发展的核心驱动力。随着大数据、云计算、人工智能等技术的飞速发展，数字化转型已成为各行各业不可逆转的趋势。对于科技人才而言，数字化不又提升了工作效率，更催生了新的职业岗位和技能要求。

首先，数字化技术为科技人才提供了更广阔的学习平台。在线教育、虚拟实验室等数字化资源的普及，使得科技人才能够跨越地域限制，随时随地进行知识更新和技能提升。这种灵活的学习方式不仅降低了学习成本，还加快了知识传播的速度，促进了科技人才整体素质的提升。

其次，数字化技术推动了科研创新模式的变革。通过大数据分析和人工智能辅助研发，科技人才能够更快速地发现科学问题、设计实验方案并验证假设。这种基于数据驱动的科研模式，不仅提高了科研效率，还降低了试错成本，为科技创新注入了新的活力。

最后，数字化技术促进了科技人才的国际交流与合作。在线会议、跨国项目合作等数字化手段使得科技人才能够轻松跨越国界，与全球同行进行深入的交流与合作。这种国际化的视野和合作精神，对于培养具有国际竞争力的科技人才具有重要意义。

2. 跨界融合创新模式

跨界融合创新模式是新时代科技人才发展的重要趋势。随着科技的快速发展和产业的深度融合，单一领域的知识和技能已难以满足复杂多变的市场需求。因此，跨界融合成为科技人才提升创新能力的重要途径。

(1) 跨界融合促进了科技人才的知识结构多元化

通过跨学科、跨领域的交流与合作，科技人才能够拓宽知识视野，掌握多种技能和方法。这种多元化的知识结构，有助于他们在面对复杂问题时，综合运用多种知识和资源，提出更具创新性的解决方案。

(2) 跨界融合推动了科技成果的转化与应用

通过产学研深度融合，科技人才能够将科研成果转化为实际产品或服务，实现科技成果的商业化应用。这种转化过程不仅促进了科技创新与经济发展的紧密结合，还提高了科技人才的社会价值和经济价值。

(3) 跨界融合促进了创新生态的构建

通过搭建创新平台、建立创新联盟等方式，科技人才能够与其他领域的专家、企业和社会组织形成紧密的合作关系，共同推动创新生态的构建和完善。这种生态化的创新模式，有助于形成协同创新、开放共享的创新氛围，为科技人才的成长和发展提供更加广阔的舞台。

3. 生态化发展模式

在新时代背景下，生态化发展模式为科技人才的跨越式发展构建了全面而充满活力的环境。这一模式不仅关注个体的成长，更着眼于整个生态系统的和谐共生与持续繁荣。

(1) 人才带土移植的"引育"效应

人才带土移植为生态化发展模式的核心策略之一，其"引育"效应显著。通过引进高端科技人才及其团队，不仅直接带来了先进的知识、技术和经验，更在无形中植入了一种创新文化和科研精神。由带土移植而来的创新土壤，为本地科技人才提供了宝贵的学习机会和成长环境，促进了本地科研生态的整体提升。同时，新引进的人才与本地人才之间的交流与融合，进一步激发了创新灵感，推动了跨学科、跨领域的合作与研究，从而形成了良好的科研氛围和创新生态。

(2) 多元化的人才评价体系

生态化发展模式强调建立多元化的人才评价体系，以打破传统评价体系的束缚，为科技人才提供更加公平、公正、科学的评价环境。这种评价体系不仅关注科研成果的数量和质量，更重视科技人才的创新能力、实践经验和实际贡献。通过引入同行评价、市场评价、社会评价等多种评价方式，形成多元化、多维度的评价体系，可使评价结果更加客观、全面、准确。这种评价生态的优化，有助于激发科技人才的创新活力，促进优秀人才脱颖而出，为科技事业的持续发展提供有力的人才保障。

(3) 协同创新的生态体系

生态化发展模式注重构建协同创新的生态体系，通过加强产学研合作、搭建创新平台、完善创新链条等方式，促进科技人才、科研机构、企业等创新主体之间的紧密合作与互动。这种协同创新模式不仅有助于整合资源、提高效率，更能够激发创新潜能、拓展创新边界。在协同创新的过程中，科技人才可以充分发挥自己的专业优势和创新能力，与其他创新主体共同攻克技术难题，从而推动产业升级，进而促进经济社会发展。同时，协同创新生态体系的建设也为科技人才提供了更加广阔的发展空间和舞台，使其能够在更高层次、更广领域实现自我价值和社会价值。

(4) 贴心的人才服务生态

生态化发展模式注重构建贴心的人才服务生态，为科技人才提供全方位、多层次的服务支持，具体包括优化人才引进流程、提供个性化人才发展方案、加强人才培训与交流、完善人才激励机制等。通过实施这些服务措施，可以为科技人才创造一个更加舒适、便捷、高效的工作和生活环境，使其能够更加专注于科研工作和创新活动。同时，贴心的人才服务生态也有助于增强科技人才的归属感和满意度，提升其对所在地区或组织的认同感和忠诚度，从而进一步推动科技人才的跨越式发展和整个生态系统的持续繁荣。

上述内容深刻总结了我国科技人才发展的辉煌历程与深刻变革。中华人民共和国成立初期，科技人才队伍在百废待兴中艰难起步，以留用民国科技人才、吸引海外归国人才以及培养本土新人为基础，逐步构建起初具规模的科技人才体系。随着改革开放的深入，科技人才的内涵与外延不断拓展，从单一领域向多学科、跨领域融合转变。高等教育与科研体系的不断完善，为科技人才的快速成长提供了肥沃的土壤。科技人才不仅成为科技创新的主体，更成为推动经济社会发展的核心力量。他们不断在新材料、信息技术、生物医药等前沿领域取得重大突破，引领着产业升级和经济发展模式的深刻变革。

进入新时代，科技人才的发展步入质量与效益并重的新阶段，强调跨学科、跨文化合作，以及科学伦理与社会责任的融合。科技人才不仅是知识的创造者，更是美好生活的构建者。他们通过科技创新，催生了新质生产力，推动了绿色低碳、可持续发展等新型经济模式的兴起，为中华民族伟大复兴奠定了坚实的人才基础和科技基础。这一历程，不仅见证了我国科技人才队伍的蓬勃发展，更彰显了科技人才在推动社会进步中的关键作用。

第4章

收与放：科技人才的
体制与机制

4.1 紧箍咒：传统科技人才体制与机制

4.1.1 体制构建：框架与制度的塑造

1. 体制框架与制度设计

传统科技人才体制往往建立在高度集中的管理模式之上，通过严格的层级结构和标准化的制度流程，确保科研活动的有序进行。这些制度设计往往强调统一规划与资源集中，旨在保证科研活动的有序性和科研成果的稳定性。

从组织架构来看，该体制包括顶层决策机构、中间管理层及基层执行机构。顶层决策机构如科技部及国家级科研管理机构，负责制定国家科技发展战略、规划、政策，并对重大科技项目进行决策和部署；中间管理层涵盖各级科技管理部门、科研机构及高等院校，负责将顶层决策转化为具体的科研任务和项目，管理并推动科研项目的实施；基层执行机构主要由科研团队、实验室、课题组等组成，直接承担科研任务，产出科研成果。

从管理层次来看，该体制分为战略管理层、项目管理层、团队管理层及个人执行层，各层级间既有明确的职责分工，又保持着紧密的合作，共同确保科研活动的高效运转。

此外，为保障科技活动的有序性与科技成果的质量，该体制还制定并执行一系列规章制度，涵盖科研项目、科研经费、科研成果管理，以及人才评价与激励机制、科研诚信与道德建设等多个方面。这些制度不仅能够规范科研活动的全过程，还能通过奖励与惩处机制激励科研人员投入科研工作，维护科研领域的良好风气。

2. 人才选拔与培养体系

在传统体制框架下，人才选拔机制、标准与流程紧密契合国家的政治、经济、文化环境，呈现显著的政府主导特征，确保了选拔过程的权威性与公正性。这一机制不仅标准明确，涵盖学历、资历、政治表现及专业能力等多个维度，且流程规范，从报名、资格审查、笔试、面试到公示、考察，每一步都力求公开透明，旨在筛选出符合岗位需求的人才。例如，人社部通过实施"国家高层次人才特殊支持计划"和"百千万人才工程"等重点项目，为高层次科技人才的识别、选拔和持续培养提供了强有力的政策支持和资源保障，旨在推动我国科技人才队伍整体素质的提升和创新能力的增强。

在选拔标准上，学历与资历作为重要的考量因素，反映了社会对人才知识与经验积累的重视。同时，政治表现作为特定领域与岗位的必要要求，凸显了国家对人才政治素养的高度关注。然而，专业能力始终是选拔的核心，无论学历高低、资历深浅，最终都要通过专业能力评估来决定其能否胜任岗位。

选拔流程的严谨性确保了选拔结果的公正性。候选人需经过层层筛选，从提交详尽的报名材料到接受全面的资格审查，再到参与竞争激烈的笔试与面试，每一步都是对其综合素质的考验。面试环节尤为关键，不仅评估候选人的专业能力，还关注其性格特质、团队协作能力及领导潜力，力求选拔出全面发展的人才。对于被录用的人才，组织机构会制定出个性化的培养方案，强调学术导向与长期规划。学术导向的培养方式鼓励人才参与科研活动、发表学术论文及参加学术交流，以提升其专业素养与创新能力。长期规划则着眼于人才的未来发展，明确其在不同阶段的发展目标与任务，并为其提供广阔的晋升空间、规划个性化的职业发展路径，从而为组织的可持续发展奠定坚实的人才基础。

3. 政策导向与资源调配

国家政策在推动科技资源分配的过程中，扮演着至关重要的角色。国家通过精心制定科技发展规划和战略，为科技发展指明方向，同时设立专项基金，以竞争性评审的方式将宝贵的科技资源精准投放到具有创新潜力和应用前景的重点科研项目上。这些措施有效保障了科研项目的资金需求，为科研人员提供了坚实的后盾，促使他们能够专注于探索未知、突破技术瓶颈。

资源集中对重点科研项目的支持作用显著，不仅确保了项目团队拥有充足的资金用于设备购置、材料消耗和人员薪酬等必要开支，还吸引了国内外顶尖科研人才的加入，从而形成了高水平的科研团队。在这样的环境下，科研人员能够更加高效地开展研究工作，加速科技成果的产出和转化。同时，资源集中还有助于优化科技资源的配置结构，避免重复建设和资源浪费，从而实现资源利用最大化。

然而，我们必须正视资源分配过程中可能存在的问题。地区、领域和机构之间的差异导致科技资源分配存在不均衡现象。一些发达地区、热门领域和知名机构往往能够获得更多的资源支持，而相对落后的地区、基础研究领域和新兴机构则可能面临资源短缺的困境。这种不均衡不仅会影响科技发展的整体效率，还可能加剧社会经济发展的不平衡。

4.1.2 机制运作：微观层面的调控与管理

1. 科研项目管理机制

科研项目从立项至结项的全程管理机制，是一个精心设计的系统性流程，涵盖申报、审批、执行与验收四大关键环节。在申报阶段，科研人员需明确研究方向，详尽撰写项目申报书并提交相关部门，为项目的启动奠定基础。进入审批阶段后，通过形式审查与专家评审的双重把关，确保项目的科学性、创新性与可行性，再由管理部门综合考虑资源状况作出立项决策。在执行阶段，应确保项目团队组建、资源分配与研究工作的有序开展，同时制定严格的资金管理制度，以保障财务合规。在项目成果经过验收与财务审计后，出具总结报告，为项目画上圆满句号。

在资金分配的审批流程中，效率与公平成为关注焦点。为提高效率，通过简化审批步骤、引入信息化手段等措施，减少流程冗余，加速资金流转。而确保公平，则依赖于公开透明的审批过程、科学的项目评估体系以及多元主体的广泛参与，从而确保资金分配既能体现项目的实际需求与价值，又能赢得社会各界的信任与支持。

2. 激励机制与绩效评估

中国科学技术协会在科技奖励、人才评价等方面出台多项举措，如设立"中国青年科技奖""全国优秀科技工作者"等奖项，推动科技人才评价体系改革，为科技人才提供了多元化的激励渠道。在探讨传统激励机制的构成时，我们不难发现，职称晋升与奖金发放是两大核心要素。职称晋升是根据员工的学历、资历、工作表现及业绩等多方面因素，对员工的专业技术能力和水平进行认定，根据认定结果提升相应职称。这不仅是对员工专业技能与贡献的认可，而且能提升员工的社会地位，为员工指明职业前景，更能激励员工不断提升专业技能和工作水平。奖金发放作为直接的经济激励手段，将员工业绩与公司效益紧密相连，能有效促进员工的工作积极性，实现成果导向。然而，在构建绩效评估体系时，单纯依赖量化指标或质性评价均显不足，理想的做法是将两者有机结合，既利用量化指标提供客观数据支撑，又通过质性评价全面反映员工的工作态度与团队协作能力，从而确保评估的公正性与全面性。

然而，这一机制并非完美无缺。一方面，若激励机制设计不当或奖励力度不足，可能导致员工动力不足，影响整体工作效率与业绩；另一方面，过度强调竞争与个人业绩，可能引发员工之间的关系紧张与不正当竞争，损害团队和谐与公司长远发展。因此，组织在实施激励机制时，应审慎平衡激励力度与竞争氛围，既要激发员工的潜能与创造力，又要维护团队的凝聚力与合作精神，共同推动组织的持续健康发展。

3. 成果转化与应用机制

在传统体制下，成果转化主要通过产学研合作与技术转移两大模式推进，旨在将科研成果有效转化为市场价值。一方面，产学研合作模式强调企业、高校与科研院所之间的紧密协作，通过资源共享与优势互补，共同推动科研项目从基础研究走向应用开发。然而，这一模式在实施过程中常常面临相关方合作意愿不足、协同能力不强、信息共享不畅及知识产权纠纷等问题。另一方面，技术转移模式作为科技成果商业化的重要途径，涉及技术转让、许可、入股等多种方式。但由于存在市场信息不对称的情况，技术转移存在一定的障碍，具体表现为技术提供方难以精准把握市场需求，而技术需求方也可能因缺乏专业知识而错失优质技术。此外，技术转化的长周期、高投入特性，加之利益分配机制的复杂性，使得技术转移项目往往面临较高的失败风险。同时，专业技术转移机构的缺乏和技术管理能力的不足，也进一步增加了技术转移的难度。

4.1.3 "紧箍咒"的利弊分析

1. 利：统一规划与资源集中

统一规划与资源集中的策略在科研领域展现出显著的优势，该策略不仅能促进科研资源的优化配置，而且能减轻行政负担，从而大幅提升科研效率。通过制定标准化的操作流程和建立严格的质量控制机制，该策略能确保科研成果的准确性和可靠性，维护科研的严谨性与科学性。更重要的是，统一规划与资源集中为科研人员创造了一个资源共享、跨学科协作的优质环境，这不仅能拓宽他们的研究视野，还能激发他们的创新思维，从而为培养具有国际视野和跨学科背景的高水平科研人才提供了沃土。此外，聚焦于前沿问题与热点领域的长期稳定性支持，有助于科研机构产出具有重大影响力和深远意义的科研成果，为科技进步和社会发展注入强劲动力。因此，统一规划与资源集中是科研管理中不可或缺的重要策略，其对于提升科研质量、培养科研人才和推动科研成果转化具有不可估量的价值。

2. 弊：束缚创新与市场响应不足

在科研管理中，虽然统一规划与资源集中有助于提升科研效率和保障科研质量，但过度强调这一策略也可能带来不容忽视的弊端。过度的集中管理可能束缚科研人员的创新思维和个性发展，减小他们试错的空间，降低他们根据个人兴趣和专长进行探索的自由度，抑制科研领域的突破性创新。

同时，高度集中的管理体系也可能导致科研活动对市场需求的响应滞后。在快速变化的市场环境中，新技术、新产品和新服务的需求层出不穷，而过度的集中管理可能导致科研机构难以迅速捕捉市场信号，无法及时调整研究方向和资源配置，不仅可能导致科研成果与市场需求脱节，还可能使科研机构错失重要的市场机遇，影响科研成果的转化和应用。

4.2 解绑之舞：现代科技人才体制与机制

4.2.1 体制调整：解绑与创新的探索

1. 体制改革与政策创新

在深入探讨现代科技人才体制的改革与政策创新时，我们可以发现这一进程正以前所未有的深度和广度在推进。全球化浪潮的加速和科技领域的迅猛发展，促使各国政府及科研机构不得不重新审视并调整传统的人才管理体制，以迎接新时代的挑战与机遇。

具体而言，简政放权成为改革的重要一环。政府通过减少不必要的行政审批环节，降低制度性交易成本，为科技人才和科研机构松绑，使其能够更加专注于科研本身，而非烦琐的行政事务。这一举措不仅提高了科研工作的效率，还激发了科研人员的积极性和创造力，为科技创新注入了新的活力。同时，优化审批流程也是改革的关键所在。通过引入更加科学、合理、高效的审批机制，政府加快了科研项目的审批速度，缩短了项目从立项到实施的周期。这不仅有助于科研人员及时把握科研前沿动态，抢占科研制高点，还有利于科研成果的快速转化和应用，推动经济社会的高质量发展。此外，政策创新在体制改革中同样扮演着举足轻重的角色。各国政府纷纷出台了一系列旨在促进科技创新的政策措施，如设立科研特区、实施更加灵活的经费管理制度等。这些政策不仅为科研人员提供了更加优越的工作环境和生活条件，还为他们提供了更加广阔的发展空间。科研特区的设立，更是为科研人员搭建了一个集科研、教学、产业于一体的综合性平台，促进了产学研的深度融合和协同创新。

2. 人才强国战略与科技体制改革的推进

人才强国战略作为国家长远发展蓝图中的关键一环，其核心在于认识到人才资源是推动科技进步和社会发展的核心要素。这一战略不仅将人才置于国家发展战略的优先位置，更致力于构建一个与科技体制改革紧密相连、相互促进的人才发展体系。这一体系旨在打破传统束缚，激发人才的创新潜能，为国家的科技进步和可持续发展提供坚实的人才支撑。为了实现这一目标，人才强国战略与科技体制改革的深度融合成为必然选择。在这一过程中，优化人才资源配置是关键一步。通过深化科技体制改革，打破条块分割和壁垒，促进人才在不同领域、不同部门之间的自由流动和合理配置，实现人才资源的最大化利用。同时，完善人才培养体系也是不可或缺的一环。这包括加强高等教育与科研机构的紧密合作，推进产学研深度融合，以及建立多层次、多类型的人才培养模式，培养出一批具有国际视野、创新思维和实践能力的高素质科技人才。

此外，强化人才激励机制也是促进人才强国战略与科技体制改革深度融合的重要手段。通过构建多元化的激励体系，如设立科研项目资助、提供科研条件保障、实施股权激励和成果分享等，激发科研人员的积极性和创造力，让他们能够在科研道路上勇往直前，不断攀登新的高峰。

4.2.2　机制创新：释放活力与潜力的尝试

1. 科研自主权与项目管理创新

国家自然科学基金委员会在科研项目管理中，积极推动自主权下放与管理创新。通过简化项目申报流程、增强科研团队在项目执行中的决策权，以及引入更加科学、高效的评审机制，国家自然科学基金委员会有效激发了科研人员的创新活力，提升了科研项目的质量和效率。同时，该委员会还注重管理模式的创新，利用信息化手段提升管理效能，实现了科研资源的优化配置和高效利用。

科研自主权的显著提升是现代科技人才管理机制改革的核心内容之一。这一变革打破了传统科研管理中过于僵化的框架，赋予了科研人员前所未有的自由度。在科研项目申报阶段，科研人员不再受限于固定的研究方向和模式，而是能够根据自己的专业背景、研究兴趣以及对社会需求的洞察，自主选题、自由申报。这种灵活性的增强，极大地激发了科研人员的积极性和创造力，使得科研活动更加贴近实际，更加具有前瞻性和创新性。

在执行阶段，科研人员同样享有较高的自主权。他们可以根据项目进展的实际情况，灵活调整研究计划、优化资源配置，以确保科研工作的顺利进行。在验收阶段，传统的科研项目验收往往侧重于成果的数量和形式，而忽视了成果的实际价值和创新性。而现代管理机制则更加注重成果的质量和创新性，采用更加科学、公正、透明的验收标准，以确保科研成果的真实性和有效性。

此外，项目管理模式的创新也是现代科技人才管理机制改革的重要组成部分。通过引入"揭榜挂帅""赛马制"等新型项目组织方式，科研团队之间的竞争意识和创新能力得到了有效激发。这些新型组织方式不仅促进了科研资源的优化配置和高效利用，还推动了科研团队之间的交流与合作，形成了良好的科研生态。

2. 激励机制的多元化与个性化

在深入剖析现代科技人才管理机制的激励机制时，可以发现其多元化与个性化定制的特点体现得尤为鲜明。传统的薪酬激励作为基石，仍然是吸引和保留科技人才的重要手段。然而，现代科技人才管理机制并未止步于此，而是进一步探索了更加灵活和富有成效的激励方式。其中，股权激励作为一种长期激励机制，通过将科研人员的个人利益与组织的长远发展绑定在一起，极大地增强了他们的归属感和责任感，激发了他们为组织创新贡献更大力量的动力。

此外，成果分享机制的引入，更是打破了传统科研模式中"重过程、轻结果"的弊端。通过明确科研成果的归属权和收益分配，科研人员能够直接分享到自己劳动成果的经济收益，这种直观的利益激励极大地提升了他们的创新积极性和工作满意度。同时，成果分享机制还促进了科研团队内部的合作与竞争，形成了良好的创新氛围。

除了物质激励外，现代科技人才管理机制还高度重视科研人员的精神追求和职业发展。荣誉表彰作为一种非物质激励手段，通过表彰在科研领域取得杰出成就的科研人员，提升了他们的社会声誉和学术地位，满足了他们对于自我实现和价值认同的需求。这种精神层面的激励与物质激励相辅相成，共同构成了现代科技人才管理机制的全面激励体系。

3. 成果转化机制的市场化实践

在科技成果转化机制的市场化探索中，现代科技人才管理机制展现出了前所未有的活力和创新性。这一探索的核心在于打破传统科研与市场之间的壁垒，构建更加紧密、高效的产学研合作体系。

首先，产学研深度融合成为了推动科技成果转化的关键。高校、科研机构与企业之间建立起了更加紧密的联系，通过联合研发、技术转移、共建研发平台等多种形式，实现了科研资源与市场需求的精准对接。这种深度融合不仅有助于科研成果的快速转化，还能够有效避免科研与市场需求脱节的现象，提高科研投入的产出效益。

其次，科技金融支持在科技成果转化中发挥了重要作用。政府、金融机构以及社会资本纷纷加大对科技成果转化的支持力度，通过设立专项基金、提供贷款担保、风险投资等方式，为科技成果转化提供充足的资金支持。这些资金不仅能够帮助科研项目渡过研发初期的资金难关，还能够推动科技成果的商业化进程，加速其向现实生产力的转化。

最后，科技成果转化的市场化机制还体现在了激励机制的完善上。通过制定科学合理的收益分配政策、股权激励计划等，激发了科研人员参与科技成果转化的积极性和创造性。这种激励机制使得科研人员能够分享到科技成果转化的经济收益，从而更加主动地投身于科技成果转化工作中。

4.2.3 "解绑之舞"的得失考量

1. 得：创新活力提升与市场响应增强

现代科技人才管理体制的创新，如同为科研领域注入了一股强劲的活力源泉，深刻改变了科研工作的面貌，并显著提升了市场竞争力。这一变革首先体现在对科研人员创新潜能的充分激发上。通过优化人才评价体系、强化激励机制、拓宽职业发展路径等措施，科研人员得以在更加自由、开放的环境中探索未知，挑战科学难题。这种环境的营造，使得科研人员能够更加专注于科研本身，敢于尝试新方法、新思路，从而不断产出具有原创性和前瞻性的科研成果。

随着科研成果的不断涌现，其市场适应性和竞争力也得到了显著提升。现代科技人才管理体制注重科研成果的转化与应用，通过加强产学研合作、完善技术转移机制、推动科技成果产业化等措施，使科研成果能够更快地转化为现实生产力，服务于经济社会发展。这种转化能力的提升，不仅促进了科技产业的快速发展，还为企业带来了显著的经济效益和社会效益，增强了科技企业的市场竞争力。

在全球科技竞争中，中国正逐步从跟跑者向并跑者乃至领跑者转变。这一转变的背后，离不开现代科技人才管理体制创新的支撑。通过培养具有国际视野和创新能力的高端科技人才，中国在全球科技舞台上发挥着越来越重要的作用。这些科技人才不仅在国内科研领域取得了显著成就，还在国际科技合作与交流中发挥了桥梁和纽带作用，推动了全球科技的共同进步和发展。

2. 失：管理难度加大与风险增加

随着科研自主权的不断下放和市场化的深入发展，科技人才管理体制迎来了前所未有的活力与机遇。然而，这一变革也伴随着管理难度的显著提升。首先，科研自由度的增加使得科研人员能够更加灵活地选择研究方向和合作伙伴，但同时也对管理层的监管能力提出了更高要求。如何在保障科研自由的同时，确保科研活动的合规性、有效性和安全性，成为一个亟待解决的难题。其次，随着科研项目的多样化和复杂化，科研风险也呈现多元化和隐蔽化的特点，包括但不限于技术风险、市场风险、财务风险以及伦理风险等。这些风险的存在不仅可能威胁到科研项目的顺利进行，还可能对科研机构和科研人员的声誉造成严重影响。因此，如何建立健全风险防控机制，及时发现、评估并应对各类科研风险，成为现代科技人才管理体制中不可或缺的一环。

为了应对这些挑战，需要从多方面入手。首先，要进一步完善科研管理制度和流程，明确科研活动的规范要求和责任主体，确保科研活动在合法合规的框架内进行；其次，要加强科研人员的风险意识和职业道德教育，提高他们识别和应对风险的能力；再次，要建立健全的风险监测和预警系统，利用大数据、人工智能等现代信息技术手段，对科研活动进行全方位、全过程的监控和管理；最后，要加强科研机构与政府部门、行业协会以及社会公众之间的沟通与协作，形成多方共治的良好局面。通过加强信息共享、资源整合和协同发展，共同应对科研活动中可能出现的各种风险和挑战，推动现代科技人才管理体制的稳健运行和可持续发展。

4.3 新时代科技人才管理的平衡点寻觅

4.3.1 宏观与微观的和谐共舞

1. 体制机制的互补与融合之道

在新时代的科技人才管理体系中，体制与机制的互补与融合是推动科技创新与人才发展的关键。体制的稳定性如同科研大厦的基石，它确立了科研活动的基本框架、规则与流程，为科研人员提供了明确的导向和预期。这种稳定性不仅体现在科研政策的连续性上，更深入到科研项目管理、资源分配、成果评价等各个环节，能够确保科研活动的有序进行和长期积累。

然而，面对科技发展的日新月异和科研活动的复杂性，仅有体制的稳定性是远远不够的。此时，机制的灵活性尤为重要。它要求我们在保持体制根基稳定的同时，能够根据实际情况灵活调整策略、创新方法，以快速响应科技发展的变化和挑战。这种灵活性体现在多个方面，如科研项目的快速立项与调整、科研资金的精准投放与高效利用、科研人员的激励与评价体系等。通过引入市场化激励机制、加强跨学科合作、推动产学研深度融合等措施，可以激发科研人员的创新热情，加速科技成果的转化与应用。

为了实现体制与机制的互补与融合，需要采取一系列具体措施。首先，要优化决策流程，提高决策效率与科学性，确保决策能够准确反映科技发展的需求和趋势；其次，要强化跨部门协作，打破信息壁垒与资源孤岛，促进科研资源的共享与优化配置；再次，要加强科研人员的培训与交流，提升他们的专业素养与创新能力；最后，要建立健全的科研评价体系与激励机制，既注重科研成果的数量与质量，又关注科研人员的成长与发展需求，为科技人才提供稳定而富有活力的成长环境。

2. 政策措施的稳定与灵活策略

在科技人才管理的政策制定与执行过程中，稳定性与灵活性的平衡是确保政策有效性的关键。稳定性政策旨在构建一个可预测的、长期稳定的科研环境，为科研人员提供明确的指导方向和稳定的支持体系。这种稳定性不仅体现在政策条款的连续性和一致性上，还涉及科研资源的稳定投入、科研项目的持续资助以及科研成果的公正评价等方面。通过稳定性政策，科研人员可以更加专注于科研工作本身，减少因政策变动带来的不确定性和干扰，从而提升科研效率和创新能力。

然而，科技领域的发展日新月异，新情况、新问题层出不穷，这就要求政策制定者必须保持高度的敏感性和灵活性。灵活性政策能够针对科技发展的最新趋势和科研人员的实际需求，及时调整政策方向和具体措施，确保政策的有效性和针对性。例如，在面对新兴科技领域的发展机遇时，政策可以适时调整，以鼓励和支持相关领域的科研活动；在应对科研活动中出现的突发问题时，政策也可以迅速反应，以提供必要的支持和解决方案。

为了实现稳定性与灵活性的平衡，政策制定者需要建立一套完善的政策评估与调整机制。通过这一机制，政策制定者可以及时了解政策执行的情况和效果，发现存在的问题和不足，并根据实际情况对政策进行必要的调整和优化，这样既能保证政策的稳定性和连续性，又能确保政策能够灵活应对科技发展的变化和挑战，为科技人才创造稳定又充满机遇的发展空间。

4.3.2 收放自如的平衡新生态

1. 政策调整的智慧

在政策制定与执行中，应做到收放有度。政策制定者不仅要有全局视野，把握科技发展的宏观趋势，还应具备敏锐的洞察力，能够深入科研一线，了解科研人员的实际需求与面临的挑战。

在科研项目的立项阶段，应设立明确而又不失灵活的准入标准，既要对项目的创新性、科学性和可行性进行严格评估，确保科研资源能够投向真正有价值的研究方向；又要避免设置过多的条条框框，限制科研人员的思维与创造力。此时，政策的"收"体现在对项目质量的严格把控上，而"放"则体现在对科研创新精神的鼓励与包容上。进入项目执行阶段，政策应更加注重过程管理与服务支持。一方面，通过定期检查、中期评估等方式，对项目的进展情况进行跟踪与监督，确保科研活动按照既定计划有序进行，同时及时发现并纠正可能存在的问题与偏差。这体现了政策的"收"，即对项目执行过程的严格把控。另一方面，政策还应为科研人员提供必要的资源保障、技术支持与咨询服务，帮助他们解决在科研过程中遇到的各种困难与挑战。这种支持性的政策环境，为科研人员创造了更加宽松与自由的创造空间，体现了政策的"放"。在科研项目验收阶段，政策应坚持客观公正、科学严谨的原则，对项目的成果进行全面、深入的评估与鉴定。这既是对科研人员辛勤付出的肯定与回报，也是对未来科研活动的重要参考与借鉴。在验收过程中，既要严格把关，确保科研成果的真实性与可靠性；又要尊重科研活动的特殊性与复杂性，避免用简单的量化指标来衡量一切。这种既严格又包容的验收态度，正是政策收放有度的集中体现。

2. 风险防控与创新能力提升的平衡术

首先，建立健全的风险评估与预警系统是基石。这意味着要针对科研项目的不同阶段、不同领域以及可能遇到的各种风险，制定详细的风险评估指标和预警阈值。通过定期收集和分析科研活动中的数据，运用大数据、人工智能等先进技术进行风险识别与预测，及时发现并应对潜在风险，从而避免或减轻其对科研项目的负面影响。

其次，加强科研人员的风险意识教育至关重要。科研人员作为科研活动的主体，他们的风险意识直接关系到科研项目的安全性和成功率。因此，定期组织科研人员参加风险防控培训，提升他们对科研活动中可能遇到的各种风险的认识和应对能力。

再次，鼓励科研人员在日常工作中保持警惕，主动识别和报告潜在风险，形成全员参与、共同防控的良好氛围。在引入先进的科研管理技术和工具方面，应积极拥抱科技创新成果，利用现代信息技术手段提升科研管理的效率和水平。例如，采用项目管理系统对科研项目进行全流程跟踪和管理，确保科研活动的规范性和透明度。

最后，注重培养科研人员的创新思维和创新能力是实现风险防控与创新能力提升平衡的关键。这要求我们在科研人才培养体系中融入创新思维教育和实践锻炼环节，通过跨学科交流、产学研合作等方式拓宽科研人员的视野和思路；同时建立激励机制和容错机制鼓励科研人员敢于尝试、勇于创新，即使失败也能从中汲取教训并继续前进。

3. 科技人才管理的科学与艺术

总结科技人才管理的最佳实践，强调既要遵循科学规律，又要注重人性化管理，实现科技与人文的和谐统一，深入探讨科技人才管理的科学性与艺术性。科技人才管理的科学性体现在科技人才管理应充分利用大数据、人工智能等现代信息技术，构建科技人才数据库，对人才的学术成果、项目经验、技能专长及市场价值进行量化评估与深度分析。这些数据不仅能帮助管理者精准识别高潜力人才，还能为科研项目的资源配置、团队组建及人才培养策略提供科学依据。此外，通过定期的绩效评估与反馈机制，结合数据分析结果，对科技人才的成长轨迹进行动态跟踪，及时调整管理策略，确保科技人才的发展方向与组织的战略目标相契合。而科技人才管理的艺术性则强调在科技人才管理过程中的人性化关怀与情感投入。管理者需要深入了解每位科技人才的个性特点、职业规划及生活需求，提供个性化的支持与帮助。例如，为处于职业瓶颈期的科研人员提供职业规划咨询，为家庭负担较重的员工提供灵活的工作安排或家庭关怀计划等。同时，通过构建积极向上的组织文化，营造开放包容的科研氛围，鼓励团队成员之间的合作与交流，激发科技人才的创新思维与创造力。此外，管理者还应注重与科研人员建立深厚的信任关系，通过真诚的沟通与理解，共同解决科研工作中遇到的挑战与困难，为科技人才的成长与发展保驾护航。

随着时代的车轮滚滚向前，科技已成为推动社会进步与文明跃升的核心引擎。通过对传统与现代科技人才管理体制与机制的深入剖析，可以揭示传统与现代科技人才管理体制与机制的优缺点，找到新时代科技人才管理的平衡点，为新时代科技人才管理提供了宝贵的参考与启示。在未来的科技发展中，找到"收"与"放"之间的平衡点，最大限度地激发科技人才的创新活力，将是推动科技创新、实现国家发展目标的关键所在。

第5章

破与立：科技人才的激励与评价

5.1　科技人才激励机制的挑战与突破

5.1.1　科技人才现有的激励模式与反思

1. 科技人才现有的激励模式

(1) 国内科技人才现有的激励模式

我国现有的科技人才激励模式主要围绕两大支柱构建：物质激励与精神激励。

物质激励是科技人才激励的基础和核心。我国通过修订和完善相关法律法规，如《中华人民共和国促进科技成果转化法》《国家科学技术奖励条例》等，大幅提高科研人员的科技成果转化收益，调整国家科学技术奖奖金标准，提高财政科研项目资金间接费用比重等，以直接增加科研人员的经济收入。此外，通过建立绩效工资稳定增长机制、保障基本工资水平正常增长等方式，逐步提高科技人员的收入水平，实现物质激励的常态化和长效化。物质层面涵盖了薪酬、奖金、股权激励等直接经济收益，以及住房、医疗、子女教育等全方位福利保障，为科技人才提供了坚实的物质基础。

精神激励作为物质激励的重要补充，扮演着不可或缺的角色。它通过颁布荣誉奖项，如设立"中国青年科技奖""中国科学院青年科学家奖"等荣誉奖项，不仅直接肯定了科技工作者的卓越贡献与价值，更在全社会范围内营造了一种尊重科学、崇尚创新、珍视人才的良好氛围。这种氛围的营造，对于激发科技人才的创新活力，促进科技成果的涌现，具有深远的意义。精神激励的层面丰富而深刻，它不仅仅局限于荣誉表彰本身，更体现在职称晋升的公平机制、科研自主权的充分赋予，以及工作环境的持续优化上。这些措施共同作用于科技人才的精神世界，满足了他们对职业成就感的渴望和自我实现的追求，从而进一步激发他们的创新潜能和工作热情。

与此同时，我国还通过实施"国家高层次人才特殊支持计划"等高层次人才引进计划，以及科研项目经费管理改革和科技成果转化收益分配机制的优化，从物质层面为科技人才提供了更加坚实的保障和激励。这些举措与精神激励相辅相成，共同构建了一个全方位、多层次的科技人才激励体系。以下是国内科技人才激励模式呈现出的特点。

① 激励与减负相结合

我国在科技人才激励过程中，既注重加强激励力度，又关注减轻科研人员的负担。通过提高科技成果转化收益、调整奖金标准等措施增强激励效果；同时，通过科研人员减负专项行动，简化项目申报和过程管理，减少表格填报和各类评估、检查、审计等活动，保障科研人员将主要精力用于科研工作。

② 普遍激励与特殊激励相结合

我国科技人才激励机制既覆盖广大科技人员，又特别关注对国家重大科技任务作出突出贡献的科研人员。通过建立绩效工资稳定增长机制、提高科研项目资金间接费用比重等措施实现普遍激励；同时，对承担国家关键领域核心技术攻关任务和重大科技任务的科研人员加大薪酬激励和奖励力度，实现特殊激励。

③ 市场激励与政府激励相结合

在科技人才激励过程中，我国既发挥市场机制的作用，又强化政府的引导作用。市场激励通过给技术创新贡献者"真金白银"的奖励，激发其创新活力；政府激励则从物质到精神等多层面给予各类科研人员激励，特别是在政策支持、资源配置等方面发挥重要作用。

(2) 国际科技人才现有的激励模式

相比之下，国际上的科技人才激励模式展现出更为多元化和个性化的特点。以美国为例，其激励体系不仅保持了高薪和优厚福利的传统优势，更在科研自主权、创新氛围营造、职业发展路径规划等方面下足功夫，为科技人才提供了广阔的发展空间和无限可能。同时，完善的科研评价体系和灵活的市场机制(如税收减免、风险投资等)进一步加速了科技成果的产出与转化，形成了良性循环。注重职业发展机会与规划。通过设立各类职业发展项目、提供培训和学习机会等方式，帮助科技人才实现个人成长和职业目标。国际科技人才现有的激励模式具有以下特点。

① 高度个性化与差异化

国际上的科技人才激励模式更加注重个性化和差异化需求，通过提供多样化的激励措施和方案，满足不同科技人才的成长和发展需求。

② 市场机制与政策支持相结合

发达国家在科技人才激励中善于运用市场机制和政策支持相结合的方式，通过税收减免、风险投资等市场机制手段以及政府资助和政策引导，共同推动科技人才发展。

③ 全球视野与开放合作

国际上的科技人才激励模式具有全球视野和开放合作的特点，通过加强国际人才交流与合作，共同推动全球科技创新和发展。

2. 科技人才激励模式的反思

在肯定我国科技人才激励模式所取得的显著成效的同时，我们也必须正视其随着时代发展而面临的新挑战。当前，物质激励的边际效应递减，精神激励个性化不足等问题日益凸显，反映出科技人才需求的多元化与现有激励模式之间的不匹配。为了持续激发科技人才的创新活力，推动我国科技创新事业迈向新高度，未来科技人才激励模式的优化势在必行。

(1) 深化薪酬制度改革，是应对物质激励边际效应递减的关键举措

通过探索更加灵活多样的激励机制，如绩效挂钩、股权激励、项目奖励等，使薪酬体系更加贴近市场、贴近实际，从而有效激发科技人才的积极性和创造力。

(2) 强化精神激励的个性化、差异化设计，是满足科技人才多元化需求的重要途径

针对不同领域、不同层次科技人才的成长特点和发展需求，设计具有针对性的荣誉

表彰、职业发展路径、工作环境优化等方案，让每一位科技人才都能感受到被重视、被尊重，进而实现自我价值的最大化。

(3) 营造更加开放包容的创新环境，是激发科技人才内在潜能的必要条件

这包括建立健全容错纠错机制，鼓励大胆探索、勇于尝试；加强跨学科、跨领域的交流合作，促进思想碰撞和灵感激发；以及提供充足的科研资源和支持，为科技人才创造更加宽松的科研环境。

(4) 完善科研评价体系和成果转化机制，是确保科研成果公平公正评价和有效转化的重要保障

在评价体系上，要打破单一性，引入多元化的评价指标，如科研质量、社会贡献、经济效益等，全面、客观地反映科研成果的真实价值。在成果转化上，要优化收益分配机制，确保科技人才能够合理分享创新成果带来的经济收益，从而激发他们转化科研成果的积极性和主动性。

5.1.2　科技人才激励面临的困境分析

1. 科技人才激励面临的困境

(1) 激励机制与高质量发展目标不匹配

在推动高质量发展的时代背景下，科技创新被赋予前所未有的重要性和紧迫性，然而，当前的科技人才激励机制却未能完全契合这一战略需求。高质量发展强调创新驱动、绿色发展、协调共享等核心理念，它要求科技创新不仅要追求经济效益，更要注重技术创新的原创性、社会影响力和长远发展潜力。然而，现有的激励机制往往过分聚焦于短期的经济指标，如项目经费、论文数量、专利数量等，忽视了科技创新的质量和深度，以及对经济社会发展的长远贡献。这种不匹配不仅难以激发科技人才的创新活力，还可能引导科研方向偏离高质量发展的轨道。

(2) 激励资源分配不均

资源分配是激励机制的重要组成部分，它直接关系到科技人才的工作环境和创新条件。然而，在当前的科技人才激励体系中，资源分配不均的问题尤为突出。一方面，顶尖科技人才由于其在学术界或产业界的显著地位，往往能够吸引更多的资源和关注，包括科研经费、研究设备、人才团队等。这种"马太效应"使得优秀资源进一步向少数人集中，加剧了科技人才之间的不平等。另一方面，广大基层科技工作者由于种种原因，如知名度不高、项目经验不足等，往往难以获得充足的资源支持，其创新能力和潜力受到严重限制。这种资源分配的不均衡不仅影响了科技人才的工作积极性和创新动力，也制约了整体科技创新生态的健康发展。

(3) 激励机制与人才成长规律脱节

科技创新是一项复杂而漫长的过程，它需要科技人才投入大量的时间、精力和智慧。

然而，现有的激励机制往往过于追求短期成果和即时回报，忽视了科研工作的长期性、不确定性和高风险性。这种激励机制与人才成长规律的脱节，导致科技人才在面临科研难题和挑战时，难以保持足够的耐心和毅力。他们可能为了追求快出成果、早出成果，而忽视了科研工作的深度和广度。这种急功近利的心态不仅不利于科技创新质量的提升，还可能对科技人才的职业生涯产生负面影响。因此，如何构建符合人才成长规律的激励机制，让科技人才能够安心从事长期性、基础性的研究工作，是当前科技人才管理面临的重要课题。

2. 科技人才激励困境的成因分析

在高质量发展的时代背景下，我国科技人才激励面临着一系列困境，这些困境的成因复杂而深刻，涉及制度设计、资源配置、文化环境等多个方面。以下是对这些成因的深入分析。

(1) 制度设计滞后与不完善

制度设计滞后是科技人才激励困境的重要成因之一。随着科技创新的快速发展和高质量发展战略的提出，科技人才激励的需求也在不断变化。然而，现有的激励制度往往不能及时跟上这种变化，导致激励机制与高质量发展目标不匹配。制度设计的滞后性主要体现在以下几个方面：一是激励政策的更新速度跟不上科技创新的步伐，导致一些新兴领域和新兴技术的科技人才难以获得有效的激励；二是激励政策的制定过程中缺乏充分的调研和论证，导致政策执行效果不佳；三是激励政策的灵活性不足，难以适应不同领域、不同层次科技人才的多元化需求。

(2) 资源配置机制不合理

资源配置机制不合理是导致科技人才激励困境的重要原因之一。在资源有限的情况下，如何公平、高效地分配资源，直接关系到科技人才的创新动力和创新能力。然而，当前我国的资源配置机制存在诸多不合理之处：一是资源分配过于集中，顶尖科技人才获得过多资源，而基层科技人才资源较为匮乏；二是资源配置过程中缺乏科学的评估机制，导致资源分配不公；三是资源配置的透明度不高，导致一些科技人才对资源分配结果产生质疑和不满。这种资源配置机制的不合理，不仅限制了广大基层科技工作者的创新潜力，也影响了整体科技创新生态环境的健康发展。

(3) 文化环境与创新氛围的缺失

文化环境与创新氛围的缺失是造成科技人才激励困境的重要成因之一。科技创新需要一种开放、包容、鼓励的文化环境，这种环境能够激发科技人才的创新热情和创造力。然而，在我国当前的科技界，仍然存在一些不利于创新的文化因素：一是"论资排辈"的现象较为普遍，年轻科技人才难以获得应有的认可和支持；二是"急功近利"的心态较为严重，一些科技人才追求短期成果而忽视长期积累；三是"闭门造车"的现象依然存在，科技人才之间的交流和合作不够充分。这种文化环境与创新氛围的缺失，不仅限制了科技人才的创新活力，也影响了科技创新的整体质量和水平。

(4) 评价体系与人才成长规律的脱节

评价体系与人才成长规律的脱节是导致科技人才激励困境的重要原因之一。科技创新具有长期性、不确定性和高风险性等特点，但现有的评价体系在设计上过于考虑短期成果和量化指标，忽视了科研工作的复杂性和周期性。这种评价体系与科技人才的成长规律严重脱节，导致科技人才在科研工作中缺乏应有的深度和广度，存在急功近利与浮躁的心态。这种评价体系不仅制约了科技创新质量的提升，而且对科技人才的健康成长产生了消极的影响。

由此看来，在高质量发展视域下，我国科技人才激励困境的成因是多方面的。为了破解这些困境，需要我们从多个方面入手，构建更加科学、合理、有效的科技人才激励机制，为高质量发展提供坚实的人才保障和智力支撑。

5.1.3 适应高质量发展需求的科技人才激励新模式

1. 基于价值观的激励机制

在高质量发展视域下，构建基于价值观的激励机制尤为重要。这要求政策制定者和组织管理者在激励设计中融入高质量发展的核心理念，如创新驱动、绿色发展、以人为本等，使激励政策成为推动高质量发展的有力杠杆。

(1) 强化创新驱动的核心价值观

在构建激励机制时，应明确将创新驱动作为核心价值观，使其贯穿于整个科技人才管理体系之中。这要求我们在制定激励政策、分配资源、评估成果时，始终将创新能力和创新贡献作为重要考量因素，具体可采取以下做法：一是起草科技创新价值观宣言。由企业高层或科研机构领导层共同起草，明确将创新驱动、质量导向、社会责任等作为核心价值观，并通过内部通讯、宣传栏、官网等渠道广泛发布，确保每位科技人才都能深入理解并认同这些价值观。二是设立"年度创新奖""创新贡献奖"等创新表彰制度与奖项。明确评选标准和流程，鼓励科技人才在科研工作中勇于创新、追求卓越。评选结果应公开透明，获奖者将获得奖金、荣誉证书及在重要场合的表彰机会。通过树立创新典范、表彰创新成果、传播创新文化，营造浓厚的创新氛围，激发科技人才的创新热情。

(2) 倡导长期主义与质量导向

为了解决现有激励机制过于追求短期效益的问题，应倡导长期主义和质量导向的价值观。在激励机制设计中，应加大对长期性、基础性、原创性研究的支持力度，鼓励科技人才潜心钻研、厚积薄发，具体可采取以下做法：一是设立长周期科研项目基金。针对具有长远影响力和高质量潜力的研究项目，设立专项基金，提供稳定支持。基金评审应注重项目的创新性、前瞻性和可行性，确保资金用于真正有价值的科研活动。二是建立科学合理的质量评估体系。引入同行评审、专家评价等多维度评价方式，对科研成果进行客观公正的评价。评估结果将作为科技人才绩效考核、职称晋升等方面的重要依据。对高质量科研成果，给予额外奖励并进行宣传推广。三是注重科研成果的原创性、社会影响力和长远价值，引导科技人才追求更高质量的科研成果。

(3) 强化社会责任与绿色发展

高质量发展强调绿色发展和社会责任。因此，在科技人才激励机制中，应融入绿色发展和社会责任的理念。通过设立绿色科技项目、推广环保技术、参与社会公益活动等方式，引导科技人才关注生态环境和社会问题，将科技创新与可持续发展紧密结合，具体可采取以下做法：一是开展绿色科技项目。定期发布绿色科技项目指南，鼓励科技人才围绕环境保护、可持续发展等领域开展研究。在项目申请和评审过程中，应优先考虑具有社会价值和环保效益的项目。二是组织公益活动。与环保组织、公益机构等合作，定期组织科技人才参与社会公益活动，如环保知识普及、科技支教等。通过公益活动增强科技人才的社会责任感，同时提升其社会影响力和美誉度。

2. 引入多元化的激励手段

为了更好地满足对科技人才的多元化需求，应引入多元化的激励手段。除了传统的物质激励和精神激励外，还可以考虑以下几种方式。

(1) 物质激励与精神激励并重

在物质激励方面，除了传统的薪酬、奖金、股权激励外，还应探索更加灵活多样的物质激励方式，如项目经费自主支配权、科研设施优先使用权等。根据项目成果的经济和社会效益给予科研人员相应的奖金或股权激励。奖金发放应严格按照项目合同和绩效评估结果进行，确保公平公正。股权激励可采用股票期权、限制性股票等形式，激励科研人员与企业共同成长。同时，注重精神激励的作用，通过荣誉表彰、职称晋升、学术地位提升等方式，并借助互联网等渠道广泛宣传获奖者的先进事迹和科研成果，提升其社会声誉和地位，满足科技人才的成就感和荣誉感。

(2) 个性化激励与团队激励相结合

科技人才具有高度的个性化特征，因此在激励手段上应充分考虑其个性化需求。可向科技人才提供定制化的培训计划、工作环境、职业发展规划等，根据其兴趣和专业方向定制课程和实践机会。定期与科技人才进行沟通与交流，了解其职业发展需求并提供必要的支持和帮助，满足科技人才的个性化发展需求。同时，也要重视团队激励的作用，通过设立团队奖励、促进团队合作与交流等方式，增强团队凝聚力和创新能力。对表现突出的团队应给予额外奖励和支持，如设立"优秀科研团队奖"，对在科研工作中团结协作、取得显著成果的团队进行表彰和奖励。同时，为团队成员提供更多的交流机会和资源共享平台。

(3) 绩效激励与过程激励相融合

针对科技创新的长期性和不确定性特点，构建绩效激励与过程激励相融合的激励机制。在关注科研成果产出的同时，也要关注科技人才在科研过程中的投入和努力程度。通过设立阶段性目标，提供过程支持、反馈与指导，激励科技人才保持持续的创新动力和热情。在项目启动时，应明确阶段性目标和时间节点，对达到目标的团队和个人给予阶段性奖励和反馈。奖励形式包括发放奖金、颁发荣誉证书等。同时，定期组织项目进展汇报会等活动，促进项目团队成员之间的沟通和协作。利用科研项目管理软件对项目进度和成果产出进行实时跟踪和管理。软件应具备数据分析、任务分配、进度监控等功能，为科研人员提供及时的支持和指导。同时，根据软件数据分析结果对科研人员的工作绩效进行评估和反馈。

(4) 引入市场化激励机制

在科技创新日益成为国家竞争力的核心要素的背景下，应积极探索引入市场化激励机制。通过科技成果转化、技术转移、创业孵化等方式，将科技创新成果与市场需求紧密结合，实现科技人才的经济价值和社会价值的双重提升。同时，在市场机制的作用下，促进科技资源的优化配置和高效利用。例如，与高校、科研院所、企业等合作建立科技成果转化平台，促进科研成果与市场需求对接。平台应提供技术评估、交易撮合、法律咨询等一站式服务，以降低科技成果转化难度和成本。鼓励创业孵化，为有志于创业的科技人才提供资金、场地、导师等资源支持，帮助其将科技成果转化为实际生产力。同时，与风险投资机构、孵化器等合作，为创业项目提供更多的融资渠道和市场机会。

(5) 优化资源配置机制

建立公开透明的资源配置机制，明确科研资源的分配原则和标准，确保资源能够公平、高效地分配给有需要的科技人才和团队。在资源分配过程中应充分考虑项目的创新性、重要性以及团队的科研实力等因素。加大对基层科技工作者的支持。针对基层科技工作者在科研条件和工作待遇方面的不足，加大对其资源支持力度，如提供先进的科研设备、改善工作环境、提高薪酬待遇等，激发其创新活力。

(6) 加强文化环境建设

营造开放包容的科研氛围。鼓励科研人员敢于探索，勇于尝试新事物。在科研工作中允许试错和失败，建立容错免责机制，减轻科研人员的心理负担和压力。同时，加强学术交流与合作，促进不同领域、不同背景科研人员之间的思想碰撞和灵感激发。此外，定期组织丰富多彩的文化活动，丰富科技人才的生活。

破与立并存于科技人才激励机制的改革与创新之中。面对高质量发展的时代要求，我们必须勇于打破传统激励模式的束缚，积极探索适应新时代需求的科技人才激励与评价模式。通过构建基于价值观的激励机制、引入多元化的激励手段等措施，更好地激发科技人才的创新活力，为我国经济社会的高质量发展提供强有力的人才支撑。

5.2 科技人才评价体系的创新与实践

在高质量发展的时代背景下，科技人才评价体系的构建与革新成为推动科技创新、提升国家竞争力的关键环节。科技人才评价体系的科学性、公正性和有效性，直接关系到科技创新的活力与成效。为了构建适应高质量发展需求的科技人才评价体系，我们需要深入理解其内涵，并结合"破五维、立新标"的思路，对其进行深度剖析与重构。

5.2.1　科技人才评价体系与其存在的问题

1. 科技人才评价体系

科技人才评价体系是指对科技人才的知识、能力、业绩及贡献等进行综合评估的一套标准和方法体系。它涵盖评价指标的选择、评价方法的运用、评价结果的反馈等多个环节，旨在促进科技人才的合理配置，激励创新，从而提升整体科研水平。传统的科技人才评价体系往往侧重于科研成果的数量(如论文发表篇数、专利申请数量)和奖项获得情况，而相对忽视科研质量、创新能力和对经济社会发展的实际贡献。在国际上，科技人才评价体系的发展同样呈现多元化、综合化的趋势。许多发达国家已经建立了相对完善的科技人才评价体系，这些体系不仅关注科研成果的数量与质量，还注重科研人员的创新能力、团队合作精神、跨学科研究能力以及对社会经济的实际贡献。

高质量发展强调经济、社会、环境等多方面的协调与可持续发展，要求科技创新成为引领发展的第一动力。因此，高质量发展下的科技人才评价体系，不仅要关注科研成果的数量与质量，更要注重科研过程的价值创造、创新能力的持续提升以及对经济社会发展的实际贡献。这一评价体系应是一个全面、系统、动态的综合评估框架，旨在激励科技人才发挥最大潜能，推动科技进步和产业升级。

2. 现有科技人才评价体系存在的问题

在高质量发展的背景下，科技人才评价体系的改革与优化尤为重要。然而，现有的科技人才评价体系在多个方面存在不足，这些不足不仅制约了科技人才的创新活力，也影响了科技成果的转化效率和经济社会的发展质量。以下是对现有科技人才评价体系存在问题的深入分析。

(1) 指标设置不科学，重数量轻质量

现有科技人才评价体系在指标设置上往往过于追求量化指标，如论文发表篇数、专利申请数量等，而忽视了科研成果的质量和创新性。这种"重数量轻质量"的评价模式，忽视了科研质量的差异性与科研工作的复杂性，导致科研人员将大量精力投入到"短平快"的科研项目中，追求快速发表和申请专利，而忽视了科研工作的深度和广度，以及长远的社会效益。例如，某些科研人员为了追求论文数量，将一篇完整的科研成果拆分成多篇小论文发表，这不仅降低了科研成果的整体价值，也浪费了学术资源。

(2) 评价方法单一，缺乏多元化

当前科技人才评价体系在评价方法上较为单一，主要依赖于同行专家评审和量化指标评分。这种评价方式存在诸多局限性。首先，同行专家评审虽然具有一定的权威性，但也可能受到人情关系、学术派系等因素的影响，导致评价结果不够客观公正。其次，量化指标评分虽然能够直观地反映科研成果的数量，但无法全面反映科研成果的质量和创新性。例如，一些具有重大创新意义的科研成果可能由于发表周期长、影响力尚未显现等原因，在量化评分中处于劣势。

(3) 评价导向偏离，忽视实际贡献

现有科技人才评价体系在评价导向上往往偏离了科研工作的本质目的，过于强调科研成果的学术价值，而忽视了其对经济社会发展的实际贡献。这种评价导向导致科研人员将大量精力投入到基础研究和高新技术研发中，从而忽视了科研成果的转化应用和产业化推广。例如，某些具有重大应用前景的科研成果可能由于缺乏转化机制和资金支持，长期停留在实验室阶段，而无法实现产业化应用，从而浪费了科研资源和创新成果。

(4) 评价周期过长，缺乏灵活性

现有科技人才评价体系的评价周期往往较长，一般为数年甚至十年以上。这种评价周期过长的现象，导致科研人员需要长时间等待评价结果，才能获得相应的认可和奖励，从而影响他们的创新积极性和工作动力。此外，评价周期过长会导致评价结果无法及时反映科研工作的最新进展和变化情况，导致评价结果的滞后性和不准确性。例如，某些在评价周期内取得重大突破的科研成果，可能由于评价周期的滞后性，而无法得到及时认可和奖励；一些在评价周期结束后取得重要进展的科研人员，则可能因为错过评价周期而错失发展机会。

5.2.2 适应高质量发展需求的科技人才评价体系标准

在全球化竞争加剧、科技日新月异的今天，高质量发展已成为国家经济发展的核心战略。这一战略目标的实现，离不开高素质、创新型科技人才的支撑。因此，构建适应高质量发展需求的科技人才评价体系，不仅是科技体制改革的必然要求，也是推动经济社会持续健康发展的关键举措。在此，我们将对包容性指标的引入及其意义进行深入的分析与探讨，以期为科技人才评价体系的创新与优化提供更为全面的视角和思路。

1. 包容性指标的引入与意义

(1) 包容性指标的引入：多元维度的全面考量

① 科研创新质量：从"量"到"质"的飞跃

科研创新质量是科技人才评价体系的核心要素之一。传统评价体系往往过分强调科研成果的数量，如论文发表篇数、项目承担数量等，而忽视了科研成果的质量与影响力。包容性指标强调对科研成果创新性、科学性和实用性的综合评价。这要求我们在评价过程中，不仅要关注科研成果的"量"，更要关注科研成果的"质"。通过同行评审、专家评估等科学、公正的方式，对科研成果的原创性、理论深度、技术突破及实际应用效果进行全面评估，确保真正有价值的科研成果得到应有的认可与奖励。

② 社会效益：科研成果的"落地"与"开花"

科研成果的最终目的是服务于社会，推动社会经济的发展。因此，社会效益评价指标在科技人才评价体系中占据举足轻重的地位。包容性指标将社会效益纳入评价体系，旨在引导科技人才关注科研成果的实际应用价值和社会影响。这要求我们在评价过程中，不仅要关注科研成果在学术界的认可度，更要关注科研成果在技术进步、产业升级、社会问题解决等方面的实际贡献。通过建立科学、合理的社会效益评价机制，推动科研成果更快地转化为现实生产力，为经济社会发展注入新动力。

③ 跨学科合作能力：打破壁垒，促进融合

随着科技问题的日益复杂化和交叉化，跨学科合作已成为解决重大科技难题的重要途径。包容性指标鼓励跨领域、跨学科的合作研究，旨在提升科技创新的广度和深度。这要求我们在评价过程中，不仅要关注科研人员的研究能力和成果产出，更要关注科研人员在跨学科合作中的表现与贡献。通过建立有效的跨学科合作激励机制，打破学科壁垒，促进不同领域、不同学科之间的知识、技术和资源的共享与交流，推动科技创新的协同发展。

④ 科研成果转化能力：产学研深度融合的桥梁

科研成果转化是科技创新的重要环节，也是实现科技与经济紧密结合的关键途径。包容性指标将科研成果转化能力纳入评价体系，旨在评价科技人才将科研成果转化为现实生产力的能力。这要求我们在评价过程中，不仅要关注科研成果的学术价值，更要关注科研成果的市场潜力和经济价值。通过建立完善的科研成果转化机制和服务体系，推动产学研深度融合，促进科研成果的快速转化和产业化应用，为经济社会发展提供强有力的科技支撑。

(2) 包容性指标的意义：推动科技人才评价体系的创新与优化

① 打破传统局限，促进全面发展

传统科技人才评价体系往往存在单一化、片面化的倾向，难以全面反映科技人才的综合素质和贡献。包容性指标的引入打破了这一局限性，将更多元化的因素纳入评价体系之中。这不仅有助于更加全面、客观地评价科技人才的综合素质和贡献，还能够激发科技人才的创新潜能和创造力，促进其全面发展。同时，包容性指标的引入也有助于推动科技人才评价体系的不断创新与优化，以适应经济社会高质量发展的需求。

② 强化社会服务功能，提升贡献度

科技人才作为社会发展的重要力量，其科研成果的转化与应用对于推动经济社会发展具有重要意义。包容性指标将社会效益和科研成果转化能力纳入评价体系之中，旨在引导科技人才更加关注科研成果的实际应用价值和社会影响。这有助于强化科技人才的社会服务功能，提升其对社会发展的贡献度。同时，通过推动科研成果的快速转化和产业化应用，还能够为经济社会发展注入新的动力源泉，推动经济社会的持续健康发展。

③ 促进跨学科合作，提升创新效能

跨学科合作是科技创新的重要趋势之一。通过跨学科合作，可以汇聚不同领域、不同学科的知识、技术和资源，形成协同创新的优势和合力。包容性指标鼓励跨领域、跨学科的合作研究，旨在提升科技创新的广度和深度，这有助于打破学科壁垒和领域界限，促进不同学科之间的交流与融合，推动科技创新的协同发展。同时，通过跨学科合作还能够培养出一批具有综合素质和跨学科能力的复合型科技人才，为科技创新提供更加坚实的人才保障。

④ 激发创新活力，推动高质量发展

创新是引领发展的第一动力。包容性指标的引入有助于激发科技人才的创新活力与创造力，推动科技创新的不断发展与进步。通过全面、客观地评价科技人才的综合素质和贡献，可以激发科技人才的积极性和主动性，促使其不断追求卓越、勇攀科技高峰。同时，包容性指标的引入还能够推动科技创新与经济社会发展的深度融合，为高质量发展提供强有力的科技支撑和人才保障。

2. 个性化评价在科技创新中的价值

在科技创新的广阔舞台上，个性化评价作为一种精准施策的管理工具，其核心价值在于深度契合科技创新的内在需求与发展趋势，为构建高效、灵活、富有活力的创新生态系统提供了坚实的支撑。

(1) 激发创新活力，释放个体潜能

① 定制化激励机制

个性化评价的核心在于"量身定制"，它摒弃了传统"一刀切"的评价模式，根据科技人才的专长、兴趣及科研方向，设计差异化的评价标准和奖励机制。这种机制能够有效激发科技人才的内在动力，让他们感受到被认可与尊重，从而更加积极地投身于科研工作中，勇于探索未知领域，不断突破自我，从而释放出巨大的创新潜能。

② 鼓励特色化发展

在科技创新领域，特色与差异化是竞争力的关键。个性化评价鼓励科技人才根据自身优势选择研究方向，形成独特的科研风格和成果体系。这种导向不仅丰富了科技创新的多样性，也为解决复杂科学问题提供了多元化的视角和方案，推动了科学技术的整体进步。

(2) 促进人才成长，构建职业发展路径

① 精准识别与培养

个性化评价能够精准识别科技人才的能力特点和成长需求，为不同成长阶段的科技人才提供个性化的培养方案。对于初出茅庐的青年学者，可以通过设立青年基金、导师帮扶制等方式，帮助其快速融入科研环境，积累研究经验；对于中坚力量，可以通过提供高级研修、国际合作等机会，促进其向更高层次发展；而对于领军人才，则可以通过搭建创新平台、赋予更多自主权等方式，支持其开展原创性、前瞻性研究。

② 职业规划与引导

个性化评价有助于科技人才明确职业发展方向，制定合理的职业规划。通过定期的评估与反馈，科技人才可以清晰地了解自己在科研领域的位置、优势与不足，从而有针对性地调整研究方向、提升个人能力，最终实现个人价值与组织目标的和谐统一。

(3) 优化资源配置，提升创新效率

① 精准对接科研需求

科技创新是一个资源密集型过程，包括资金、设备、人才等多种要素。个性化评价能够精准识别不同领域、不同方向的科研需求，为科技创新提供精准的资源配置。这不仅能够避免资源浪费和错配，还能提高资源使用效率，加速科研成果的产出和转化。

② 促进跨学科合作

在个性化评价的推动下，不同学科、不同领域之间的界限逐渐模糊，跨学科合作成为科技创新的重要趋势。个性化评价能够识别具有共同研究兴趣或互补优势的科技团队和个人，促进他们之间的交流与合作，从而形成协同创新的强大合力，共同攻克科学难题，推动科技进步。

5.2.3 实践案例分析：高效运作的科技人才评价体系

在当今高质量发展的大背景下，科技人才评价体系正经历着前所未有的变革与创新，以适应快速变化的科技发展趋势和产业升级需求。为了具体地展示科技人才评价体系的创新与实践，我们选取几个行业内的成功案例进行分析。

1. 行业实践中的创新评价模式

(1) 互联网企业的"项目制+成果导向"评价模式

互联网企业以其快速迭代、高度灵活的特点，率先引入了"项目制+成果导向"的科技人才评价模式。该模式以项目为核心，根据项目的难度、创新性、市场价值等因素设定评价标准，强调实际成果而非单纯的工作时长或论文数量。通过组建跨部门、跨领域的项目团队，鼓励员工在实战中展现能力，实现个人价值与企业目标。同时，该模式能够利用大数据和人工智能技术，对项目成果进行量化分析，以确保评价的客观性和公正性。

案例 ▶ **某互联网企业的"项目制+成果导向"科技人才评价模式**

一、背景

某技术领先的互联网科技公司致力于开发基于大数据和人工智能的创新产品，旨在提升用户体验和业务效能。为了在激烈的市场竞争中保持领先地位，公司采用"项目制+成果导向"的科技人才评价模式。这一模式强调团队合作与个人贡献相结合，以确保项目的成功实施和高质量的技术输出。

二、评价体系架构

1. 项目制管理

(1) 项目目标明确性。每个项目开始前，明确项目目标、时间表、预算等关键要素，确保每位团队成员都清楚自己的责任和贡献方向。

(2) 跨职能团队合作。鼓励不同职能领域(技术研发、产品设计、市场营销等)的成员共同参与项目，根据项目需求分配资源和任务。

(3) 项目周期评估。在项目实施过程中，通过阶段性评估(如月度、季度评估)跟踪项目进度，确保项目按时交付。

(4) 项目管理能力。评价科技人才在项目中的领导能力，包括资源协调、时间管理、团队沟通和风险控制等方面。

2. 成果导向评价

(1) 成果质量。评价项目交付的技术成果质量，包括代码质量、系统稳定性、用户体验等关键指标。

(2) 创新性与技术突破。关注项目中技术创新的程度，如是否有重大的技术突破或创新、是否提升了公司在行业中的技术领先地位。

(3) 商业价值。评价项目成果的商业价值，包括产品上线后的用户增长、市场份额增大、收入提升等方面。

(4) 数据驱动与目标达成。通过数据指标来衡量成果，包括产品上线后获得的用户反馈、使用数据、活跃度、转化率等方面。

3. 个人贡献评估

(1) 任务完成度。根据每个员工在项目中的任务完成情况评价其贡献，包括关键技术模块的开发、项目中的创新点等方面。

(2) 问题解决能力。评价员工在项目中应对挑战的能力和解决问题的效果，尤其是面对技术难题时的独立思考和决策能力。

(3) 协作精神与团队贡献。在项目中，团队协作是成功的关键，评价员工在协作中的表现，包括跨部门沟通、资源整合等方面。

4. 结果反馈与优化

(1) 绩效反馈机制。完成项目评价环节后，及时向员工反馈评价结果，指出员工优势和待改进的地方。定期为员工提供成长和培训的机会，以优化其项目执行能力。

(2) 奖励与激励。根据项目成果和员工贡献度，设立多样的奖励机制，如奖金、股票期权、职务晋升等。

(3) 持续改进。根据项目评价结果，调整人才管理策略和工作流程，持续提升团队的整体效率和创新能力。

三、操作流程

1. 项目启动阶段

(1) 项目经理和团队负责人共同明确项目目标、时间节点、预算、资源等要素，制订详细的项目计划，并为员工分配具体任务。

(2) 设定项目的关键绩效指标(KPI)，确保项目的成果和进度可量化。

2. 项目执行阶段

(1) 持续跟踪项目进展，定期举行项目评审会议，评估每个员工在项目中的贡献及问题解决能力。

(2) 根据项目需求灵活调整团队结构和任务分配，确保资源利用最大化。

3. 项目收尾与成果评估

(1) 在项目完成后，进行全面的成果评估，分析项目的技术水平、商业价值和市场影响等。

(2) 收集各方反馈，分析项目中存在的问题，并根据反馈对员工的表现进行综合评价。

4. 个人绩效评定与反馈

(1) 在项目结束后，进行个人绩效考核。基于成果导向的评价体系，具体量化每个员工在项目中的贡献。

(2) 依据考核结果，给予员工奖励，如发放奖金、晋升或安排培训。

四、具体实践

1. 技术创新项目

例如，公司启动了一个基于深度学习的图像识别项目，根据不同的任务(如算法优化、模型训练、平台搭建等)分别对员工进行评价。成果导向的评价不仅关注技术实现，还关注模型的准确度、上线后的用户体验以及产品的市场反应。

2. 跨部门协作

在项目进行过程中，技术团队与产品团队、设计团队紧密合作。团队成员的协作能力也是评价的重要标准之一。通过对团队合作的评价，发现并优化工作流程中的沟通和协作障碍。

【总结】"项目制+成果导向"的科技人才评价模式在互联网企业中十分有效，它能够帮助企业明确人才在各个项目中的具体贡献，快速识别关键人才，制定激励措施，促进人才的持续成长。这种模式特别适合那些注重快速迭代和创新的互联网企业，它能够帮助企业在多变的市场环境中保持技术竞争力和创新活力。

(2) 生物医药行业的"产学研用"综合评价体系

生物医药行业具有高科技、高投入、高风险、高回报的特征，对其科技人才评价更关注科研成果的转化应用和社会价值，"产学研用"综合评价体系便应运而生。该体系将科研能力、教学贡献、产业转化及临床应用效果等多维度指标纳入评价范畴，通过构建产学研深度融合的平台，促进科技成果的快速转化。此外，还可引入第三方专业机构进行独立评估，以确保评价结果的权威性和公信力。

案例▶ **某生物医药企业的人才评价体系**

一、背景

某生物医药公司正在研发一种创新型疫苗，涉及多个学科领域。为促进跨领域人才的高效协作，公司建立了"产学研用"科技人才综合评价体系，以确保人才的综合能力得到合理评价，并实现有效激励。

二、评价体系架构

1. 产：产业化贡献

(1) 产业需求理解能力。评价科技人才对市场需求的把握能力，是否能将研究成果转化为符合市场需求的产品。

(2) 技术转化能力。评价科技人才在推动技术从实验室到产业化的过程中的作用，包括选择合作伙伴、技术授权等方面。

(3) 项目管理能力。评价科技人才在产业化项目中的协调、管理能力，包括制订生产计划、资源调配等方面。

2. 学：学术研究能力

(1) 科研成果。评价科技人才在学术领域的贡献，包括论文数量、论文质量(影响因子)、专利申请等方面。

(2) 学术领导力。评价科技人才在学术团队中的领导力，包括能否领导研究方向、能否指导团队成员等方面。

(3) 跨学科合作。评价科技人才是否能够与不同学科的专家合作，推动跨领域研究。

3. 研：研发能力

(1) 技术创新。评价科技人才在技术开发和创新中的贡献，包括新技术的研发或现有技术的优化等方面。

(2) 项目实施。评价科技人才在具体研发项目中的执行力，包括项目进度控制、问题解决等方面。

(3) 实验设计与执行。评价科技人才在实验设计、数据分析及实验结果应用方面的能力。

4. 用：应用推广贡献

(1) 临床转化。评价科技人才在临床研究阶段的参与度和影响力，包括试验设计、数据分析、结果验证等方面。

(2) 市场应用。评价科技人才推广研究成果的能力，包括协助营销、明确产品定位等方面。

(3) 政策引导与合作。评价科技人才在政策、标准制定及行业合作中的贡献。

三、操作流程

1. 科技人才自评与同事评价

科技人才进行自我评价，由团队成员和领导提供反馈，确保全面了解个人表现。

2. 定期评价

每季度进行一次中期评价，结合个人的具体工作成果、团队反馈和目标达成情况进行考量。

3. 综合评审

每年进行一次全面评审，依据4个维度(产、学、研、用)对科技人才作出综合评价，结合定量与定性指标。

四、评价指标

1. 定量指标

(1) 发表的学术论文数量及质量(影响因子、被引用次数)。

(2) 专利数量及其技术成熟度。

(3) 项目进展与产值。

(4) 成果转化的市场表现，包括销售额、客户反馈等方面。

2. 定性指标

(1) 创新性和解决问题的能力(专家评分)。

(2) 跨领域协作与沟通能力。

(3) 团队合作与领导力。

(4) 临床应用推广的效果。

五、案例结果

通过"产学研用"科技人才综合评价体系，企业能够清晰识别各类科技人才的强项和弱项，从而有针对性地对其进行职业发展规划。例如，有些科技人才在学术研究和技术创新方面表现突出，而另一些科技人才则在项目管理和产业化方面更具优势。公司可以根据评价结果为科技人才规划不同的发展路径，如学术导向、技术导向或管理导向，并通过奖励和晋升机制激励表现优秀的科技人才。

【总结】"产学研用"科技人才综合评价体系不仅能够帮助企业发现和培养复合型人才，还能推动科研成果的快速产业化，增强企业的核心竞争力。这一体系的建立，有助于企业在竞争日益激烈的生物医药行业中保持技术领先和市场优势。

(3) 制造业的"技能+创新"双轮驱动评价模式

面对智能制造、工业互联网等新技术浪潮，传统制造业正加速向智能化、绿色化转型。在此过程中，科技人才评价也应相应调整。"技能+创新"双轮驱动评价模式既重视科技人才在专业技能上的精进，如掌握先进制造设备操作流程和数字化管理工具应用方法等，又鼓励科技人才在技术创新、工艺改进等方面发挥主观能动性。通过设立技能竞赛、创新项目申报等机制，激发科技人才的创造力和学习热情，从而推动制造业的高质量发展。

案例 **华为的"技能等级认证+创新贡献评估"**

一、背景

华为在全球制造领域拥有大量高端科技人才，其科技人才评价体系兼顾技能等级认证和创新贡献。

二、技能评估

1. 职业技能等级认证

建立覆盖初级、中级、高级和专家级别的技能认证体系，对科技人才实施严格的考试和实操测试。

2. 专项技能评估

针对特定技术领域(如5G设备制造、芯片封装),设立专项技能认证体系。

三、创新评估

1. 专利与研发成果

以科技人才提出专利申请的数量、质量和实际应用效果作为创新评价的重要指标。

2. 技术改进贡献

考核科技人才在生产工艺改进、新设备开发中的实际贡献,包括降低成本、提高效率等方面的效果。

3. 团队协作与技术转化

评估个人或团队的技术方案的应用情况,包括产品的实际转化率及市场反响。

四、典型成果

华为通过该模式激励科技人才,不仅在通信设备制造领域保持技术领先,还在制造工艺创新中实现了高效率、低成本的持续改进。

【总结】"技能+创新"双轮驱动评价模式能够有效促进企业技术进步与创新发展。这种模式通过精准的技能评估和多维度的创新评价,不仅能够提升科技人才的整体水平,还能推动传统制造业向智能化、高效化转型升级。

2. 高质量发展视域下科技人才评价的实践启示

(1) 构建全面的多维度评价体系

高质量发展要求科技人才评价不仅仅关注科研成果的数量,更要重视成果的质量、创新性和社会影响力。因此,评价体系应涵盖科研能力、创新能力、教学能力(针对教育工作者)、产业转化能力、团队协作能力、领导力以及职业道德等多个维度。每个维度都应设计具体的评价指标和权重,以全面客观地反映科技人才的综合素质和潜在价值。

(2) 强化成果导向与过程评价的结合

成果导向的评价模式能够直接反映科技人才的贡献和成就,但过分强调成果可能导致短期行为主义和急功近利的心态。因此,需要将成果导向与过程评价相结合,既关注科研成果的产出,又重视科研过程的管理和评估。通过设立阶段性目标、中期检查、鼓励开放共享科研资源等方式,确保科研活动的规范性和可持续性,促进科技人才的长期成长和发展。

(3) 深化产学研合作机制

产学研合作是推动科技成果转化的重要途径,也是提升科技人才实践能力和市场敏锐度的有效方式。在评价体系中,应加大对产学研合作项目的支持力度,鼓励科技人才积极参与企业技术创新、产品开发、市场推广等环节。同时,建立产学研合作成果的评价标准,将合作项目的经济效益、社会效益和技术创新水平纳入评价范畴,以激发科技人才参与产学研合作的积极性和创造性。

(4) 引入第三方评价机构以确保公正性

第三方评价机构具有独立性、专业性和客观性等特点，能够有效避免内部评价可能存在的偏见和主观性。在科技人才评价过程中，应积极引入第三方评价机构，对评价结果进行客观公正的验证和审核。第三方评价机构应根据评价标准和指标体系，采用科学的方法和手段，对科技人才的科研成果、创新能力、教学贡献等进行全面评价，确保评价结果的准确性和公信力。

(5) 建立动态调整与持续改进机制

科技发展和产业变革的速度日益加快，科技人才评价体系也需要随之进行动态调整和持续改进。评价机构应定期审视评价标准和方法的适用性和有效性，根据科技发展趋势和产业发展需求对评价标准和方法进行修订和完善。同时，鼓励科技人才积极参与评价体系的改进和完善工作，提出建设性意见和建议，形成共建共享的良好氛围。通过不断迭代和优化评价体系，确保其能够适应高质量发展的要求，为科技人才的成长和发展提供有力支持。

高质量发展视域下的科技人才评价体系应坚持评价多元化、过程与结果相结合、评价主体多元化、评价与激励机制联动以及持续优化评价标准和方法等原则。通过不断探索和实践，构建适应高质量发展需求的科技人才评价体系，为创新驱动发展战略的实施提供坚实的人才支撑和保障。

第6章

形与神：科技人才的工作与精神

6.1 科技人才承担的工作职能

我国科技部发布的《中国科技人才发展报告(2022)》显示,2022年,我国研发人员全时当量为635.4万人年,稳居世界首位。研发人员全时当量是指按研发人员实际从事研发活动的时间所计算出的工作量,是国际通用的比较科技人力投入的指标,单位为"人年"。这项数据不仅表明我国科技人才资源储备丰富,还表明科研行业是科技人才实现自身价值的主要场所。需要强调的是,科研行业并不是科技人才参与工作、实现自身价值的唯一渠道,科研人才也并非只在科研行业中才能从事研发活动。因此,基于工作性质和所属行业的视角梳理科技人才的工作情况具有一定的难度。尽管如此,科技人才因其自身特点和受到组织重视等因素,在不同的工作中所承担的工作职能却是相似的,这些职能不会因科技人才之间的差异或组织之间的差异而轻易改变,这也为后续的梳理分析提供了可靠的切入点。

6.1.1 参与科研事业,产出创新成果

1. 科研事业与科技人才的关系

科研事业是指科技人才利用科学理论或方法取得创新成果(如发现新知识、创造新技术或解决实际问题)的各项工作的总和。科研事业与科技人才的关系十分紧密,一方面,科研事业的主体是科技人才,科研事业的繁荣需要科技人才不断产出创新成果,科研事业的发展需要科技人才的集聚和活跃;另一方面,科技人才也要通过参与科研事业推动理论的进步和技术的变革,从而提升组织的收益以及社会的整体福祉。这就是科技人才最核心、最基本的工作职能。

2. 科技人才产出创新成果的维度

目前,科技人才参与科研事业产出的创新成果可从多个维度划分,主要包括以下类型。

(1) 按科研活动类型分类

依据科研活动的类型,可将科研成果分为基础理论成果、应用技术成果和软科学成果三类。基础理论成果是指在基础研究和应用研究领域取得的新发现、新学说,如科研论文、科学著作、原理性模型等。应用技术成果即新技术、新工艺、新材料、新产品等,如专利、技术标准、新产品原型等。软科学成果是指对科技发展战略、科技规划、科技政策、科技管理等进行研究所取得的理论、方法和观点,如研究报告、政策建议、管理方案等。

(2) 按价值属性分类

依据科研成果的创新属性,可将其分为物质成果、精神成果和管理成果三类。物质成果是指能够带来经济和社会效益、增加社会经济财富的成果。精神成果是指能够促进教育、科学、文化发展的成果。管理成果是指能够促进组织运转、提高资源配置效率的成果。

(3) 按研究阶段分类

依据研究阶段，可将科研成果分为阶段性成果和最终成果。阶段性成果具有一定的不确定性，最终成果具有高度完整性，比阶段性成果更成熟，具有广泛的应用前景。

(4) 按科研成果形式分类

依据科研成果的形式，可以将其分为科技论文、科技专著、科技报告、音像制品、设计图纸、新产品实物等多种具体类型。

6.1.2 投入教培工作，培育代际人才

1. 科技人才培养与发展的代际性

科技人才的培养与发展具有代际性。科技人才良好的品行、精湛的手艺、出色的团队意识、高尚的职业道德等方面会潜移默化地影响自身岗位的继任者和工作的接班人，引导他们在工作中建立正确的价值观和事业观，坚定工作目标，锻炼个人能力，从而提升个人素质，成为新一代科技人才，在新时代、新任务、新挑战中挑大梁、担大任。

2. "学徒制"的工作模式

"学徒制"的工作模式与传统的"师徒制"的工作模式有着本质区别，它在"师徒制"的基础上，引入职业教育培训机构协同开展培训，并由政府给予政策支持和财政补贴，旨在通过校企合作、学工交替等方式，培养复合型人才、技能型人才。通过"学徒制"的工作模式，科技人才成为新一代科技工作者的"师傅"，在科研项目或岗位工作中为新一代科技工作者指派具体的工作任务，指导他们开展工作，传授自身的经验、方法和心得，帮助他们培养良好的工作习惯，使他们的素质更贴近生产实际。

3. 专业理论学习的价值

科技人才对新一代科技工作者的影响还体现在专业理论学习中。科技人才是新一代科技工作者学习专业理论的最好的老师。处于生产一线的科技人才往往也会进入职业院校、培训机构等教学场所，讲解行业领域内的最新动态和前沿研究。他们常常通过列举生活中一些广为人知的案例来简化并拆分复杂的知识体系，将内容最精华、应用最普遍、影响最深远的理论知识点教授给新一代科技工作者，以加深其对所学知识的印象。新一代科技工作者的思维方式不同于现有的科技人才，更加具有时代特征，他们对所学知识的感悟和理解，更容易产生理论创新成果。

6.1.3 立足顾问角色，谋划组织战略

1. 科技人才的战略角色

在组织层面，科技人才作为关键资源，其角色已远远超越单纯的技术执行者，更侧

重于扮演战略顾问与决策支持者的角色。他们通过深厚的专业知识、前瞻性的视野以及跨领域的合作能力，为组织战略的制定与实施提供了不可或缺的力量。在政府工作中，科技人才扮演着至关重要的战略顾问角色，发挥的作用是多方面、全方位和深层次的。他们利用自身的专业知识、前瞻性的视野和丰富的实践经验，为政府决策提供科学依据和智力支持，科学研判政策执行环境、施行效果及潜在风险，并制定相应的解决对策，不断推动政府工作的科学化、民主化和现代化。

2. 战略科学家的作用

在我国，有一部分科技人才被称为战略科学家。所谓战略科学家，是指战略层面的科学家，他们具有深厚的科学素养、开阔的学术视野、前瞻性的判断力、跨学科的理解能力以及较强的大兵团作战的组织领导能力。他们在国家重大科技任务中担纲领衔，能够站在学科发展的前沿，破解趋势性、引领性和根本性的重大科学问题，建立独创性的研究体系，精准指引和推动关键领域的突破，在树立权威地位和统领学科发展的同时，引领学科发展的新方向。习近平总书记在中央人才工作会议上强调：“要大力培养使用战略科学家，有意识地发现和培养更多具有战略科学家潜质的高层次复合型人才，形成战略科学家成长梯队。”这个论断表明，如今，承担战略顾问职能的科技人才，特别是战略科学家，在国家发展和国际竞争中的作用比以往任何时代都更为重要。

6.1.4　释放经济活力，推动民生发展

科技人才通过推动产业升级与创新、促进科技成果转化、引领企业创新发展等方式释放经济活力。同时，他们也在提高公共服务水平、提升民生福祉、促进就业创业等方面发挥着重要作用。

1. 推动产业升级与创新

科技人才通过技术创新和研发，推动传统产业升级改造，提升产品附加值和市场竞争力。他们在新兴产业中的引领作用尤为明显，如互联网、大数据、人工智能等领域，这些产业的快速发展为经济增长注入了新的动力。

2. 促进科技成果转化

科技人才的研究成果通过专利、技术转让等方式实现商业化应用，将科技成果转化为现实生产力。这不仅能够直接创造经济价值，而且能够带动相关产业链的发展。政府和企业应加大对科技成果转化的支持力度，建立高效的成果转化机制，为科技人才提供更多展示才华的机会。

3. 引领企业创新发展

科技人才往往在企业的关键岗位上担任重要职务，他们的创新思维和专业技能能够引

领企业不断开拓新市场、研发新产品。这些创新活动不仅能够增强企业的核心竞争力，而且能为企业带来持续的盈利增长。

4. 提高公共服务水平

科技人才在医疗、教育、交通等公共服务领域从事的工作和开展的创新活动，能够显著提升公共服务的质量和效率，使得广大人民群众能够享受到更加便捷、高效的公共服务。

5. 提升民生福祉

科技人才在环保、农业等领域产生的创新成果，能够提高农业生产效率，改善生态环境，在增加农业收入的同时，极大地提升人民群众的生活质量。

6. 促进就业创业

科技产业的蓬勃发展为社会提供了更多的就业机会和创业机会。科技人才通过创办高新技术企业和提供技术服务等方式，不仅能够实现自身价值的提升，而且能带动周边人群的就业和创业。

综上所述，科技人才从事的工作十分广泛、丰富，承担的工作职能也十分重要。他们不仅能推动科技进步和产业升级，而且能为社会经济的持续发展提供强大动力。随着科技的不断进步和创新，科技人才的工作领域也将不断拓展和深化，科技人才承担的工作职能也将更加多元化。

6.2　科技人才体现的职业素养

科技人才的职业素养是一个多维的、综合的概念，它是指科技人才在从事职业工作的过程中所体现出来的，对职业的情感态度和个人能力两方面的总和。具体而言，它包括深厚的专业技能、持续的学习能力、活跃的创新思维、高效的沟通能力和清楚的责任意识五个关键要素。

6.2.1　深厚的专业技能

作为推动科技进步与创新的重要力量，科技人才必须具有深厚的专业技能。这是科技人才区别于其他人力资源的显著特征。在工作中，深厚的专业技能不仅体现为扎实的理论基础，还体现为出色的操作实践能力。

1. 科技人才的理论基础

理论基础是学科领域和相关学科领域的知识体系。学科领域内的基础知识为科技人才的后续研究和应用提供了必要的理论支撑，使他们能够深入探索复杂的技术问题，发现问题背后的深层次原因，从而找到有效的解决方案。但是，随着科学技术的发展速度日益加快，科技人才的工作内容也愈加复杂，需要解决的问题很难利用单一学科知识来解决。因此，科技人才还要具有本学科领域外的其他相关学科的知识储备，能够融合不同领域的知识和方法来解决实际问题。例如，生物医学领域的科研人员往往需要同时掌握生物学、医学、计算机科学等多个学科的知识。

2. 科技人才的操作实践能力

科技人才的操作实践能力决定着创新成果能否从理论层面转化到实际层面，这是评价科技人才的重要指标。在实际工作过程中出现的各种问题往往不能简单直接地等同于理论研究和概念推导的结果，不能照搬套用理论内容加以解决。这就需要科技人才在层层历练中积累经验，熟悉工作流程，了解工作方法和工作制度，掌握工作器材的构造与原理，在不断精进操作能力的同时，思考各环节应改进的方面，将所学理论知识有效地应用于实践之中，从而更好地解决问题。这种能力使科技人才能够在工作中更加灵活地调整策略，优化方案，从而体现较高的职业素养。

6.2.2 持续的学习能力

1. 科技人才的持续学习能力

科技人才通常具有出色的学习能力，能在短时间内充分理解新知识，掌握某种技术、方法或原理等。这是科技人才所应具备的素质。此外，在漫长的职业生涯中，面对新兴技术的快速发展，科技人才要在职业领域内长久保持竞争力和权威地位，就必须拥有持续的学习能力。持续的学习能力有助于科技人才更新知识体系，适应环境变化，是科技人才职业素养中的一个重要方面。

2. 科技人才的求知欲和好奇心

科技人才对知识、技术、外界发展始终抱有强烈的求知欲和好奇心，这是他们形成持续的学习能力的基础。好奇心、求知欲是科技人才最宝贵的品质。爱因斯坦说过："我没有什么特别的天赋，我只有强烈的好奇心。"对科学研究的好奇心是科技人才创新的源泉。

3. 跨学科知识融合与创新

持续的学习能力还表现为科技人才通过跨学科知识融合，形成共通的知识体系。跨学科学习是培养科技人才的重要手段之一。在全球化、信息化快速发展的今天，单一学科的知识已无法满足社会发展的需求，跨学科学习能有效促进知识的融合与创新，提高科技人才的综合素质和能力。

4. 科技人才的应变能力

现代社会，科技创新的步伐大步向前，新技术、新成果、新应用层出不穷。因此，科技人才应具备出色的应变能力。这种能力可以帮助科技人才迅速应对新情况、解决新问题、抓住新机遇。应变能力是保证科技人才始终具有灵活性和创新性的关键，是科技人才在职业生涯中至关重要的职业素质，同时也是他们学习能力的重要体现。

6.2.3　活跃的创新思维

1. 理论思维与知识创新

理论思维是洞察事物实质，揭示事物本质或过程的内在规律的抽象思维，即根据事物固有的内在规律进行创造性思考或遵循辩证思维和逻辑思维的统一。恩格斯指出："一个民族要想站在科学的最高峰，就一刻也不能没有理论思维。"恩格斯的这一论断指明了理论思维在科学发展中的重要性。科学发展离不开知识创新，理论思维与知识创新存在内在联系，因此，创新的理论思维在科学研究中的重要性不言而喻。

2. 科技人才的创新思维

所谓创新思维，是指一种具有联想能力、逆向思考能力和开放态度的思考方式，是改变已有思考问题的角度、观点，另寻新的方向去认识事物，突破固有思维模式的认知方式，是追求不同寻常的、富有主见的新观念和新理论的思维模式。

科技人才之所以具有活跃的创新思维，是因为他们具有出色的联想能力。联想是将表面看来互不相干的事物联系起来，从而实现创新的过程。联想可以利用已有的经验实现创新，如我们常说的由此及彼、举一反三、触类旁通，也可以利用别人的发明或创造进行再创新。联想是个体在思考时经常使用的方法，比较容易见到成效。科技人才通常具备深厚的专业知识基础，可以联想不同学科的知识与理论，从而产生新想法或新方案。

逆向思考的能力有助于科技人才拓宽创新途径。面对新的问题或长期未能解决的问题，科技人才往往不循规蹈矩，不按照传统思路思考，而是从与常规逻辑相反的方向，探寻解决问题的办法。这种对问题的敏感性和对传统的质疑精神是逆向思考的关键因素，是推动科技创新的重要动力。

科技人才的开放态度是指科技人才具有开放的心态、接受新观念的能力和合作精神。他们愿意与他人分享自己的知识和经验，从他人的观点和反馈中获取灵感，相信通过团队合作和资源共享可以更快地实现创新目标。这种开放态度是创新思维的核心，能够促使科技人才想到众多可供选择的方案、办法及建议，提出一些别出心裁、出乎意料的见解，使一些似乎无法解决的问题迎刃而解。

6.2.4　高效的沟通能力

科技人才的沟通能力是其职业素养中尤为关键的一部分，它直接影响到团队合作的效率、项目进展的顺利程度以及科技成果的转化与应用。科技人才的沟通能力主要体现在以下几个方面。

1. 表达能力

高效的沟通能力最直接的表现就是表达能力，特别是语言表达能力。科技人才在工作中经常面临述职汇报、科普宣传、成果交流等情景，这些情景要求科技人才能在不同场合中用非专业或简化后的语言，准确、清晰地解释相关专业术语，让非专业人士或不同专业背景的团队成员能够理解自身或自身所在团队的研究意图和成果。

除了语言表达能力之外，科技人才的书面表达能力同样值得注意。科技人才在成长过程中必然会经历科技报告、学术论文、项目提案等书面材料的撰写锻炼，只有养成良好的书面表达能力，才能不断创作出表达更精准、理解更通俗的书面材料。

2. 倾听与反馈

在科研团队和科研机构中，每一个科技人才都有对应的组织角色，在组织中承担着不同的工作职能。不同的组织角色和工作职能使得科技人才表达的声音与想法多元化。为保持并提升组织的凝聚力和成员间的合作效率，科技人才需要懂得倾听，并能及时给予有建设性的反馈。由于不同的人有不同的沟通风格和偏好，科技人才也能接触和适应不同的沟通方式和环境，并给出不同的沟通反馈，从而与各种类型的人建立有效的沟通联系。

3. 演讲技巧

科技人才通常具有一套成熟的演讲技巧，如结构清晰的内容、生动有趣的用语、适时有效的互动、紧跟时事的案例等，这些技巧可以使科技人才的演讲更能吸引听众的注意力并传达关键信息，或起到调节现场氛围的作用。一般而言，学术会议或产品发布会等重大活动往往是科技人才较常运用演讲技巧的场景。

4. 情绪管理

科技人才在沟通过程中会遇到不同意见、挑战甚至冲突，因此应具备良好的情绪管理能力，能时刻保持冷静和理性，同时能展现出同理心，理解他人的立场和需求，以促进问题的有效解决。

压力也是影响情绪的因素之一。科技人才面临诸多压力，如科研压力、工作压力、家庭关系压力等，这些压力驱使科技人才掌握行之有效的压力管理技巧，如时间管理、任务优先级设定、寻求支持等。这些技巧有助于科技人才更好地应对压力，达到保持情绪稳定、身心健康的目的。

6.2.5　清晰的责任意识

1. 科技人才的责任意识

科技人才的责任意识是他们在科技领域发挥重要作用的关键品质之一。科技人才对工作的严谨态度和对社会的责任感是责任意识的外在表现。科技人才深知自身工作的专业性、精密性和复杂性，因此他们在工作中注重细节，追求精准，以高度的责任感和严谨性对待每一项工作内容，确保研究成果或技术产品的质量和可靠性。科技人才意识到自己的工作和成果将对社会产生深远影响，因此他们关注科技伦理，努力确保自己的研究或技术应用符合社会道德和法律法规的要求。科技人才意识到自己肩负着建设科技强国和实现中国式现代化的重任。他们积极参与国家重大科技项目和工程，为国家的科技发展和经济建设贡献自己的力量，同时关注国际科技竞争态势，努力提升国家的科技实力和国际竞争力。他们也会积极思考如何利用科学技术弥合社会变革发展中的问题，促进社会的可持续发展。

2. 科技人才责任意识的体现

科技人才的责任意识不仅体现在对工作的严谨态度和对社会的责任感上，而且体现在科技进步对技术伦理、环境保护、数据安全等多方面的影响上。

(1) 技术伦理

科技人才作为技术活动的核心参与者，在技术研发和应用过程中要确保技术的公正性和公平性，避免技术成为加剧社会不平等或造成社会歧视的工具；要确保技术的应用尊重人权，避免技术被用于侵犯他人隐私、损害他人尊严甚至造成他人生命威胁；要尊重他人的知识产权，不进行侵权行为或窃取他人技术成果，遵守相关法律法规和道德规范。科技人才的技术伦理直接影响科技发展的方向和社会福祉的增进。

(2) 环境保护

目前，绿色科技、技术无害化、可再生资源等议题是科技领域关注的重点，也是科技人才未来的研究方向。这些议题得到重视表明了科技人才在环境保护方面的责任意识。科技人才在创新过程中要秉持可持续发展的理念，充分考虑资源节约、污染控制和生态平衡等因素，致力于开发更加高效、清洁、低能耗的生产技术和污染治理技术。通过技术创新，推动产业升级和转型，为实现经济发展与环境保护的双赢贡献力量。

(3) 数据安全

科技人才，尤其是大数据领域的科技人才，更应具备数据安全方面的责任意识。这种责任意识不仅是敬畏与尊重技术的体现，更是对个人信息保护、企业利益乃至国家安全负责的体现。在数字化时代，数据的价值日益凸显，而数据泄露或滥用可能带来的后果也愈加严重。因此，科技人才应充分理解数据安全的重要性，遵守法律法规，守住底线，坚守红线，确保所有的研究都在法律允许范围之内。

科技人才也要确保数据在整个生命周期内都得到妥善保护，防止未经授权的访问、篡改或泄露。如大数据工程技术人员应设计并实施安全的数据处理框架，包括数据的收集、存储、处理和传输等多个环节。科技人才还应定期对数据存储和处理系统进行安全风险评估，及时发现并修复潜在的安全漏洞。当发生安全事件时，科技人才应迅速响应并采取有效措施，将损失降到最低。

数据安全领域的技术日新月异，新的威胁和挑战不断涌现。科技人才应保持对最新安全技术和威胁的敏锐感知，不断学习和掌握新技术、新方法，以应对日益复杂的数据安全挑战。

6.3 科技人才创造的丰富价值

2016年5月30日，习近平总书记在全国科技创新大会、两院院士大会、中国科协第九次全国代表大会("科技三会")上发表重要讲话指出："要改革科技评价制度，建立以科技创新质量、贡献、绩效为导向的分类评价体系，正确评价科技创新成果的科学价值、技术价值、经济价值、社会价值、文化价值。"科技创新成果是科技人才的重要产出，凝聚着科技人才的心血与智慧，是科技人才工作价值的集中体现。理解科技人才创造的丰富价值其实就是理解科技创新成果的五大价值。

6.3.1 科学价值

科学价值是从科学维度反映科技成果在产生新知识、揭示新原理、创造新技术、发展新方法或在原始创新方面的贡献度。科学价值是科技成果的首要价值。科技成果的取得往往伴随着科学认知的深化和思维方式的变革。新的科学发现和技术发明能够挑战旧有的观念和理论框架，推动人类对自然界和社会现象的认识向更深层次发展。同时，这些成果也能促进人们思维方式的转变，激发人们的创新思维和想象力。

6.3.2 技术价值

技术价值是从技术维度反映科技成果在促进科学技术不断演进中发挥的作用，包括取得的重大技术发明、新的技术知识，以及在解决关键核心技术、产业关键共性技术、企业重大技术创新难题等方面的作用。科技成果往往包含新的技术原理、方法或发明，这些创新性的元素是技术价值的核心。它们可能代表了某一领域的技术突破，或者是对现有技术的显著改进。技术价值还体现在科技成果的先进性上。先进的技术成果能够引领行业发展，推动技术进步，提高生产效率，降低生产成本，从而为企业和社会带来更大的经济效益。此外，技术的实用性、成熟度和影响力均是评价科技成果技术价值的重要指标。

6.3.3 经济价值

经济价值是从经济维度反映科技成果的应用推广对经济发展、结构调整和产业升级等方面的影响，包括科技成果应用推广前景、预期可产生的经济效益、潜在风险等，以及在提升产业竞争力、促进产业转型升级、发展新产业、支撑经济高质量发展等方面的贡献或成效。科技成果的转化和应用能够带来新的经济增长点，促进产业规模的扩大和经济效益的提升。通过科技成果的推广和应用，企业能够提升产品的市场竞争力，扩大市场份额，提高经济效益。科技成果的经济价值还体现在促进就业方面。随着新技术、新产品的不断涌现，新的就业岗位和创业机会也随之产生，从而为社会提供更多的就业机会和更大的创业空间。

6.3.4 社会价值

社会价值是从社会维度反映科技成果在解决人民健康、国家安全与社会公共安全、生态环境等方面的影响，包括增加社会福祉、改善人民生命健康、优化生态环境、开发和利用资源、防灾减灾、创造更美好生活等方面的贡献。例如，新药的研发和应用能够治疗以往难以治愈的疾病，医疗设备的创新能够提高诊疗的准确性和效率，从而减轻患者痛苦；气象部门通过气象预报技术及时发布预警，可减少灾害损失；清洁能源技术的研发和应用能够减少化石能源的消耗和温室气体排放，推动绿色低碳发展。这些都充分体现了科技成果的社会价值。

6.3.5 文化价值

文化价值是从文化维度反映科技成果在倡导科学精神、弘扬科学家精神、发展创新文化、践行社会主义核心价值观等方面的影响和贡献，主要包括普及科学知识、营造创新氛围、孕育新思想、发展新理念、倡导新风尚、促进新变革等方面。科技成果的文化价值是多方面的、深远的，它不仅能倡导科学精神和科学家精神，普及科学知识和提升公众科学素养，还能推动文化创新与传承，弘扬社会主义核心价值观以及促进国际文化交流与合作。因此，在推动科技成果转化的过程中，应充分重视对其文化价值的挖掘和传承。

6.4 科技人才彰显的宝贵精神

科技人才在科研和创新的道路上，彰显了独特而崇高的精神，这些精神不仅是科技人才个人的品质体现，也是推动科技进步和社会发展的重要力量源泉。

6.4.1　科学家精神

1. 爱国情怀是科学家精神的首要内涵

科技人才应始终将国家利益和人民利益放在首位，将个人理想融入国家发展大局之中；应心怀祖国、服务人民，践行爱国精神。

2. 创新精神是科学家精神的核心要义

科技人才在科研工作中敢于挑战未知，勇于突破瓶颈，不断探索新的科学领域和技术前沿。他们坚持面向世界科技前沿、面向经济主战场、面向国家重大需求、面向人民生命健康，不断向科学技术广度和深度进军。通过持续的创新实践，他们不断推动科技进步，为国家发展注入强劲动力。

3. 求实奉献是科学家精神的重要体现

科技人才在科研过程中始终保持严谨求实的态度，追求真理，不尚空谈。他们淡泊名利，潜心研究，甘于奉献，为科技进步默默耕耘。许多科技工作者在艰苦条件下坚持工作，不计较个人得失，以实际行动诠释着科学家精神中的求实奉献精神。

4. 协同精神是科学家精神的应有之义

科技人才在科研工作中注重团队合作，积极与同行交流合作，共同攻坚克难。他们秉持集智攻关、团结协作的精神，汇聚各方智慧和力量，推动科研事业不断向前发展。

5. 育人精神是科学家精神的关键一环

科技人才深知人才培养对于科技事业的重要性，他们积极参与科技教育工作，为培养新一代科技人才贡献自己的力量。他们通过传授科研经验、指导科研项目、培养科研团队等方式，为科技事业培养了一批又一批优秀人才。

6.4.2　工匠精神

习近平总书记阐明了新时代工匠精神的内涵，即执着专注、精益求精、一丝不苟、追求卓越。"追求卓越"的必要条件是"道技合一"，所谓"道技合一"，就是指技艺能够达到鬼斧神工的至高境界。对于科技人才而言，"技艺"就是他们具备的科研能力。

1. 工匠精神彰显了科技人才执着专注的科研态度

科技人才在科研工作中表现出对科学问题的深入钻研和不懈追求，并能长时间地专注于某一领域或某一课题，不畏艰难，不惧挑战，以高度的责任心和使命感推动科研工作向前发展。这种执着专注的科研态度，是科技人才工匠精神的重要体现。

2. 工匠精神强调科技人才在科学研究中做到精益求精

科技人才在科研过程中始终追求更高的标准和更好的成果。他们注重细节，严谨求实，不断优化实验方案，提高实验精度，力求在科研工作中取得更加优异的成绩。同时，他们积极学习新知识、新技术，不断提升自己的科研能力和水平，以更好地满足科学发展的需要。

3. 工匠精神要求科技人才在科研工作中始终保持一丝不苟、严谨务实的作风

科技人才严格遵守科研规范，认真记录实验数据，仔细分析实验结果，确保科研工作的准确性和可靠性。这种一丝不苟的科研作风，不仅有助于提高科研成果的质量，也有助于树立科技人才的良好形象。

4. 工匠精神的核心在于追求卓越，要求科技人才在科研工作中始终秉持这一理念

科技人才不满足于现状，不断挑战自我，追求卓越的科研成果。他们敢于探索未知领域，勇攀科技高峰，以推动科技进步为己任，为国家和人民的利益贡献自己的力量。

6.4.3　雷锋精神

雷锋精神意蕴丰富，具有重要的时代价值。在新时代，雷锋精神的鲜明特征是崇尚劳动、热爱劳动的劳动精神；可贵品质是艰苦奋斗、勤俭创业的奋斗精神；典型标志是服务人民、助人为乐的奉献精神；时代价值是锐意进取、自强不息的创造精神。这些精神与科技人才的特质和价值观高度契合。

科技人才践行雷锋精神体现在多领域、多方面，践行方式也各不相同。这些行为方式不仅有助于推动科技志愿服务事业的发展，也为全面建设社会主义现代化国家、全面推进中华民族伟大复兴凝聚了强大精神力量。他们积极响应号召，深入田间地头、厂矿车间、学校社区等基层一线，开展形式多样的科技志愿服务活动；他们利用自己的专业知识和技能，为当地群众提供科技咨询、技术指导等服务，帮助群众解决生产生活中的实际问题；他们勇攀科技高峰，攻克关键核心技术，推动科技成果转化应用，为经济社会发展提供有力支撑。

第7章

异与同：科技人才的
类别与特点

7.1 古代中国：科学技术成就辉煌

古代中国在科学技术发展历程中取得了辉煌的成就，天文历法、数学、医学、农业以及其他领域的科技成就不仅遥遥领先于当时的世界水平，还对后世的科技发展产生了深远的影响；不仅丰富了中国古代的文化遗产和科技宝库，还为世界文明的发展做出了重要贡献。

7.1.1 古代中国科技人才的基本类别

古代中国科学技术的发展始终与人才培养和分类紧密相关。古代官员、学者在不同时期对科技人才进行了多层次分类，这些分类不仅反映了当时社会对科学技术的重视程度，而且为我们了解古代科学技术的发展历程提供了重要而清晰的视角。我国关于人才的概念最早可以追溯到距今约2500年的《诗经·小雅》中的《菁菁者莪》篇。而汉代的《毛诗序》则说："菁菁者莪，乐育材也。君子能长育人材，则天下喜乐之矣。"古文中的"才"与"材"通用，用茂盛生长的生命来比喻人才的茁壮成长，强调了培育人才的价值，是我国古代最早论及人才的诗篇。现代学者通常按照职业身份、技能专长、贡献领域等标准对中国古代科技人才进行分类，下面我们选取工匠、医师、建筑师、数学家这四个类别中具有代表性的科技人才加以阐述。

1. 工匠

工匠是古代科学技术领域的重要人才力量，他们掌握着各种手工技艺和制造技术，通过不断地实践和创新推动古代农业和手工业的发展。工匠往往具有高超的技艺和丰富的经验，他们的劳动成果直接服务于社会生产和生活实践。在古代社会，工匠的地位虽然不及官员和学者，但对科学技术发展和社会进步同样做出了不可磨灭的贡献。

鲁班是中国古代工匠的典型代表。春秋时期，鲁班就发明了各种木工器具，尤其是具有想象力的锯子、曲尺、墨斗、刨子、钻子以及凿子、铲子等工具。鲁班不只发明工具，传说还做出了很多后世人想做而做不出的东西，比如能在天上飞三天三夜的木鸟等，充分展示了鲁班的科学思维和创造能力。

东汉蔡伦在担任尚方令期间，负责监督宫廷物品制作，因此开始接触东汉时代最好的手工工艺，并开始尝试改进当时的造纸技术。此前笨重的竹简是主要的书写载体，后来出现了质地轻柔的缣帛，但缣帛代纸的费用非常高昂，很难普及。于是蔡伦尝试使用树皮、破布、麻头和渔网等廉价物品造纸，大大降低了造纸的成本，为纸的普及准备了条件。这一改进技术的实施和成功推广，为古代科技发展和知识传播做出了巨大贡献。

中国是世界上最早生产丝织品的国家，但是早期生产效率很低。三国时期的马钧看到工人累得汗流浃背，却只生产出很少的丝织品，就下决心改良织绫机，为工人减轻劳作负担。于是他深入到生产第一线，在认真研究旧式织绫机的基础上，重新设计了一种新式织绫机。新式织绫机改造了开口运动机件，简化了工作流程，不仅让机器更加精致实用，而且生产效率也比原来提高了四五倍。此外，马钧在其他领域也致力于创新，先后研制出马钧指南车、马钧"水转百戏"等，同时在军事领域的机械发明也取得了显著成就。

这些工匠以其精益求精、追求卓越的精神推动了科技的进步，促进了社会的发展。

2. 医师

自古以来，医师在社会生活中扮演着重要角色。夏至西周时期，巫医兼任医师角色，在当时有着极为显要的地位；东周至西汉前期，医师的社会地位较巫医有所下降，但仍有相当的地位；西汉中期以后至唐五代，随着儒家思想成为封建社会的正统思想，医师的地位明显下降；到了宋元时期，统治者重视医学，医师的社会地位大为提高；然而到了明清时期，医师的社会地位空前下降。虽然医师的地位在朝代更迭中起起伏伏，但医师一直是社会发展中不可或缺的角色。

扁鹊是战国时期的名医，同时也是中医理论的奠基者之一。他以丰富的医疗实践经验，首创中医的"望、闻、问、切"四诊法，创设了较为完整的科学诊断体系，对中医诊断学的发展产生了深远影响。扁鹊反对当时盛行的巫术迷信，坚持科学的医疗实践，其医学思想和医疗实践在当时具有划时代的意义。在周游列国各地行医期间，扁鹊一心为民解除病痛，尤其在内、外、妇、儿、五官等医科领域有深厚造诣。

华佗是东汉末年著名医学家，也是中医外科手术的先驱，他首创用全身麻醉法施行外科手术，被誉为"外科鼻祖"。他不仅精通内、妇、儿科，还在针灸、养生等方面有高超技艺，曾把自己丰富的医疗经验整理成《青囊经》。他创制的"五禽戏"至今仍被广泛传播和练习，是我国传统的健身方法。

唐代医药学家、道士孙思邈，被后人尊称为"药王"。他重医术，更重医德，一生致力于医学研究和临床实践，提出了"人命至重，有贵千金；一方济之，德逾于此"的行医准则。为了了解中草药的特性，他走遍深山密林采集药物标本，积累了丰富的药物学知识，完成了不朽著作《千金要方》，并在公元659年完成了世界上第一部国家药典《唐新本草》。

这些平凡而又伟大的事迹真切反映了我国古代医学科学的实践和发展状况，这些医学巨人是中华医学发展先河中一颗颗璀璨夺目的明星，他们在中外医学史上留下了不可磨灭的功勋，千余年来一直受到人们的高度评价和崇拜。

3. 建筑师

在古代中国的历史长河中，涌现出众多杰出的建筑师，他们以其卓越的才华和非凡的成就，为后世留下了无数宝贵的建筑遗产。

战国后期，李冰在修建都江堰工程的过程中，创造了竹笼装石作堤堰的施工方法，这种方法是中国古代科技人才智慧的结晶。两千多年前的科技人才就懂得如何与自然和谐相处，到了两千多年后的今天，都江堰也依然是人与自然和谐相处的典范，是迄今为止世界上仅存的一项生态水利工程。它不仅开创了中国水利史的新纪元，更标志着中国水利史进入了一个崭新的阶段，在世界水利史上写下了最辉煌的篇章。

隋朝李春主持设计建造的敞肩圆弧拱结构形式的赵州桥是中国劳动人民的一大创造，比西方在14世纪才出现的敞肩圆弧石拱桥早了600多年。英国著名中国科学技术史专家李约瑟博士在其巨著《中国科学技术史》中，曾经列举了26项从1世纪到18世纪先后由中国传到欧洲和其他地区的科学技术成果，其中的第18项就是弧形拱桥。赵州桥建成后成为中国南北交通的要冲，大大方便了交通运输和人民生活，为河流两岸的人员来往提供了便利条件，有"坦途箭直千人过，驿使驰驱万国通"的美誉。

蒯祥是明代著名的建筑师，他参与和主持了多项皇家工程，如北京皇宫、天安门城楼等，他的设计和建造技艺精湛，赋予建筑东方美学，使这些建筑成为中国古代优秀传统文化的典型代表。另外，蒯祥在继承前人建筑技艺的基础上不断创新和发展，形成了自己独特的建筑风格和技术体系，为中国古代建筑技术的发展注入了新的活力。

这些建筑师以其卓越的才华和非凡的成就为后世留下了宝贵的建筑遗产和丰富的技术经验，他们的名字和事迹将永远铭刻在人类建筑史上。

4. 数学家

中国是世界文明古国之一，数学是中国古代科学中一门重要学科，其发展源远流长，成就辉煌。魏晋时期的数学家刘徽是中国古典数学理论的奠基人之一，他详细注解了《九章算术》并提出了"割圆术"，即用多边形逼近圆形的方法来计算圆周率，极大地提高了圆周率的计算精度。《九章算术》是中国数学史上的一部经典之作，它将系统化分数、负数运算和图形面积计算方法推广开来，为中国乃至整个世界的数学发展奠定了理论基础。

南北朝时期，祖冲之创制的《大明历》最早将岁差引进历法，书中采用391年加144个闰月的新闰周，首次精密测出交点月日数、回归年日数等数据。他将圆周率精确到了小数点后7位，这一成果在当时是最精准的数值，而且在此后近千年都无人超越。此外，祖冲之还撰写了《缀术》一书，该书被收入《算经十书》，并在唐代被列为国子监教材。

元代时期，郭守敬于公元1276年创制了一种测量天体位置的仪器，该仪器在结构和使用上比浑仪更为简便，能够观测除北极星附近以外的其他区域，故称简仪。《授时历》是我国古代一部很进步的历法，郭守敬把这部历法写成定稿流传于后世，将许多先进的科学成就传授给后人，推动了我国科学技术的进步。

明清时期，随着商品经济的萌芽，商业数学也获得了迅速发展，珠算法进一步得到普及。明代数学家吴敬编写了《九章算法比类大全》，该书在格式和内容上继承并发展了《九章算术》的传统，增加了许多商业应用问题，反映了当时数学与商业实践的紧密结合。随着西方数学与中国传统数学产生交流与融合，徐光启等人翻译了《几何原本》等西方数学著作，促进了中国数学家对西方数学的了解和学习，梅文鼎等人在深入研究古代算学遗产的基础上，尝试将西算中国化，为中西数学的融合做出了重要贡献。

7.1.2 古代中国科技人才的基本特征

1. 具有较强的政治依附性

受封建宗法制度的影响，封建社会下士、农、工、商中的科学技术人才具有明显的政治依附性。当时的科技人才如果想实现自己的个人价值和社会价值，必须找到能够依附的对象，这个"对象"要拥有一定的权力，能帮助他扫清实现抱负的障碍。自古便有"学成文武艺，货与帝王家""良禽择木而栖，贤臣择主而事"的说法。

封建社会是一个人才依附性极强的社会，当时的社会结构呈金字塔形，处于金字塔底部和中部的是大量从事劳作的普通民众和布衣秀才，居于金字塔顶端的则是封建皇族及其官僚。从事科学和工艺技术研究所需的大量物力、财力都被封建统治者掌控，如果不依赖统治阶级，单独从事科学技术研究，就会缺少人力、物力、财力的基本支持，这直接影响了科学技术研究的进展。在这种情况下，科学技术的发展完全掌握在统治阶级手中，所以造成了我国古代许多科学家出身于官员的局面，如祖冲之、张衡、郭守敬、沈括、宋应星、徐光启等。这些科学家如果不依附于统治阶级，利用其所控制的社会资源进行研究，就很难有所成就，他们对统治阶级的依附性与农民对土地的依赖性一样强烈，一旦失去了依附对象，就会在科学技术研究领域陷入难以摆脱的困境。

同一时期，西方许多科学家也是政府官员，他们在开展科学研究的过程中也得到了大量的宫廷资助，如亚里士多德、牛顿、拉瓦锡等。然而，相较于中国，西方国家在科技研究领域的资助体系并不完善，导致在该领域取得成就的科学家数量相对较少。长期而言，西方国家缺乏一套完整的制度体系来资助科学技术研究领域的杰出人才。因此，只有那些在实用性科学研究方面表现出色的科学家，才有可能获得当权者的青睐并得到相应的资助。我国的科举制度在一定程度上促进了人才阶层流动，从而为科技人才创造了更有利的发展环境，但也在一定程度上加重了科技人才对封建统治阶级的政治依附性。

2. 深受儒家传统文化的影响

春秋战国时期，诸侯争霸、战争连绵。为了在竞争中求得生存，诸侯国打破遵循血缘宗法关系的用人旧制，在春秋末年掀起了"举贤"思潮，将道德和才能作为用人与鉴别人才的标准。儒家学派创始人孔子提出了"举贤才"的主张，将圣人、仁人、贤者、志士等作为不同层次的道德型人才，其主要标准是以"仁"为核心的道德。《论语·里仁》指出："君子喻于义，小人喻于利。"可见伦理道德是孔子区分人才与非人才的根本标准。这种"重德主义"的人才观强调道德义务，轻视功利目的，因此道德修养和理想人格成为古代科学技术人才开展研究的追求。

汉朝统治阶级从秦亡的历史教训中认识到先秦儒家思想的特殊价值，否定了法家"务法不务德"的片面性，但又不抛弃智术能法之士，于是汉武帝提出了"用人如器"的人才观，实用性科学技术人才得到重视。东汉末年，群雄并起，战争的胜负往往取决于各方拥有的人才的数量和质量，因此，各类人才特别是科学技术人才的地位得到有效提升。

唐太宗借鉴隋朝覆亡的教训，十分重视强化儒家思想统治，主张才行并重的"器用论"人才观，一方面强调"朕之授官，必择才行"，另一方面强调"任官必以才""为官择人，唯才是与"。这种既在原则上重视才行并重，又对个别人不绝对强调才行均衡或兼优的人才标准观，符合科技人才发展的客观实际，这也确立了在才行并重原则下或有优秀品行，或有专长才能的人符合人才的标准。

宋代至清代，君主专制统治不断加强，社会基本矛盾激化。在这一背景下，思想领域的理学产生，儒家伦理思想达到完备。理学创始人周敦颐在《太极图说》中以"中正仁义"作为"人材(材与才通用)"的道德标准，并按道德境界把人才分为三等，即圣、贤、士。科学技术人才受道德标准限制，将科学技术研究限制在道德允许的范围内。

儒家思想在封建社会中占据主导地位，其"君为臣纲、父为子纲"的伦理道德规范成为中央集权国家的有力思想武器。这种思想体系使得人们更加注重道德修养和品行操守，而对科学技术的追求则相对较少。八股取士制度和文化专制统治的肆虐，更是禁锢了人们的思想，阻碍了古代科学技术人才的成长。

3. 人才流动性差

纵观中国整个封建社会阶段，除了春秋战国等战乱时期诸侯国对科技人才的争夺较为激烈，在其他历史阶段，科学技术人才的流动性普遍较差，这与社会政策及社会稳定性有关。封建统治者长期实行"重农抑商"的政策，导致社会结构相对固化，影响了古代科技人才的正常流动。

封建社会的官办学校以培养政治奴仆为目标，注重传统儒学教育，科技被忽视、排斥，导致科技人才在国家正式教育体系中难以获得成长的机会和土壤。古代经济以自给自足的自然经济为基础，人们安土重迁，缺乏外出游历闯荡的动力。同时官府设专门的部门垄断了工商业的经营，除了战乱时期人口会大量从一个地方向另一个地方迁移之外，整个社会的人口，特别是科学技术人才的流动性很差。

封建社会，人才流动权力完全控制在政府手里，包括科学技术人才在内的人才成才的途径狭窄、机遇少，底层民众向上流动的唯一渠道是十年寒窗苦读，参加科举考试做官，接受统治阶级的调派，但也仅可在其直辖范围内流动。另外，古代科学技术人才集中在官府，直接为统治阶级服务，且古代信息流通缓慢，科技人才之间的交流受到严重限制，导致科技知识难以在不同地域之间传播应用。

封建统治阶级将人才的标准、成才的途径、培养人才的资源全控制在自己手中，导致科学技术人才既受剥削又没有自由，成才途径狭窄。科技发明和创造一般来自都城或经济发达地区，然而古代交通不便、信息闭塞，科技成果无法大范围传播和长时间流传。此外，古代经常出现的政治动荡、经济衰退或文化冲突等变故，会迫使科技人才面临生存和发展困境，也不利于科学技术创造与发明。

4. 具有明显的封建统治性质

在封建社会中，皇权至高无上。封建统治者为了维护其统治地位和阶级利益，通过各种手段控制科学技术资源和人才，科技人才的选拔、培养和使用受到封建政治制度的深刻影响。科技人才往往需要依附于统治阶级或官府才能生存和发展，这使得他们的科学研究受到统治者意志的左右。科技研究往往具有官办性质，即科学技术的研究和开发大多由官府组织，科技人才也多为官府的官员或依附于官府的学者，这种官办性质使得科技人才在从事科学研究时不得不考虑统治阶级的利益和需求，如制定历法、观测天象、兴修水利。另外，封建统治者推行了数千年的重农抑商政策，致使小农经济始终占据统治地位，限制了生产力和科技人才的发展，使得中国古代科技的发展缺乏足够的内生动力，往往更重视实用性。这种实用性导向导致科技研究在一定程度上忽视了对基础理论的构建和对创新能力的培养。

儒家思想在封建社会中占据绝对主导地位，儒学强调的尊卑有序、服从权威的封建思想渗透到科学技术研究领域，使得科技人才在追求科学知识与技术创新时，不得不遵循封建礼教的约束。科技人才进行科技研究时更要围绕世家权贵的私人利益，以期获得权贵的经济帮助和政治支持，其科技成果的最终作用是维护封建统治的稳定和繁荣。一些重要科技成果往往需要得到最高统治者的准许才能推行试用，这种官方控制使得科技成果的传播和应用受到很大程度的限制，也为古代科技创造打上了封建统治的烙印。

众多重要的科技发明和发现都是在封建社会末期或近代社会初期才逐渐传入我国并得以发展的，这也从另一个角度说明了封建统治对科技发展的阻碍和限制作用。以我为尊的天朝大国传统观念在封建统治者心中根深蒂固。清朝统治者甚至推行闭关锁国的政策，禁止与外国进行贸易往来和科技文化交流，这使得封建社会时期的中国无从了解世界科技的发展趋势和发展水平，隔绝了与世界的科技交流。

7.2　当代中国：深入实施"科教兴国、人才强国"战略

7.2.1　当代中国科技人才的基本类别

1. 基础研究类人才

基础研究类人才是指主要从事基础科学或应用基础科学的学术研究，承担发现自然界物质运动规律，揭示自然现象内在联系和客观规律，获取新原理、新知识和新方法，推动科技发展的人才。基础研究类科学技术人才对于推动社会进步、提升国家核心竞争力具有不可替代的作用。基础研究是探索自然界、社会和人类思维等领域基本规律的科学活动，不以特定的应用或使用为目的，而是追求知识本身的发展。基础研究类人才在某一领域具有深厚的理

论基础、敏锐的科学洞察力、强烈的创新精神和卓越的科研能力。随着全球科技竞争的日益激烈，加强基础研究类人才的培养已成为各国科技发展战略的重要组成部分。

2. 应用研究型人才

应用研究型人才是指在科学技术领域从事应用研究工作，具有深厚的专业知识储备、强烈的创新意识、卓越的应用能力与出众的跨学科合作能力的专业人才。他们在运用和应用基础研究及其成果的基础上，发展新系统、新产品、新结构、新技术、新工艺、新材料。他们在科学技术研究的基础上，将基础研究所获得的成果应用于实践并发现未来可用的空间。实际上，这类人才侧重于对基础研究成果的应用性研究。

3. 开发研究型人才

开发研究型人才是指在基础研究和应用研究的基础上创造新产品、新材料等活动，旨在完成基础研究的可行性成果应用性转化，从而实现新技术、新工艺、新产品等方面的突破，提高产业技术发展的人才。开发研究型人才是国家综合实力提升的重要影响因素，加强开发研究型人才科研平台建设，加大政策与制度支持，能够为人才培养提供更好的成长和发展环境。

4. 成果转化型人才

成果转化型人才是指能够在基础研究、应用研究以及技术开发产生相关创新成果的基础上，通过科技知识的传播与交流，发现自身与外部差异，从而对外部知识进行转化与吸收，丰富自身知识，促进科技再创新的人才。在科技创新与国家现代化发展进程中，成果转化型人才如同催化剂般发挥着不可或缺的重要作用，他们能够将抽象的科研成果转化为具体产品，促进科研成果与实际应用场景的融合，推动科学技术成果走出实验室，实现经济价值。

7.2.2 当代中国科技人才的基本特征

1. 科技人才趋于年轻化

根据《中国科技人力资源发展研究报告》(2024年7月出版)，截至2022年底，不考虑出国留学未归、"专升本"等因素，我国科技人力资源已达11 234.1万人。近十年来，我国科技人力资源年龄结构持续呈现年轻化特征，在接受过科技领域高等教育的大部分科技人力资源中，39岁及以下的科技人力资源占比超过70%，50岁及以上的科技人力资源仅占9%左右。科技人力资源保持年轻化的趋势主要得益于我国高等教育的快速发展。1998年，我国高等教育毛入学率为9.8%，包括普通、成人形式在内的高等教育在学总规模为523.6万人。2023年，我国高等教育毛入学率达60.2%，包括普通、成人、网络形式在内的高等教育在学总规模达4763.19万人，约为1998年的9倍。

如今，青年不仅是科技创新的"生力军"，更逐渐成为"主力军"，在推动科技创新领域高质量发展中发挥着极其重要的作用。青年群体动力强、干劲足、思维活跃，整体受教育水平相对较高，在科创领域有其独特的优势和不可忽视的重要性。科技人力资源年轻化趋势意味着科技人才资源红利，在我国社会老龄化程度不断加深的背景下，科技人力资源年轻化能为科技事业和社会经济发展注入活力，提供有效的"人才活力"。

2. 科技人才外流情况仍存在

随着全球化程度的不断加深、教育合作的日益繁荣，留学已成为人才跨国流动的主要方式和有效途径。中国是全球最重要的留学生输出国之一，中国留学生遍布美国、加拿大、澳大利亚、英国、日本、韩国、瑞典、新西兰等国家，在这些国家的外国留学生群体中，中国学生的数量均居首位。然而由于科研环境和薪资待遇差距，有相当一部分高层次科技人才选择留在国外工作或继续深造，在这部分人才中，不乏在各自领域内具有卓越成就和潜力的顶尖科学家和工程师。

科学技术人才流失是我国人才外流问题的重要表现之一。顶端科技人才往往具备广阔的国际视野、丰富的实战经验、卓越的科研能力和强劲的创新潜力，是推动科技进步和产业升级的关键力量，他们的流失会对我国科技创新和经济发展造成不可弥补的深远影响。科技人才流失的同时还伴随着前沿科技成果的流失，这些涉及相关领域核心技术、专利等具有自主知识产权的成果的流失，会对我国科技产业发展造成难以估量的损失，同时又会对我国科技安全造成潜在的威胁。为了应对这一问题，我们需要从多个方面入手，不断完善人才激励政策，包括提高薪酬待遇、改善科研环境和条件、优化评审机制和学术氛围、加强国际交流等，以吸引和留住更多优秀的科技人才，为我国的科技创新和经济发展贡献力量。

3. 具有明显的数字化倾向

随着科技取得突飞猛进的进步，中国现在已成为全球数字经济发展最快的国家之一。截至2023年末，我国数字经济规模已达到53.9万亿元，占GDP比重42.8%。《数字中国发展报告》(2023年)显示，2023年数字中国建设总体呈现发展基础更加夯实、赋能效应更加凸显、数字安全和治理体系更加完善、数字领域国际合作更加深入四方面特点。数字经济保持稳健增长，数字经济核心产业增加值占GDP比重达到10%左右。德勤中国公司发布的《产业数字人才研究与发展报告(2023)》指出，我国当前数字人才总体缺口在2500万至3000万，大量数字化、智能化的岗位涌现，对数字人才的需求与日俱增，特别是人工智能、智能制造、半导体、大数据等相关领域人才需求量激增，人才短缺已经成为制约数字经济发展的重要因素。

近年来，以云计算、大数据、人工智能、物联网、5G等为代表的新兴技术正加速在各行业、各领域中渗透和融合应用，这些技术的快速发展为科技人才提供了广阔的舞台，促使高端科技人才不断向数字化领域聚集。我国明确将数字经济作为未来发展的重点，提出要加快数字化进程，推动传统产业升级和数字化转型，不断培育具有中国特色的数字化全产业链条。这一战略导向为科技人才向数字化领域转型发展提供了强大的政策吸引力。为了提高科技人才的数量和质量，政府不断加大对本土化数字化人才的培养力度，通过设立专项科研基金、建设科研实训基地、举办创新技能大赛等方式，为科技人才提供了更多的学习交流机会。针对海外科技人才，国家也出台了一系列支持政策，加大资金投入力度，完善留学归国人才培养晋升体系，不断优化国内科研环境，以切实的优惠政策吸引海外优秀科技人才回国发展。

7.3 我国各阶段科技人才的共同点

7.3.1 善于学习思考和总结经验

我国古代的科学家在科技创新与探索过程中普遍展现出善于思考和总结经验的特征，这些特征不仅推动了科技的进步，也丰富了中华文化的内涵。古代科技人才如张衡、祖冲之、郭守敬等，都是善于思考与总结的典范。张衡作为东汉时期的杰出科学家，不仅在地震学方面做出重要贡献，还善于从自然现象中发现问题，并通过精密的仪器进行观测和实验，从而得出科学的结论。祖冲之是南北朝时期的数学家和天文学家，他在圆周率的计算上取得了举世瞩目的成就，将圆周率精确到小数点后七位，这一成就的背后是他对前人成果的深入研究和不断思考，以及对数学原理的深刻理解。元朝著名科学家郭守敬在水利、天文、历法、数学等领域均有卓越贡献。他善于总结前人的经验教训，如在水利工程中，他根据地势和历年山洪资料，科学规划渠道宽度，避免了后续灾害的发生。

随着西方科学技术的传入和我国科技体系的建立与完善，近现代科技人才做出了卓越的成就，而这些成就的取得，同样离不开科学家的思考与总结。钱学森作为"中国航天之父"，在航天科技领域取得了举世公认的成就，他善于从国际科技发展趋势中汲取养分，同时结合我国国情进行科技创新，为我国航天事业的发展奠定了坚实基础。2015年获得诺贝尔生理学或医学奖的科学家屠呦呦，带领团队在青蒿素研究中取得了重大突破，为全球疟疾防治工作做出了重要贡献，屠呦呦的研究过程充满了对科学问题的深入思考和对传统医学智慧的总结与提炼。

我国各个历史发展阶段的科技人才在科学技术研究过程中均展现出深入思考与探索、善于总结和提炼的共同特征。无论是古代科学家还是近现代科技人才，他们都善于从复杂现象中发现问题、分析问题，并通过实验和观测来验证自己的假设和理论。在科研过程中，他们注重总结和提炼内在规律，会对每一次实验、每一次观测结果进行深入分析和讨论，从中获取有价值的经验，为后续的科研工作提供指导。随着全球化的深入推进和科技的快速发展，我国科技人才越来越注重开放合作与交流，科技人才积极参与国际科技合作与交流活动，与其他国家和地区的科学家共同研究、分享成果和经验教训。

7.3.2　敢于对既有知识体系进行批判与质疑

从古至今，我国各阶段科技人才在科技创新的征途中，普遍展现出敢于对既有知识体系进行批判与质疑的特征，这种精神是推动科学进步的重要动力，也是我国科技事业不断发展的重要保障。

古代科学体系尚未完善，但科技人才们已经展现出对既有知识的质疑精神。例如，古代医学家们在实践中不断总结经验，对传统的医学理论进行批判性思考，推动了医学的发展；天文学家和数学家也在观测和计算中，对传统的天文历法和数学理论提出了疑问并做出了改进。

到了近现代，随着西方科学技术的传入和我国自身科技体系的建立，科技人才在批判与质疑方面更加活跃。例如，著名核物理学家王淦昌院士在研究基本粒子时，不盲从苏联的权威，大胆怀疑其"发现"的"新粒子"，并通过实验证明了自己的质疑是正确的。这种敢于质疑的精神，不仅体现了王淦昌院士的科学素养，也为我国科技事业的发展树立了榜样。

在当今社会，随着科技的飞速发展和全球化的深入推进，我国科技人才在批判与质疑方面依然保持优良传统，不仅敢于对既有知识体系进行挑战，还能够在实践中不断验证和完善自己的理论。在科研活动中，科技人才不满足于现有的结论和解释，经常会对前人的研究成果进行重新审视和评估，努力寻找新的证据和视角来揭示事物的本质和规律。这种批判与质疑的精神，促使他们在科研道路上不断前行，取得了许多重要的科学发现和技术创新成果。在学术讨论中，科技人才会对不同的观点和理论进行辩论和探讨，他们充分尊重不同的意见和观点，但更重视事实和证据的支持，通过激烈的思想碰撞和观点交锋，他们不断修正和完善自己的理论体系，推动了学术研究的深入发展。

7.3.3　学科交叉背景下跨领域合作常态化

从古至今，我国科技人才在学科交叉背景下开展跨领域合作已成为一种常态，这不仅体现了科技发展的内在规律，也反映出我国科技人才在面对复杂科学问题时所展现出来的智慧。古代学科划分不如现代明确，科技人才在解决实际问题时往往需要进行跨领域合作。例如，在农业、水利、天文、医学等领域，科技人才需要综合运用数学、物理、化学、生物等多学科知识，进行技术创新和发明创造。这种跨领域合作虽然形式简单，但已经初步体现了学科交叉的重要性。

到了近现代，随着科学技术的快速发展和学科体系的不断完善，科技人才跨领域合作愈加频繁和深入。在物理学、化学、生物学等自然科学领域，科技人才通过跨学科研究推动了量子力学、分子生物学等新兴学科的发展；在工程技术领域，多学科交叉融合促进了新技术、新产品的不断涌现。近年来，国家高度重视科技人才培养工作，通过创新创业教育、校企合作、国际合作等方式，培养学生的创新精神和实践能力，提升科技人才的综合素质；积极参与和牵头组织国际大科学计划和工程，如"一带一路"科技创新行动计划等，为科技人才提供了广阔的国际交流平台；吸引海外高层次科技人才回国工作，同时鼓励国内科技人才赴海外学习交流，以拓宽我国科技人才的国际视野并提升其创新能力。这些跨领域合作，不仅促进了科学研究的深入发展，也推动了社会经济的进步。

随着科学技术的不断发展和创新，学科交叉已经成为科学研究的常态，单一学科的知识和方法难以应对复杂的科学问题，因此科技人才需要跨越学科界限开展合作。这种合作不局限于自然科学领域，也涵盖社会科学、人文科学等多个领域。例如，在人工智能、生物医学、环境科学等新兴领域，科技人才需要综合运用计算机科学、数学、物理学、生物学、化学、医学等多个学科的知识和方法，进行跨学科研究和创新。在跨领域合作中，科技人才可以采用多种合作模式，通过组建跨学科研究团队，共同承担科研项目；也可以通过建立跨学科研究中心或实验室，为跨领域合作提供平台和支持；还可以通过参加学术会议、研讨会等活动，加强不同学科之间的交流与合作。这些多样化的合作模式，为科技人才提供了更多的合作机会和更大的选择空间，促进了跨学科研究的深入发展。

7.3.4　承担推动社会进步的公共责任

科技人才始终承担着推动社会进步的公共责任，这些责任不仅体现在科技创新和成果转化上，更深刻地融入在科技人才对社会、经济、文化等多方面的贡献中。在古代，科技人才往往出身于学士、官员等，他们通过发明创造和技术创新，推动农业、手工业等生产领域的进步，提高生产效率和生产质量；利用自己的知识和技能参与国家治理和社会管理，提供公共服务，如水利工程建设、疫病防治等；通过著书立说、教书育人等方式，传承和弘扬中华优秀传统文化，培养后代科技人才。

在近现代时期，随着科学技术的快速发展和学科体系的不断完善，科技人才在推动社会进步中的作用更加凸显，他们不仅关注技术本身的创新和发展，更关注技术对社会、经济、文化等方面的影响和贡献。在近现代，科技人才致力于科学研究和技术创新，推动新技术、新产品的不断涌现和应用，促进产业升级和经济发展；积极参与社会服务和公益事业，如科普教育、环境保护、扶贫济困等，以提高公众科学素养和社会福祉；为政府决策提供科学依据和咨询建议，推动科技政策与经济社会发展相适应。

在现代社会，科学技术人才肩负着推动社会进步的公共责任，其特征愈发显著且具体化。他们不仅致力于技术创新与成果转化，还积极投身于社会治理、文化传承以及国际合作等多个领域。在国家现代化建设背景下，科技人才成为创新驱动发展战略的重要力量，通过技术创新和成果转化，推动经济高质量发展；利用科技手段提高社会治理水平，如智慧城市、智能交通等领域的建设，同时积极参与公共安全事件的应对和处置；在传承和弘扬中华优秀传统文化的基础上，结合现代科技手段进行文化创新，推动文化产业的发展和文化软实力的提升；积极参与国际科技合作与交流，推动全球科技创新体系的形成和发展，共同应对全球性挑战。

无论是古代还是近现代，科技人才在追求个人学术成就的同时，注重将科技成果应用于社会实践，为社会经济发展和人类福祉作出贡献。科技人才始终将创新作为推动社会进步的核心动力，致力于技术创新和成果转化，在享受科技发展成果的同时，也勇于承担推动社会进步、维护公共利益的公共责任。

7.4　我国各阶段科技人才的差异

7.4.1　知识获取途径从封闭到开放

我国科技人才的知识获取途径经历了从封闭到开放的显著变化，这一变化反映了科技进步、社会发展以及信息时代的深刻变革。在古代社会，科技人才主要依赖于家传与师徒制、官方教育与科举制度、民间自学与实践等途径获得有限的知识。这种知识获取途径相对封闭，知识传播范围有限，往往局限于特定的家族或师徒圈子内，知识获取方式主要有阅读古籍、观察自然现象、实验等，效率较低，且知识的准确性和系统性都难以保证。

鸦片战争后，西方科学技术的引入和传播，促使我国科技人才的知识获取途径逐渐开放，呈现多元化的特点。随着新式学堂的兴起和高等教育的发展，学校教育成为科技人才获取知识的主要途径。学校不仅为学生提供系统的课程设置和专业的师资力量，还为学生提供良好的学习环境和完备的实验条件，旨在培养学生的科学素养和创新能力。

近代掀起的留洋风潮，为中国学子走向世界创造了机会，许多优秀的科技人才通过留学海外和参与国际学术交流，接触到世界上先进的科学技术和思想文化，成为中国科技再次腾飞的驱动者。

进入21世纪后，互联网和信息技术飞速发展，使得科技人才的知识获取途径更加开放。科技人才可以通过网络搜索、在线数据库、专业论坛等途径获取海量的科技信息和资源，极大地提高了知识获取的效率和准确性。科技人才可以根据自己的需求和兴趣选择多种知识获取方式，如阅读书籍、参加培训、参与学术交流、利用网络资源等，多样化的知识获取方式有助于他们更全面地了解学科前沿和发展趋势。

我国科技人才知识获取途径经历了从传统的家传制、师徒制到近代的学校教育、留学交流再到现代的网络获取信息的演变，科技人才的知识获取途径不断拓宽，知识传播范围也从少数人的圈子扩展到全社会乃至全球。科技人才知识获取途径的变迁，反映了科技发展的历史进程和社会进步对科技人才培养方式的影响。知识获取途径从封闭到开放的转变，不仅提高了科技人才的知识水平和创新能力，也促进了科学技术的快速发展和社会进步。

7.4.2　科技人才数量和质量得到显著提升

随着历史发展和科学技术进步，科技人才的数量和质量都得到了显著提升。

封建社会，科技人才的发展受到社会制度、经济发展水平和文化背景等多种因素的制约。尽管我国在天文学、数学、医学等领域取得了显著成就，但科技人才的总体数量相对较少，且科技人才多出身于宫廷或知识分子群体，因此科技成果很难应用于普通百姓的日常生活中。古代科技人才的培养主要依赖于家传、师徒制以及官方教育，但这些培养方式效率低下且规模有限，难以满足整体社会对科技人才的需求。

近现代以来，随着西方科学技术的引入和传播，我国开始重视科技人才的培养和发展，特别是中华人民共和国成立后，教育体系不断完善，国家开始重视对学生的科学素养和创新能力，鼓励学生参与科研活动和实践锻炼。为此国家实施了一系列科技人才政策和计划，如"科教兴国"和"人才强国"战略，不断加大对教育和科研的投入，同时完善教育体系和科研体系等，营造了良好的科技人才培养发展环境，为科技人才数量的增加和质量的提升提供了有力保障。

科研投入是科技人才数量增加和质量提升的重要保障。在古代，由于经济条件和技术水平的限制，科研投入相对较少。中华人民共和国成立以后，特别是改革开放以来，我国科研投入逐年增加，为科技研究和创新提供了充足的资金支持，有力推动了科技人才数量的增加和质量的提升。

随着我国教育体系和科研体系的持续完善，以及科研投入的持续增加，科技人才的数量显著增加。以研发人员为例，2023年，我国按折合全时工作量计算的研发人员总量为724万人年，稳居世界首位。在数量增加的同时，我国科技人才的质量也得到了显著提升，一方面，科技人才的学历层次和专业素养不断提高，具有硕士或博士学位的人员占比逐年增加．另一方面，科技人才在科研活动中的贡献不断增多、创新能力不断增强，涌现出一大批具有国际影响力的科技领军人才和青年科技人才。此外，我国还注重优化科技人才队伍结构，加快建设定位清晰、效能增强、梯次合理的战略人才力量。这些措施的实施进一步提升了我国科技人才的整体竞争力，推动了我国科技事业的快速发展和国家综合实力的不断提升。

7.4.3　科技人才培养方式日益完善

发展至今，我国科技人才培养模式经历了漫长的演变过程，这一演变过程不仅反映了社会、经济、文化等多方面的发展，也体现了国家对科技人才重视程度的不断提升。古代科技人才的培养主要依赖于家传和师徒制，即将科技知识和技能代代相传。这种方式虽然能够确保技术的保密性和传承性，但培养规模相对较小、培养效率相对较低，且培养效果往往会受到家族或师傅个人能力和偏好的影响。古代也存在官学和私学两种教育形式，官学由政府主办，主要培养官员和士人，教育内容包含一些自然科学和技术；私学多由民间学者或工匠创办，主要传授创办者擅长的技艺和知识。在古代社会，科技教育并未成为教育体系的主流，科技人才的培养也并未受到足够的重视。

近代以来，随着西方科学技术传入中国，清朝统治者开始兴办新式学堂，引入西方科技教育理念和课程体系。这些学堂不再局限于传授经典儒学，还开设了数学、物理、化学、生物等自然科学课程，为科技人才的培养开辟了新的途径。同时，政府和社会各界也积极鼓励青年学生出国留学，学习西方先进的科学技术和管理经验。这些留学生回国后，成为推动我国科技事业发展的重要力量。

中华人民共和国成立后，逐步建立了完整的高等教育体系，包括本科教育、研究生教育等多个层次。高等教育成为培养科技人才的主要途径，为科技事业的发展提供了源源不断的人才支持。改革开放后，随着经济的发展和社会的进步，我国科技人才培养方式也日益多元化，除了传统的课堂教学外，还注重实践教学、科研训练、国际交流等多种形式的培养。例如，高校与企业、科研院所合作建立联合实验室、实践基地等，为学生提供更广阔的科研平台。我国不断加大对拔尖创新人才的培养力度，通过设立各类人才计划、奖学金、科研项目等，为具有创新潜力和发展前景的青年科技人才创造更好的科研环境和发展空间。此外，我国还注重培养复合型人才，以适应科技创新和经济社会发展的新需求。

古往今来，科技人才是社会发展必不可少的重要力量，是当今大科技发展背景下的脊梁和中坚力量。随着社会发展越来越趋向多元化，对科技人才队伍建设的要求也越来越高。在此背景下，科技人才培养模式更加完善，主要体现在科技人才培养目标多元、培养方式创新、培养体系完善、政策支持加强以及国际合作深化等方面。在当今时代，科技人才的作用愈发凸显，社会对科技人才的需求与日俱增。要从根本上实现我国科技发展从跟跑向并跑、领跑的转变，改变我国在关键核心技术领域长期受制于人的被动局面，必须加快实施新时代人才强国战略，走出一条从人才强到科技强、经济强、国家强的创新发展和民族复兴之路。

第8章

扬与弃：科技人才的
政策与变迁

8.1 我国现行科技人才政策概述

科技人才作为驱动创新发展不可或缺的关键力量，是支撑高水平科技自立自强的核心基石，其数量的多少与质量的高低直接关系到国家创新能力与整体实力的强弱。在全球科技竞争日益激烈的背景下，科技人才政策作为引导和优化科技人才资源配置的关键依据，扮演着至关重要的角色，对于促进科技人才事业的发展具有深远的影响。党的二十大报告强调，将实施更加积极、更加开放、更加有效的人才政策作为新时代科技人才政策体系建设的目标。构建与时俱进的科技人才政策体系，乃是推动国家成为人才强国与实现高水平科技自主发展的关键动力。当前，我国构建了一个多层次、多维度的科技人才政策综合体系，旨在运用多元化的政策措施来推动科技人才队伍建设，增强创新活力。这些政策不仅着眼于提升人才的引入数量与质量，更重视优化人才利用的生态环境，激发人才创新动力。

8.1.1 科技人才政策的概念

科技人才是科技知识的生产者、传播者和科技生产力的转化者，是科技创新的关键因素，是推动国家经济社会发展的重要力量。科技人才政策是国家和各级政府为促进科技人才发展，从而驱动经济、科技、文化等发展而采用的行为准则和制度措施，涉及与科技人才的培养、引进、使用和管理等相关的法律法规、规划计划以及其他规范性文件等制度措施。科技人才政策是科技人力资源开发的重要依据与制度保障，科学、合理、有效的科技人才政策不仅可以优化科技人力资源的配置，而且可以促进科技人力资源的开发，尤其在当前中国市场配置人力资源效率仍有较大提升空间的背景下，科技人才政策对中国科技人力资源的优化配置与高效开发起到重要作用。

综合而言，科技人才政策是指国家机关、政党及相关机构在一定时期内，为了推动科技进步、促进经济社会发展而制定的一系列关于科技人才队伍建设、培养、引进、使用和管理等方面的政策和措施。国家科技人才政策的内容广泛，包括但不限于人才战略规划、人才引进与培养、人才评价与激励、人才流动与配置等。地方人才政策的主要内容包括人才引进、人才培养、创新创业支持、人才服务等。这两者相辅相成，旨在优化科技人才资源配置，提高科技人才的创新能力和竞争力，从而为国家或地区的科技创新和经济发展提供有力的人才保障。

8.1.2 科技人才政策的特点

当前，我国科技人才政策主要通过国家科技人才政策与地方人才政策的制定与执行来加以推进实施。这两项政策共同构成了我国科技人才培养与发展的主体政策框架，为促进我国科技领域的长期繁荣与发展进步奠定了坚实的基础。其中，国家科技人才政策是从宏观层面出发，对全国范围内的科技人才工作进行总体规划和指导。这些政策通常具有战略性、系统性和引导性，旨在清晰界定国家科技人才发展的愿景、职责与策略，为区域及组织层面的个性化人才政策的制定指明路径。地方人才政策是国家科技人才政策的本地化与灵活化表现，旨在针对本地独特的经济社会发展背景、联系地方具体情况及特定人才需求，精心设计并执行的一整套具有高度针对性、实用性、体现地域特色的政策体系。

1. 科技人才政策宏观层面的特点

(1) 战略性

科技人才政策通常具有长期性和全局性，其目标在于为国家或地区的长期繁荣与发展奠定坚实的战略基础。一方面，科技人才政策不是仅为应对当前挑战而制定的权宜之计，而是为提升国家或地区的长远科技实力以及促进整体经济与社会进步而制定的制度保障。这意味着政策制定者需要预见未来的科技发展趋势，提前布局，从而为未来的科技发展奠定坚实的人才基础。另一方面，制定科技人才政策时应从整体出发，不仅聚焦于特定行业或领域的需求，还应全面规划，协调并推动各领域的科技进步。

(2) 系统性

科技人才政策涵盖多个维度与多个环节，属于综合性的政策体系，应能确保各项政策相互协同、相辅相成。同时，该政策体系应具备灵活性，能够根据外部环境的变化适时地进行适应性调整。其一，科技人才政策触及教育、科研、产业及人才流动等多元范畴，需要构筑一个全维度、多级阶梯的政策架构，各项政策之间应相互关联、相互交织，共同驱动科技人才的成长与进步。其二，为了确保各类政策的协同运作与相互支持，科技人才政策体系应具备极高的整合性和协调效能。其三，随着科技的发展和经济社会环境的变化，科技人才政策也应不断调整和优化。政策制定应紧密跟踪科技发展动态及人才迁移态势，适时评估政策效能，及时修订与优化与当前形势不匹配的政策。

(3) 引导性

科技人才政策的引导性体现在以下三个方面。其一，科技人才政策通过明确的发展方向和政策导向，引导科技人才向重点领域和关键环节集聚。这些重点领域与关键环节往往是国家或地区科技战略中的新兴产业，对于促进科技创新与产业转型具有举足轻重的作用。其二，为了吸引和留住优秀的科技人才，科技人才政策通常包含一系列激励措施，如提供优厚的薪资待遇、优质的科研环境以及丰富的职业晋升路径。这些激励策略能够激发科技人才的创新力与创造力，提升他们的工作动力及职业满足感。其三，除了直接的激励措施，科技人才政策侧重于激活市场机制的作用，通过市场竞争和资源配置来优化科技人才结构，具体包括建立公平、透明的人才评价机制与采用市场导向的薪酬体系等，以确保科技人才得到应有的回报与社会认可。

2. 科技人才政策微观层面的特点

(1) 个性化与针对性

根据科技人才的不同需求和特点，应提供个性化的支持和帮助，具体包括：针对不同学科领域的科技人才，应提供专项科研启动资金与实验设备购置的支持，以促进其研究工作的有效开展；针对科技人才在职业发展、学术研究以及创新应用与创业实践中的特定需求，应实施精准且具有针对性的政策措施，以帮助他们有效应对在实际工作中所面临的各种挑战。

(2) 精细化与可操作性

政策内容详尽且具体，包括支持策略、操作指导以及评估准则等关键要素，旨在确保政策得以顺利实施并实现预期效果。基于科技人才的实践经验和政策执行成效，细化的政策应具备一定的灵活性，以便及时修订，从而适应科技人才领域不断演进的需求。

(3) 激励与保障并重

通过提供具有竞争力的薪酬待遇、实施绩效奖金制度以及推行股权激励等激励策略，激发科技人才的创新创造活力。为科技人才提供职业发展机会、提供持续的教育培训与学术交流平台，确保他们在职业生涯中能够稳健发展，并保持创新活力。优化科技人才的工作生态，配置高端的科研设备与基础设施，构建和谐高效的工作环境，旨在提升科技人才的工作效率与创新潜能。

(4) 注重人才发展与价值实现

为科技人才规划个性化的职业发展路径，帮助其明确职业目标和发展方向。搭建创新创业平台、产学研合作平台等，为科技人才提供展示才华和实现价值的舞台。支持科技人才将科研成果转化为新质生产力，推动科技创新与经济社会发展的深度融合。

(5) 促进人才交流与合作

积极倡导并支持科技人才投身于国内外学术交流与合作计划，以期拓宽其学术视野并构建广泛的合作网络。推动高校、科研院所与企业间的产学研协同创新活动，有效推动科研成果在产业领域的实际应用与转化，以丰富科技人才在产业界的实践经验并提升其技能。倡导科技人才团队合作与资源互惠，鼓励科技人才携手应对科研挑战，以促进科技创新的深化与扩展。

8.2　科技人才政策的分类

随着科技人才政策的不断完善和落实，我国科技人才队伍规模不断壮大，结构更加合理，素质显著提高。未来，我国将继续深化科技体制机制改革，优化科技资源配置，激发科技人才创新活力，为实现高水平科技自立自强和建设科技强国提供有力支撑。科技人才政策是一个涉及人才培养、引进、使用、评价等多个方面的综合体系，可以按照目标、手段和领域进行细分，旨在通过一系列政策措施构建良好的科技创新生态和人才发展环境。

8.2.1 按政策目标分类

1. 人才培养政策

人才培养政策旨在提升科技人才的专业技能和创新能力，包括高等教育改革、职业教育发展、继续教育体系完善等方面。其一，支持青年科技人才在国家重大科技任务中"挑大梁""当主角"，提高青年科技人才在科研工作中的参与度和领衔比例。例如，在国家自然科学基金项目中，支持青年科技人才开展原创、前沿、交叉学科问题研究，将资助项目数量占比保持在较高水平。其二，优化高等院校学科设置，加快建设中国特色、世界一流的大学和优势学科。分类推进高校改革，建立科技发展、国家战略需求牵引的学科设置调整机制和人才培养模式。加强职业教育与产业需求的对接，培养数字化转型、先进制造等领域急需的技能人才。其三，深化产教融合，支持企业、高校和科研单位共建创新平台，联合培养复合型和应用型人才。

2. 人才引进政策

人才引进政策旨在通过提供优惠待遇、工作机会和发展平台等方式，吸引国内外优秀科技人才。其一，实施更加积极、更加开放、更加有效的人才政策，完善海外引进人才支持保障机制，形成具有国际竞争力的人才制度体系。其二，拓展海外引才渠道，加大前沿领域紧缺高层次人才的引进力度。其三，建立国际人才数据库，建设人力资源服务产业园区，加强人才国际交流与合作。其四，赋予特定地区(例如浦东新区)为符合条件的外籍人才审核发放外国高端人才确认函权限。其五，为外籍高层次人才提供签证和居留便利，如长期多次入出境有效签证等。

3. 人才使用政策

人才使用政策旨在确保科技人才能够在合适的岗位上发挥最大效用，包括科研项目管理、人才流动机制等。其一，深化人才发展体制机制改革，建立以创新能力、质量、实效、贡献为导向的人才评价体系。其二，完善符合科研活动规律的分类评价体系和考核机制，避免唯论文、唯职称等倾向。其三，注重科研成果的质量和转化效益，打通高校、科研院所和企业人才交流通道。

4. 人才激励政策

人才激励政策旨在通过物质奖励、精神激励等方式，激发科技人才的积极性和创造力。其一，强化人才激励机制，坚持向用人主体授权、为人才松绑。其二，构建与科技创新相适应的科技金融体制，加强对国家重大科技任务和科技型中小企业的金融支持。其三，通过股权、期权、分红等方式使科技人才合理分享创新收益。其四，加大对青年科技人才的稳定支持力度，提高薪酬待遇和科研保障水平。

8.2.2　按政策手段分类

1. 财政支持政策

财政支持政策旨在通过财政拨款、税收优惠等方式支持科技人才发展。例如，加大对科技研发的财政投入力度，支持青年科技人才创新创业。

2. 法规保障政策

法规保障政策旨在制定和完善相关法律法规，以保障科技人才的合法权益。例如，加强科技伦理治理，严肃整治学术不端行为；完善知识产权保护制度，保障科技人才的创新成果。

3. 平台建设政策

平台建设政策旨在建设各类科技创新平台，为科技人才提供科研条件和创新环境。例如，支持高等院校、科研机构与企业联合共建绿色数据中心实验室、实训基地等。

8.2.3　按政策领域分类

1. 基础研究政策

基础研究政策是针对基础研究领域的人才培养和激励机制。例如，支持高层次科技创新领军人才在重大基础研究与业务实践的融合中领衔承担重点攻关任务；科学建立长周期、低频次、差异化的评价考核机制。

2. 应用研究政策

应用研究政策是针对应用研究领域的人才使用和成果转化机制。例如，推动产学研深度融合，支持企业主导或参与国家科技攻关项目；加强科技成果转化机制改革，加快布局建设一批概念验证和中试验证平台。

3. 高新技术产业发展政策

高新技术产业发展政策是针对高新技术产业领域的人才引进和培养政策。例如，支持瞪羚企业、独角兽企业以及专精特新企业发展；鼓励科技型中小企业加大研发投入，提高研发费用加计扣除比例。

除以上政策外，科技人才政策还包括科研环境政策、人才服务政策等。科研环境政策如科研设施建设政策，具体措施有加强科研设施建设，提升科研设备水平，为科技人才提供良好的科研条件；又如科研减负政策，具体措施有持续推进科研减负行动，简化科研管理流程，减少表格填报和经费报销等事务性工作。人才服务政策如生活服务保障政策，具体措施有关注科技人才的生活需求，提供子女入托入学、住房等便利条件，营造宽松和谐的科研文化环境等。

8.3 我国有关科技人才政策的历史回顾

我国科技人才政策的发展历程可以划分为5个关键阶段，这些阶段与政策环境、国家发展战略以及科技人才需求的演变密切相关。在政策调整阶段(1978—1984年)，我国初步恢复了科技人才队伍的活力，为后续的科技人才政策发展奠定了基础；在政策改革阶段(1985—1994年)，我国开始全面推进科技体制改革，有效地促进了科技人才队伍的快速发展和科技创新能力的提升；在政策推进阶段(1995—2002年)，我国相继提出科教兴国战略和人才强国战略，进一步促进了科技人才队伍规模不断扩大、结构不断优化，科技创新能力显著增强；在战略发展阶段(2003—2011年)，随着我国人才强国战略的实施，从国家战略的层面对科技人才政策的制定提出了更为细致的要求，同时科技人才政策体系不断完善，科技人才队伍的整体素质和创新能力也得到进一步提升；在政策升华阶段(2012—2024年)，我国更加重视科技创新和人才发展，提出创新驱动发展战略，科技人才队伍的创新活力和潜力得到进一步激发，为实现高水平科技自立自强和建设世界科技强国提供了有力支撑。

8.3.1 政策调整阶段(1978—1984年)

1978年3月18日至31日，第一次全国科学大会胜利召开，打开了长期禁锢知识分子的桎梏，迎来了科学的春天。大会通过了《1978年至1985年全国科学技术发展规划纲要(草案)》，这是我国第三个科学技术发展长远规划，对国家发展具有十分重要的意义。邓小平在这次大会的讲话中明确指出"现代化的关键是科学技术现代化""知识分子是工人阶级的一部分"，重申了"科学技术是生产力"这一马克思主义基本观点，确立了尊重知识、尊重人才的根本方针。这标志着我国科技人才政策进入了新的发展阶段。当时主要提出了以下措施。

1. 教育和人才培养的恢复与发展

(1) 恢复高考和研究生招生

1977年，国家决定恢复高考，这一举措为广大学子提供了通过知识改变命运的机会，也为国家培养了大量高素质的科技人才。恢复高考不仅恢复了正常的教育秩序，更为后续科技人才的持续供给奠定了坚实的基础。

(2) 留学政策的启动

1978年6月23日，邓小平同志作出了关于扩大派遣出国留学人员的重要指示。这个重要指示是我国留学事业的破冰之举。改革开放之后，教育越来越受到重视，国家利用各种财源筹集留学经费，鼓励公费留学和自费留学。对于公派留学生，教育部、财政部、外交部及国务院颁布了《关于出国留学人员费用划分的规定(试行)》《关于修改出国留学人员获得国外奖学金和资助费用处理办法的请示》等政策，提高留学人员生活补助，允许其自由支配奖学金等，促使科技人员潜心学习国外先进技术，从而更好地开展科技研究工作。1981年，国务院同意了教育部等七个部门《关于自费出国留学的请示》。1984年，国务院发布的《关于自费出国留学的暂行规定》进一步放宽了对自费留学的限制。1986年，国务院发布《国家教育委员会关于出国留学人员工作的若干暂行规定》，使自费出国留学人员与公派留学人员受到同等待遇。1985年，国家取消了"自费出国留学资格审核"，"要坚决大胆放开"的政策取向使得1985年以后自费出国留学的人数迅速增长。多种留学政策法规不仅激发了青年学生出国留学的积极性，为留学教育的持续发展打下了坚实根基，还拓宽了科技人才的国际视野，促进了国内外科技交流与合作。这些留学归来的学者也带回了先进的科技知识和理念，为中国科技事业的快速发展注入了新的活力。

2. 科研管理制度的重建

(1) 恢复科学技术人员的职称

这一举措是对科技工作者专业能力和贡献的认可，有助于激发其工作积极性和创造力。1979年12月，国务院科技干部局发布的《关于做好科技干部技术职称的评定工作的通知》恢复了科技人才的职称资格制度，极大地增强了科技人员的认同感和积极性。1981年4月，中共中央办公厅、国务院办公厅发布的《科学技术干部管理工作试行条例》明确指出，各级领导要尊重科学，积极支持知识分子的合理建议和创造发明。

(2) 建立技术岗位责任制

通过明确岗位职责和考核标准，提高了科研工作的规范性和考核效率，为科研活动的有序开展提供了制度保障。1978年，我国出台了《1978—1985年全国科学技术发展规划纲要》，提出了恢复科学技术人员的职称、建立技术岗位责任制等举措。在《关于做好科技干部技术职称评定工作的通知》中，指出考核评定时不应限制年限和规定晋升比例，也不应由所在单位群众选举或党政领导包办。评定技术职称必须按照规定的标准严格考核。对科技人员的技术评定工作首先从工程技术干部开始。1979年12月10日，国务院颁布了《工程技术干部技术职称暂行规定》，将工程技术干部的技术职称定为高级工程师、工程师、助理工程师、技术员、技师。

总而言之，在改革开放初期，通过恢复技术职称，建立专业技术人才评价机制，并逐渐完善科技人才晋升制度，为科技人才的成长提供了良好的环境与氛围。

(3) 改善工作和生活条件

1981年，国务院科技干部局、国家人事局发布的《关于给专家配备助手的几点意见》，充分考虑了科学技术知识传承以及科研工作团队建设。1983年，国务院发布的《国务院关于高级专家离休退休若干问题的暂行规定》以及1984年中组部、中宣部、劳动人事部、财政部联合发出的《优先提高有突出贡献的中青年科学、技术、管理专家生活待遇的通知》等相关政策，着眼于科技人员的工资、级别、住房、医疗以及两地分居等问题的解决，通过详细的规则制定，满足了科技人员工作及生活的需求。

3. 首开市场招聘之先河

1983年7月，国务院下发《国务院关于科技人员合理流动的若干规定》，提出要有计划、有步骤地促进科技人员按照合理的方向流动。此前，沈阳市在1983年1月已率先建立沈阳市人才服务公司，被认为是"我国第一个人才流动服务机构"。1984年6月6日，全国人才流动咨询中心开业，这是第一个全国性人才交流服务机构。到1984年底，全国大部分省、市都成立了人才流动服务机构。短短两年，各类人才流动服务机构遍及全国，为各类人才牵线搭桥、提供服务，市场配置人才资源的雏形已悄然形成。

政策调整阶段的各项措施有力地推动了中国科技人才政策的恢复与发展，为科技事业的持续发展奠定了坚实的基础。这一时期的政策调整不仅纠正了过去的错误，更重要的是，为未来的科技事业发展指明了方向，开启了中国科技事业蓬勃发展的新篇章。随着改革开放的深入和经济的持续发展，中国科技人才政策将继续完善和优化，为国家的科技进步和经济发展提供坚实的支撑。

8.3.2　政策改革阶段(1985—1994年)

随着改革开放的深入，中国经济体制改革步入快车道，科技人才政策也迎来了一个关键的转型与飞跃时期。这一时期，国家深刻认识到科技人才在推动经济社会发展中的核心作用，于是将科技人才政策从传统的计划经济框架中解脱出来，逐渐展现出市场经济的灵活性和高效性。在这一阶段，我国主要采取了以下两项措施。

1. 实施专业技术职务聘任制

1986年，国务院发布《关于实行专业技术职务聘任制度的规定》。我国首次实行专业技术职务聘任制，其主要内容包括：建立专业技术职务聘任制度，根据实际需要设置专业技术工作岗位，规定明确的职责和任职条件；在定编定员的基础上，确定高、中、初级专业技术职务的合理结构比例；由行政领导在经过评审委员会评定的、符合相应条件的专业技术人员中聘任；有一定的任期，在任职期间领取专业技术职务工资。

1986年，国务院发布《关于促进科技人员合理流动的通知》，打破职务终身制，鼓励采用调动、兼职、借调等多种方式解决科技人才在科研事业单位与企业之间配置失衡的难题。这一制度打破了以往"铁饭碗"的僵化局面，赋予了科技人才更多的自主权和选择权。通过竞争上岗、择优聘任的方式，不仅激发了科技人才的工作热情和创新活力，还有效促进了科技人才在不同领域、不同单位之间的合理流动，实现了科技资源的优化配置。

2. 工资制度的改革与创新

随着改革开放的深入和市场经济的发展，原有的工资制度已经难以适应经济社会发展的需求，工资水平低、分配不公等问题屡屡显露。为了激发国家机关和事业单位工作人员的工作积极性，提高工作效率，推动经济社会发展，中共中央、国务院决定对工资制度进行改革，于1985年发布《关于国家机关和事业单位工作人员工资制度改革问题的通知》。

根据《中共中央关于经济体制改革的决定》的精神，为了增强企业的活力，充分发挥企业和职工的主动性、积极性和创造性，克服企业工资分配中的平均主义、"吃大锅饭"的弊病，使企业职工的工资同企业经济效益挂钩，更好地贯彻按劳分配的原则，促进生产的发展和职工生活水平的提高，加速社会主义现代化建设，中共中央、国务院于1985年发布了《国务院关于国营企业工资改革问题的通知》，将科技人才的报酬与其实际贡献紧密挂钩。这一改革不仅体现了"按劳分配、多劳多得"的公平原则，更激发了科技人才投身科研工作的积极性和创造力。

此后，国家通过设立科研奖励、绩效提成等多种形式的激励机制，鼓励科技人才勇攀科技高峰，为我国科技进步贡献智慧和力量。

政策改革阶段的各项措施不仅在当时产生了显著成效，更对我国科技人才政策的未来发展产生了深远影响，不仅推动了科技人才管理体制的创新和完善，而且为我国科技事业的蓬勃发展注入了新的动力和活力。在这一时期之后，我国科技人才政策继续朝着更加开放、更加灵活、更加高效的方向发展，为构建创新型国家和世界科技强国提供了坚实的人才保障。

8.3.3 政策推进阶段(1995—2002年)

在这一阶段，我国科技政策的发展主要体现在以下几个方面。

1. 科教兴国战略的提出与深化

科教兴国战略的理论基础来源于邓小平提出的"科学技术是第一生产力"的重要论断。党中央领导集体高度重视科技进步在推动社会主义现代化中的关键作用。经过几年的探索实践，1995年5月6日，中共中央、国务院发布了《关于加速科学技术进步的决定》，首次提出在全国实施科教兴国战略。同月，为全面部署落实这一决定，中共中央、国务院在北京召开全国科学技术大会。江泽民在会上阐释了科教兴国战略的内涵："科教兴国，是指全面落实科学技术是第一生产力的思想，坚持教育为本，把科技和教育摆在经济社会发展的重要位置，增强国家的科技实力及向现实生产力转化的能力，提高全民族的科技文化素质，把经济建设转移到依靠科技进步和提高劳动者素质的轨道上来，加速实现国家繁荣强盛。"2002年，中共中央、国务院发布了《2002—2005年全国人才队伍建设规划纲要》，以"三个代表"重要思想为指导，从战略和全局的高度，深刻认识人才在经济和社会发展中的基础性、战略性、决定性作用，深刻认识实施人才强国战略的紧迫性，深刻认识人才工作的极端重要性，旨在通过培养和引进高素质科技人才，增强国家的科技竞争力和创新能力。

2. 科技体制改革的深化

2002年，中共中央、国务院发布《国务院关于"九五"期间深化科学技术体制改革的决定》。深化科技体制改革的主要目标是全面贯彻科学技术是第一生产力的思想，进一步落实经济建设必须依靠科学技术、科学技术工作必须面向经济建设和努力攀登科学技术高峰的方针，具体措施包括：稳住一支高水平的科研队伍，开发高技术成果，实现产业化，特别是要用于大中型企业的产业结构调整和技术改造；切实稳住和办好一批重点基础性研究机构，加强基础研究基地和基础设施建设，使一批精干的优秀科技人才从事基础性研究工作并做好青年人才的培养工作；支持基础性科研机构与高等学校实行科研人员双向流动、相互兼职；坚持科研、教学和人才培养工作有机结合，做到优势互补、相互促进。

3. 科技奖励制度的改革

1999年，科技部发布《科学技术奖励制度改革方案》，为提升国家科学技术奖励的庄严性和权威性，设立国家最高科学技术奖，授予在当代科学技术前沿取得重大突破或者在科学技术发展中有卓越建树的科学技术工作者。同年，调整国家自然科学奖、国家技术发明奖、国家科学技术进步奖和中华人民共和国国际科学技术合作奖的奖项设置、奖励力度、评价标准和评审办法等，使其更加科学、公正、权威。越来越多的优秀科技成果和科研人员获得了应有的荣誉和奖励，这不仅激发了广大科研人员的创新热情和积极性，也推动了我国科技事业的持续健康发展。

4. 科技成果的转化与产业化

为了促进科技成果的转化和产业化，我国出台了一系列法规。1996年10月1日，《中华人民共和国促进科技成果转化法》正式实施，为科技成果转化提供了法律保障。该法明确了科技成果转化的定义、原则、管理方式以及各方权益，为科技成果的转化和应用创造了良好的法治环境。在这一背景下，大多数研究开发机构直接进入市场，加速科技成果转化，大幅度提高社会生产力和经济效益。推动科技成果的产业化进程，提高我国科技产业的竞争力和创新能力。

8.3.4　战略发展阶段(2003—2011年)

进入21世纪，随着全球化的加速和科技竞争的日益激烈，我国科技人才政策进入了战略发展阶段。在这一时期，国家深刻认识到科技人才对于创新驱动发展战略的关键作用，主要采取了以下措施。

1. 人才强国战略的深化实施

2003年，中共中央、国务院发布《关于进一步加强人才工作的决定》，提出新世纪新阶段人才工作的根本任务是实施人才强国战略。第一，经济全球化不断深入，科技进步日新月异，人才资源已成为最重要的战略资源，国家明确提出人才强国战略，并围绕这一战略制定了一系列加强科技人才队伍建设的政策措施。第二，切实加强高层次人才队伍建设，实施国家高层次人才培养工程，制定符合我国国情和国际化要求的培养规划，针对不同特点，实行分类培养，不断推进制度创新，形成有利于高层次人才成长的机制和环境。第三，加大吸引留学和海外高层次人才工作力度，坚持以我为主、按需引进、突出重点、讲求实效的方针，积极引进海外人才和智力。第四，加强和改进国家重要人才安全工作，高度重视和充分信任国家重要人才。通过立法维护国家重要人才安全，有效防止重要人才流失。

2010年，党的十七大提出《国家中长期人才发展规划纲要(2010—2020年)》。我国人才发展的指导方针是服务发展、人才优先、以用为本、创新机制、高端引领、整体开发。发展目标是围绕提高自主创新能力、建设创新型国家，以高层次创新型科技人才为重点，努力造就一批世界水平的科学家、科技领军人才、工程师和高水平创新团队，注重培养一线创新人才和青年科技人才，建设宏大的创新型科技人才队伍。通过改进完善人才工作管理体制，创新人才工作机制，推进重大人才工程建设和完善相关重大政策，例如实施产学研合作培养创新人才政策、实施有利于科技人才潜心研究创新的政策、实施推进党政人才和企业经营管理人才以及专业技术人才合理流动的政策、实施促进人才发展的公共服务政策和实施知识产权保护政策等，为国家的科技进步和经济发展提供有力的人才保障。

2. 岗位聘任管理改革的推进

2003年，中共中央、国务院发布《关于进一步加强人才工作的决定》，以推行聘用制和岗位管理制度为重点，深化事业单位人事制度改革，旨在促使优秀人才脱颖而出，充分施展才能。具体措施包括：按照政事职责分开、单位自主用人、个人自主择业、政府依法监管的要求，建立符合各类事业单位特点的用人制度；推行聘用制和岗位管理制度，促进由固定用人向合同用人、由身份管理向岗位管理转变；研究制定事业单位人事管理条例，规范按需设岗、竞聘上岗、以岗定酬、合同管理等管理环节，逐步实现人员能进能出、职务能上能下、待遇能高能低。

3. 自主创新发展战略

2006年，中共中央、国务院发布了《关于实施科技规划纲要 增强自主创新能力的决定》，正式将自主创新提上国家战略议程。我国提出自主创新战略后，国务院印发《关于印发实施〈国家中长期科学和技术发展规划纲要(2006—2020年)〉若干配套政策的通知》《关于企业实行自主创新激励分配制度的若干意见》《关于动员和组织广大科技工作者为建设创新型国家作出新贡献的若干意见》等文件，强调科技发展不仅要面向经济建设，发挥实际应用作用，更要有创新意识、自主意识。我国将科技战略目标由"科技进步"转向"科技创新"。

综上所述，在战略发展阶段，我国科技人才政策在系统化、科学化方面取得了显著进展。科技人才政策更加注重系统性和科学性，旨在构建一个高效、开放、协同的科技人才发展体系。

8.3.5 政策升华阶段(2012—2024年)

自党的十八大以来，我国科技人才政策迈入了政策升华阶段。在这一阶段，科技人才政策的显著特征是深入贯彻创新驱动发展战略，以高水平科技自立自强为目标，全面推动科技人才政策的创新性和实效性。2024年，中共中央发布《中共中央关于进一步全面深化改革 推进中国式现代化的决定》，提出教育、科技、人才是中国式现代化的基础性、战略性支撑，必须深入实施科教兴国战略、人才强国战略、创新驱动发展战略，统筹推进教育科技人才体制机制一体改革，健全新型举国体制，提升国家创新体系整体效能。在这一阶段，主要采取以下措施。

1. 强化基础学科人才教育与培养

2023年，习近平总书记指出："要优化基础学科建设布局，支持重点学科、新兴学科、冷门学科和薄弱学科发展，推进学科交叉融合和跨学科研究，构筑全面均衡发展的高质量学科体系。"这些重要论述为基础学科建设和人才培养指明了前进方向，提供了根本遵循。2018年，教育部发布了《关于加快建设高水平本科教育 全面提高人才培养能力的意见》，持续开展了"强基计划""基础学科拔尖学生培养计划2.0""双万计划"等，本科阶段的基础学科人才培养得到了全面加强。2023年，教育部启动建设数理化生国家高层次人才培养中心，构筑基础学科高层次拔尖人才自主培养"母机"，开启了"三位一体"培养基础学科高层次拔尖人才的新途径，初步形成了本硕博一体化的基础学科人才培养架构体系。国家高度重视基础学科教育，推动学科体系和教学体系的深度改革。通过优化课程设置，加强基础理论研究，培养具有扎实基础知识和创新思维的基础学科人才。

2. 建立科技需求导向的人才培养机制

2023年，习近平总书记在全国科技大会、国家科学技术奖励大会和中国科学院第二十一次院士大会、中国工程院第十七次院士大会上强调："科技创新靠人才，人才培养靠教育，教育、科技、人才内在一致、相互支撑。要增强系统观念，深化教育科技人才体制机制一体改革，完善科教协同育人机制，加快培养造就一支规模宏大、结构合理、素质优良的创新型人才队伍。当前，我国人才培养与科技创新供需不匹配的结构性矛盾比较突出。要坚持以科技创新需求为牵引，优化高等学校学科设置，创新人才培养模式，切实提高人才自主培养水平和质量。要把加快建设国家战略人才力量作为重中之重，着力培养造就战略科学家、一流科技领军人才和创新团队，着力培养造就卓越工程师、大国工匠、高技能人才。要突出加强青年科技人才培养，对他们充分信任、放手使用、精心引导、热忱关怀，促使更多青年拔尖人才脱颖而出。要实行更加积极、更加开放、更加有效的人才政策，加快形成具有国际竞争力的人才制度体系，构筑汇聚全球智慧资源的创新高地。"

3. 深化科技人才评价与激励体制机制改革

2022年，科技部等八部门联合印发《关于开展科技人才评价改革试点的工作方案》，提出以知识价值创造为导向，不断优化科技人才评价机制；建立多元化、多维度的评价体系，注重科研成果的质量、影响力和创新性。科技人才评价是人才发展的基础性制度和深化科技体制改革的重要内容，对培育高水平科技人才队伍、产出高质量科研成果、营造良好创新环境至关重要。党中央、国务院高度重视科技人才评价工作，对分类健全评价标准、改进创新评价方式、加快推进重点领域评价改革、健全完善评价管理制度、推进"三评"(项目评审、人才评价、机构评估)改革等作出系统部署，旨在提高评价的客观性和公正性。

2023年，中共中央办公厅、国务院办公厅印发了《关于完善科技激励机制的意见》，旨在进一步完善科技激励机制，优化创新环境，激发创新活力，为实现科技自立自强、建成科技强国的奋斗目标汇聚科技界强大力量。

习近平总书记在中国共产党第十九届中央委员会第五次全体会议上强调："激发人才创新活力，完善科技创新体制机制。"完善科技创新体制机制，能够最大限度地激发科技、人才、创新的巨大潜能，为全面建设社会主义现代化国家提供基础性、战略性支撑。在实践中，可以通过提高科研人员薪酬待遇、完善股权激励、设立科研奖励等措施，激发科研人员的创新活力。同时，加大对优秀科研成果和团队的奖励力度，营造崇尚创新、尊重人才的社会氛围。

4. 全力支持青年科技人才

2023年，为深入贯彻党的二十大精神，落实中央人才工作会议部署，全方位培养和用好青年科技人才，中共中央办公厅、国务院办公厅于8月27日印发了《关于进一步加强青年科技人才培养和使用的若干措施》，提出在科研项目分配中，提高青年科技人才的占比，为他们提供更多展示才华的机会和平台；鼓励青年科技人才独立承担科研项目，培养其独立科研能力和创新精神；加大对青年科技人才的科研经费支持力度，确保他们有充足的资源开展研究工作；优化经费使用机制，提高经费使用效率，确保科研工作的顺利进行。

我国科技人才政策在创新驱动发展战略的引领下，实现了从理念到实践的全面升级，促使我国科技人才队伍的整体素质和创新能力得到了显著提升，为高水平科技自立自强和高质量发展提供了有力的人才保障。

8.4　传统科技人才政策存在的问题

8.4.1　传统科技人才受体制机制束缚

党的二十届三中全会通过的《中共中央关于进一步全面深化改革、推进中国式现代化的决定》提出，教育、科技、人才是中国式现代化的基础性、战略性支撑。必须深入实施科教兴国战略、人才强国战略、创新驱动发展战略，统筹推进教育科技人才体制机制一体改革，健全新型举国体制，提升国家创新体系整体效能。

十八大以来，我国科技创新人才数量和质量都在不断提升，科技创新人才竞争力不断提高，但在科技创新人才队伍建设上还存在诸多不足，突出表现为科技创新人才有效供给不足。习近平总书记在中国科学院第十九次院士大会、中国工程院第十四次院士大会上中提出："我国人才发展体制机制还不完善，激发人才创新创造活力的激励机制还不健全，顶尖人才和团队比较缺乏。"我国传统科技人才体制机制束缚具体表现在以下几个方面。

1. 单一的评价标准和独立的管理体制

(1) 人才选拔过程中往往采用单一的评价标准

从传统上看，评价科技人才的标准往往侧重于文凭、学历和职称等硬性指标。这种标准虽然在一定程度上保证了人才的基本素质，但也可能忽视了实际能力、创新潜力和工作业绩等其他重要方面。随着科技的快速发展和创新需求的日益增长，单一的评价标准已经难以全面、准确地反映科技人才的综合素质和潜力。这种单一的评价标准不仅限制了科研人员的创新活力，还导致了科研活动的功利化和短视化。

(2) 管理体制相对独立

科技人才的管理体制体现出中央和地方在科技人才管理方面的合作与协调不足，不同系统、不同领域之间的科技人才管理体制相对独立，缺乏统一的规划和协调。同时，各系统领域之间的壁垒也可能阻碍人才的流动和交流，影响科技创新的跨领域合作和协同。

2. 科技人才培养机制滞后

(1) 传统的教育模式滞后

传统的人才培养模式往往以课堂教学为主导，过于注重知识的传授和基础理论的灌输，而忽视了实践能力和创新思维的培养。这种教育模式在一定程度上导致理论与实践的脱节，使得科技人才在面对实际问题时缺乏解决能力。

(2) 人才结构不合理

传统的科技人才培养机制往往侧重于培养基础研究型人才，而忽视了应用研究型人才和复合型人才的培养。这种人才结构的不合理在一定程度上制约了科技创新的发展，导致科技成果难以有效转化为实际生产力。

3. 科技人才评价激励机制不完善

习近平总书记在中国科学院第十九次院士大会、中国工程院第十四次院士大会中提出："我国高水平创新人才仍然不足，特别是科技领军人才匮乏。人才评价制度不合理，唯论文、唯职称、唯学历的现象仍然严重，名目繁多的评审评价让科技工作者应接不暇，人才'帽子'满天飞，人才管理制度还不适应科技创新要求、不符合科技创新规律。要创新人才评价机制，建立健全以创新能力、质量、贡献为导向的科技人才评价体系，形成并实施有利于科技人才潜心研究和创新的评价制度。要注重个人评价和团队评价相结合，尊重和认可团队所有参与者的实际贡献。要完善科技奖励制度，让优秀科技创新人才得到合理回报，释放各类人才创新活力。要通过改革，改变以静态评价结果给人才贴上'永久牌'标签的做法，改变片面将论文、专利、资金数量作为人才评价标准的做法，不能让繁文缛节把科学家的手脚捆死了，不能让无穷的报表和审批把科学家的精力耽误了！"因此，应强化人才评价机制，坚持向用人主体授权、为人才松绑，建立以创新能力、质量、实效、贡献为导向的人才发展体系，为人才成长营造良好的环境。

8.4.2 传统科技人才政策体系不完善

1. 科技人才政策系统性不足

(1) 政策制定缺乏协同

在政策制定过程中，不同部门往往各自为政，导致政策内容之间缺乏协同和衔接，出现"政出多门""政策打架"等现象。这种碎片化的政策制定方式不仅降低了政策的整体效果，还可能给科技人才带来困扰和不便。

(2) 政策体系不完善

部分地区的科技人才政策存在"重引轻用"的问题，即过于注重引进人才而忽视了对已有人才的培养和使用。同时，政策体系缺乏配套的落地措施，导致政策难以有效实施。

(3) 政策执行力度不一

各地区经济发展水平、产业结构、人才资源等条件存在差异，导致科技人才政策在执行力度上存在差异。一些经济发达地区和重点产业领域可能具有投入更多的资源和精力来执行科技人才政策的能力，而一些经济欠发达地区和传统产业领域则可能因资源有限而难以有效执行相关政策。这种执行力度的不一致不仅影响了政策效果的发挥，还可能加剧地区之间的人才竞争和资源分配不均等问题。

2. 科技人才政策精准性不高

(1) 忽视差异性

第一，基础研究、应用研究和试验发展等不同类型的研究活动，需要不同的资助方式、考核方式、发展环境和发展条件，因此需要不同的支撑政策。然而，当前的科技人才政策往往未能充分考虑这些差异，导致政策"一刀切"，无法满足不同类别研究的实际需求。

第二，战略科技人才、科技领军人才、卓越工程师和青年科技人才等不同层次的人才，其发展所需政策条件存在较大区别。然而，当前的科技人才政策还未有效建立针对各层次科技人才差异性需求的支撑体系，导致政策效果大打折扣。

第三，不同领域的科技发展具有不同的特点和需求，需要有针对性的政策支持。然而，当前的科技人才政策往往未能充分考虑这些领域差异，导致政策在实施过程中难以精准对接实际需求。

第四，不同类型的单位(如高校、科研院所、企业等)在科技人才队伍建设方面也具有不同的需求和特点。然而，当前的科技人才政策往往未能充分考虑这些单位差异，导致政策在实施过程中难以充分发挥作用。

第五，处于不同发展阶段的区域对科技人才的需求也存在较大差异。然而，部分地区尚未全面考虑自身产业发展的特点以及对科技人才的多样化需求，导致科技人才配置不够精准高效。

(2) 缺乏前瞻性

当前科技人才政策对科技与产业发展的前瞻性不强，导致高水平科技人才供给与人才需求尚未精准匹配。这在一定程度上制约了科技创新和产业发展的步伐。具体来说，政策未能充分考虑未来科技和产业的发展趋势，导致在人才培养、引进和使用方面存在滞后性。

3. 科技人才政策联动性不强

(1) 各部门之间缺乏协同

在政策制定和执行过程中，不同部门之间往往缺乏有效的沟通和协调，导致政策内容之间缺乏协同和衔接。这种部门间的壁垒使政策资源难以形成合力，政策效果大打折扣。

(2) 科教融合不足

高等教育与科研管理政策之间的联动性不强，导致研究生招生制度、学科设置机制、学科评估机制、科研考核机制和职称评审导向等体制机制存在制约科教深度融合的情况。

(3) 政策配套不足

科技人才政策与其他相关政策之间的配套性不足，如与科技创新政策、产业发展政策、人才流动政策等之间的衔接不够紧密。这在一定程度上削弱了科技人才政策的整体效果。

(4) 科技人才政策的制定未能充分考虑产业发展的实际需求

政策可能过于注重理论研究而忽视实际应用，无法满足企业对实用型科技人才的需要，同时政策可能未能及时跟进新兴产业的发展趋势，导致在新兴产业领域出现人才短缺和政策空白。

8.5 科技人才政策的守正创新

8.5.1 守正：传承传统科技人才政策优势

在快速发展的科技时代，虽然创新与变革是推动科技进步的关键力量，但坚守并传承传统科技人才政策的优势同样至关重要。自改革开放以来，我国出台的各类国家级科技人才相关政策已经超过600条，并呈现螺旋式上升的基本态势。这些传统政策不仅蕴含丰富的历史智慧，还为现行的科技人才发展打下了坚实的基础并积累了宝贵的经验。

1. 传承传统科技人才教育与培养政策优势

第九届全国人民代表大会批准通过的《国民经济和社会发展第十个五年计划纲要》(2001年)指出，要将吸引、培养和用好人才作为战略任务，培养数以千万计具有创新能力和创新精神的专业人才。中共中央、国务院先后发布《国家中长期科学和技术发展规划纲要》(2006年)、《国家中长期人才发展规划纲要》(2010年)、《国家中长期教育改革和发展规划纲要》(2010年)和《关于深化科技体制改革 加快国家创新体系建设的意见》(2012年)等系列政策文件，为我国今后较长时间内的科学技术发展和科技人才队伍建设指明了总体发展方向。深入实施新时代人才强国战略，全方位培养、引进、用好人才，加快建设世界重要人才中心和创新高地，为2035年基本实现社会主义现代化提供人才支撑，为2050年全面建成社会主义现代化强国打好人才基础。

传统教育模式注重基础知识的扎实掌握和思维能力的培养，为科技人才奠定了坚实的学科基础。在现代科技教育中应传承这些教育培养政策优势，继续强化基础教育，优化课程体系，注重理论与实践相结合，鼓励学生参与科研项目和实践活动，提升科技人才解决实际问题的能力。

2. 传承传统科技人才使用与聚集政策优势

传统政策在人才使用上强调人尽其才、才尽其用，通过合理的岗位配置和团队协作，实现科技人才资源的优化配置。

其一，最初提出的"知识分子是工人阶级的一部分"政策，旨在合理安排人才资源，解决改革开放初期人才紧缺的问题。此后，持续提出的"科学技术是第一生产力，人才是推动社会经济发展和科技进步的重要源泉""人才资源是第一资源""人才是科技发展的根本，是科技创新的关键"和"创新驱动实质上是人才驱动"等人才目标，不仅明确了人才在国家发展中的重要地位，还进一步推动了科技人才的使用和聚集。这些政策导向促使社会各界更加重视科技人才的价值，通过设立各类科研项目、创新平台和研发机构，为科技人才提供广阔的发展空间和施展才华的舞台。

其二，为科研人员松绑减负。国家出台一系列的项目及基金管理办法，并进一步优化科技计划项目管理，规范经费使用，为建设创新型国家提供人才支撑，鼓励科技人才积极开展科研工作。特别是十八大以来，在创新驱动发展战略的引导下，支持科技人才开展创新创业活动。

其三，积极促进人才合理流动以引导科技人才服务企业、服务基层等，促进区域协同发展。在现代科技人才管理中，要继续优化人才使用机制，完善人才流动政策，促进科技人才的合理流动和有效聚集，为科技创新提供强大的人才支撑。

3. 传承传统科技人才激励与引导政策优势

科技人才潜能的发挥及其积极性的激发，需要依托完善的激励机制，以构建优良的创新生态系统。只有在良好的氛围和灵活的评价机制下，给人才成长提供足够的空间，才能使各类人才都能有效发挥才能。

自改革开放以来，我国人才激励方式逐渐完善。

其一，建立起科技奖励制度，科技人员的工资待遇问题开始受到关注。

其二，在科技成果转化和知识产权管理方面出台相关政策，激发科技人才参与科技创新活动的积极性，这也使科技成果转化激励逐渐成为人才激励的重要组成部分。

其三，实施股权激励制度，建立长期激励制度，进一步完善人才激励政策体系。

传统激励政策通过物质奖励、精神激励等多种方式，激发了科技人才的创新热情和创造力。同时，通过政策引导，鼓励科技人才面向国家重大需求和国际科技前沿开展研究。在现代科技人才激励与引导中，要继续完善激励机制，建立科学合理的评价体系和奖励制度，同时加强政策引导，鼓励科技人才投身国家重大科技项目和国际科技合作，为科技进步和国家发展贡献力量。

4. 传承传统科技人才管理与服务政策优势

在党的领导下，我国科技人才政策始终坚持党管人才原则，确保人才工作沿着正确的方向前进，为国家和人民的利益服务。传统管理服务模式注重为科技人才提供全方位、个性化的服务，包括科研条件保障、生活环境改善、职业发展规划等方面。

在科研条件保障方面，为科技人才提供充足的科研经费支持，包括项目资助、实验室建设、仪器设备购置等。与此同时，科研平台的类型日益丰富，通丰富平台建设和发展的类型，能够为科技人才开展科研工作提供资源保障。赋予科技人才在科研活动中的自主权，允许他们自主选题、自主组建团队、自主决定研究方向和技术路线，以激发他们的创新活力。

在生活环境改善方面，为科技人才提供住房保障政策，如提供人才公寓、购房补贴等，解决他们的住房问题。为科技人才的子女提供优先入学、教育补贴等优惠政策，确保他们的子女能够接受良好的教育。

在职业发展规划方面，通过推进科研机构人事制度和管理体制改革、扩大科研机构自主权等一系列举措，为科技人才提供明确的职业路径规划和发展方向，帮助他们制定个人职业发展规划。同时建立公平、公正、公开的晋升机制，为科技人才提供晋升空间和发展机会，帮助他们实现个人价值和社会价值的统一。

这些服务模式提升了科技人才的归属感和满意度，提高了他们的工作积极性和创造力。在现代科技人才管理与服务中，要继续坚持以人为本的理念，加强服务体系建设，提高服务质量和服务效率，为科技人才提供更加便捷、高效、贴心的服务。

8.5.2 创新：满足科技人才发展需要

在科技人才政策中，创新是满足科技人才持续发展需求、推动科技进步和产业升级的关键驱动力。我国科技人才政策初步建立并实施后，会逐步形成自我强化的自然惯性，同时会在未来的政策制定与实施中积极应对时代变迁和科技发展的新要求，不断对政策进行内涵与外延的扩充和完善，以保持其活力和适应性。

1. 推进教育、科技、人才"三位一体"协同融合发展

第一，推进教育科技人才事业发展，必须坚持目标导向和问题导向相结合，抓住重点、攻克难点。要全面深入贯彻落实习近平总书记提出的明确要求，坚持以科技创新需求为牵引，优化高等学校学科设置，创新人才培养模式，切实提高人才自主培养水平和质量。

第二，高校要充分发挥创新资源聚集、基础研究深厚、交叉平台广布的优势，以国家战略需求为导向，以前沿科技发展为引领，以学校学科优势为基础，开展集成性、系统性的组织科研攻关。把加快建设国家战略人才力量作为重中之重，着力造就战略科学家、一流科技领军人才和创新团队，着力培养卓越工程师、大国工匠、高技能人才。

第三，全方位培养和用好青年科技人才。中共中央办公厅、国务院办公厅印发的《关于进一步加强青年科技人才培养和使用的若干措施》(2023年)强调，要突出加强青年科技人才培养，对他们充分信任、放手使用、精心引导、热忱关怀，促使更多青年拔尖人才脱颖而出。通过设立青年科技人才支持计划、建设青年科学家创新团队等措施，为青年科技人才提供更多的资助和扶持，激发他们的创新热情和创造活力。

2. 构建适应新质生产力的科技人才体系

习近平总书记在中共中央政治局第十一次集体学习时强调：2021年9月，习近平总书记在中央人才工作会议上指出："要按照发展新质生产力要求，畅通教育、科技、人才的良性循环，完善人才培养、引进、使用、合理流动的工作机制。要根据科技发展新趋势，优化高等学校学科设置、人才培养模式，为发展新质生产力、推动高质量发展培养急需人才。"基于此，营造科技人才良性发展的生态环境尤为必要。

第一，要完善科技人才评价和考核机制，充分激发人才的创新活力和创造潜能，鼓励、引导科技人才敢于开拓创新、担当重任，推动高等院校和科研院所的考核评价机制与产业化发展的核心需求合理匹配，营造"尊重人才、成就人才"的良好生态环境。

第二，要完善人才培养使用、合理流动的工作机制，优化长效激励机制，为人才成长和发展提供宽松环境和广阔空间。

第三，要全面创造良好的创新创业环境，激发科技人才创新活力，围绕重点核心技术攻关领域，依托重大项目组建专项科研团队，给予充分科研自主权与经费管理。

第四，要加大对承担前瞻性、战略性、基础性等重点科技任务的人才激励力度，重视以知识价值、能力和创造为导向的收入分配政策，探索实行弹性工资和绩效工资等薪酬激励方式，做好培养人才、吸引人才、留住人才的全链条保障，以人才可持续发展模式建设科技人才队伍。

综上所述，现行科技人才政策在守正创新方面取得了显著成效，既传承了传统政策优势，又根据科技发展需要进行了创新和发展。未来，我国将继续完善科技人才政策体系，为科技创新和科技进步提供更加有力的人才保障和支持。

第9章

质与效：科技人才的
质量与效益

9.1 科技人才质量的内涵与衡量标准

9.1.1 科技人才质量的内涵

习近平总书记在党的二十大报告中强调："加快建设国家战略人才力量，努力培养造就更多大师、战略科学家、一流科技领军人才和创新团队、青年科技人才、卓越工程师、大国工匠、高技能人才。"要实现高水平科技自立自强，归根结底要靠高水平创新人才。提升科技人才质量是推动高质量发展的战略基石，对于构建现代化经济体系、增强国家核心竞争力具有重大意义。科技人才作为创新驱动发展战略的核心要素，其质量的高低直接关系到国家科技进步速度的快慢、产业升级深化程度的高低以及国际竞争力的强弱。以下，我们将从人才培养质量、人才招聘质量、人才创新能力及人才生态环境质量四个维度，深入剖析科技人才质量的内涵。

1. 人才培养质量是人才建设的坚实基础

人才培养质量是科技人才质量提升的基石，人才培养贯穿于人才发展的全生命周期。在我国高质量发展的背景下，在前期培养阶段，人才培养应更加注重系统性、前瞻性和实践性。教育体系不仅要传授扎实的专业知识与技能，更要培养学生的创新思维、批判性思考能力和跨学科融合能力。此外，对于已引进的科技人才，后期的持续培养与发展也同样至关重要。

2. 人才招聘质量是汇聚人才精英的保障

人才招聘是构建高素质科技人才队伍的关键环节。随着全球科技竞争的加剧，吸引并留住顶尖科技人才成为各国竞相追逐的目标。在招聘过程中，应注重考察候选人的专业技能、科研潜力、团队协作能力及职业道德，确保引进的每一名科技人才都能成为推动科技进步和行业发展的中坚力量。这就要求招聘管理人员具备很强的观察能力、思考能力和沟通能力。首先，需要熟悉公司业务；其次，要有较强的沟通能力；最后，要善于作人员与岗位的匹配分析。招聘管理人员应能在部门标准化的招聘流程中识别优质的科技人才，找到能力与岗位匹配的科技人才，从而有效提升招聘效率。此外，还应通过优化引才政策、改善工作环境、提供有竞争力的薪酬待遇和职业发展机会等措施，增强对优秀科技人才的吸引力。

3. 人才创新能力是人才驱动发展的引擎

在社会发展进程中，科技人才的创新能力起到了催化剂的作用。科技人才质量主要体现为创新能力。在高质量发展的背景下，加强科技人才的创新能力尤为关键。科技人才不仅应具备深入的专业学识，还应具备对事物敏锐的洞察力、强烈的求知欲望和持续的探究热情。因此，我们应该鼓励科技专家主动监测国际前沿的科技发展动向；鼓励科技人才负责国家关键科技项目，以解决"卡脖子"问题，实现技术突破，从而提高创新能力。同时，我们在创新活动中也要展现出对失败的宽容，鼓励科技人才勇敢尝试和探索，为科技创新创造一个舒适的环境。

4. 人才生态环境质量是优化人才成长的土壤

科技人才的生态环境质量，是影响其整体素质提高的关键环节。一个健康的生态环境能够有效吸引并保留优秀的科技人才，促使他们释放内在能力。为了创建公正、开放、包罗万象且团队协作的科技创新生态，政府、公司及所有社会部门需要齐心协力。政府应增加对科技创新的资金支持，完善相关的科技创新策略，为科技人才提供稳固的制度支撑；公司应致力于加强内部管理体制建设，营造一种积极向上的企业文化氛围，为科技人才创造更为开放的成长环境和优越的职业氛围；各社会部门应热切投入科技创新的行动之中，努力培育尊崇知识、尊重才华并支持创新的优良文化。

由此可见，科技人才的质量是一个全方位、多角度的概念，它包括人才的培育、招募、创新以及生态环境等各个方面。在我国追求高质量发展的时代背景下，只有全面提升科技人才质量，才能不断推进科技飞速发展、推动产业转型升级以及增强国际竞争力。

9.1.2 科技人才质量的衡量标准

1. 关于人才培养质量的评价

(1) 建立完整的知识结构

通过建立一个完整的知识结构来评估科技人才是否拥有坚实的专业知识基础，以及是否能够实现跨学科整合，然后以此为基础构建一个系统化的知识体系。实践能力是科技人才将理论知识成功转换为实际应用技能的核心要素。因此，在进行评估时，我们应当重视人才是否拥有出色的实际操作技能、问题解决能力以及团队合作精神。企业有能力通过校企合作、建立实训基地等多种途径，为科技人才提供实际操作和锻炼的机会。当我们深入研究科技人才的培养质量时，一个核心关注点是如何超越单一的量化标准，从一个更全面和前瞻的角度来评估科技人才培养质量的整体效果。

(2) 引入潜能情境测试

潜能情境测试(situational judgment test of potential，SJTP)作为一个关键工具，对于科技人才评价尤其重要。SJTP不仅聚焦于科技人才当前的能力表现，更重视其在未来各阶段的表现，为科技人才的长期发展规划奠定了坚实的基础。

在培养项目的初期阶段，SJTP的自我认知模块是科技人才自我评估的有效工具，有助于他们清晰地认识自身优势与待发展领域。通过培养项目前后的SJTP测试对比，我们能够以数据为基础，客观评价每位科技人才的成长与进步，以及培养项目的实际效果。

这种量化评估方法不仅能增强评价的科学性与客观性，也能为持续优化培养方案提供有力支持。在领导力发展及职业规划的培训中，SJTP同样扮演着重要角色，它能助力科技人才发现个人优势、挖掘潜在能力，从而制定出更加符合个人特点与职业愿景的发展规划。

2. 关于人才招聘质量的评价

在招聘过程中，应关注以下几个方面。

第一，考虑专业技能的匹配度。例如，企业需要有较强实践操作能力、有一定科研素养和良好职业道德的科技人才，就必须注重对应聘者专业技能方面的考核。

第二，在招聘过程中，应依据职位的具体需求，对应聘者的专业知识、技术能力和研究成果进行全面评估，以确保其与职位的实际需求高度一致。人才评价标准应该全面和客观，注重应聘者综合素质的提升。

第三，需要在人才测评过程中引入心理测量技术，以提高测评结果的可靠性。除了对应聘者的专业技能给予关注，还应当重视他们的多方面素质，如创新思维、强烈的责任感、团队合作精神以及有效的沟通技巧等，根据应聘者的个人情况及工作业绩制订相应的培训计划。

第四，要对拟引进的科技人才进行全面发展潜力评估。招聘时应关注应聘者的成长潜力和发展空间，评估其是否具备持续学习和自我提升的能力。同时该组织的人力资源部门在招聘过程中，应注重人才结构的优化，确保引进的人才在年龄、性别、学科背景等方面保持合理比例，形成多元化的人才队伍。

3. 关于人才创新能力的评价

评价科技人才质量的关键因素在于其创新能力。在衡量科技人才的创新能力时，应关注以下两个方面。

第一，对科研成果的产出进行深入评估，特别是要考虑到科技人才在科研中所取得的科研成果的数量、质量以及影响力，如论文的发布、专利的申请和成果的实际应用等方面。

第二，个体的创新潜力。这种潜力不仅可以从一个人身上体现出来，从团队的协作中也可以展现出来。应关注科技人才在团队中的作用和贡献，包括带领其所在团队开展科研项目、培养青年科研人员等。

4. 关于人才生态环境质量的评价

习近平总书记在《深入实施新时代人才强国战略 加快建设世界重要人才中心和创新高地》中强调："必须破除人才培养、使用、评价、服务、支持、激励等方面的体制机制障碍，破除'四唯'现象，向用人主体授权，为人才松绑，把我国制度优势转化为人才优势、科技竞争优势，加快形成有利于人才成长的培养机制、有利于人尽其才的使用机制、有利于人才各展其能的激励机制、有利于人才脱颖而出的竞争机制，把人才从科研管理的各种形式主义、官僚主义的束缚中解放出来。"为了持续提升科技人才生态环境，还应做好以下几个方面。

第一，政府应继续完善健全的、有利于科技人才发展的政策措施，这些政策措施应体现公平、公正、开放和包容的原则。

第二，聘用单位应为科技人才提供优良的工作环境，包括先进的科研设施、充足的科研经费、宽松的科研氛围等，旨在激发科技人才的创新活力。

第三，一个组织的文化环境是影响科技人才归属感和认同感的重要因素，因此应构建积极向上的组织文化环境。

第四，生活环境的好坏直接关系到科技人才的幸福感和根本的生活质量，因此应关注科技人才在住房、医疗、教育等方面的需求，为他们提供舒适的生活条件。

在探讨科技人才质量的衡量标准时，我们深刻认识到这一领域的研究尚显不足，研究多注重科技投入产出的效率评价，而忽视科技人才的质量评价，因此应构建一个全面、多维且动态的综合评价体系。这一体系不仅有助于准确评估科技人才的质量，还能为科技人才的培养、引进和使用提供科学依据，从而推动科技事业的持续发展。

9.2　科技人才效益的内涵与衡量标准

9.2.1　科技人才效益的内涵

党的二十大报告着重强调："加强企业主导的产学研深度融合，强化目标导向，提高科技成果转化和产业化水平。"通过明确的目标导向，可以确保科研活动能够迅速响应市场需求，为经济社会发展注入强劲动力。在我国高质量发展的战略蓝图下，科技人才作为创新体系的核心力量，其效益的展现尤为关键。科技人才成果的有效转化不仅是科技创新的终极目标，也是衡量科技人才价值的重要尺度。这一过程不仅直接关联经济效益的提升，而且能在更深层次上提升社会效益、增值效益乃至促进更广泛领域的变革，深刻体现了科技人才效益的丰富内涵。

1. 成果转化与经济效益

党的二十大报告指出："高质量发展是全面建设社会主义现代化国家的首要任务。发展是党执政兴国的第一要务。"2022年4月11日，甘肃省召开十三届省政府第168次常务会议，会议提出，努力产出更多高质量的科技成果，走出一条特色化、差异化的创新之路，推动五链融合，大力促进科技成果转化为更多的现实生产力，推动经济社会高质量发展。科技人才通过深入研究与探索，能够创造出具有潜力的新技术和新产品。这些成果的成功转化为现实生产力，能推动产业升级，增强企业竞争力，带来显著的经济效益。这不仅能直接促进经济增长，还能增加就业岗位，为经济社会的持续健康发展注入强劲动力。

2. 社会效益的广泛辐射

我国科技人才大多集中在高校和科研院所。在科技成果转化的进程中，政府职能部门需要对科技研究成果与市场需求的融合给予高度重视，促进科技研发与市场实际需求的精准对接，以确保科技人才所产出的科技成果能够有效应对社会所面临的重大挑战，如医疗、教育资源分配、环境保护等。正确匹配社会需求，加快社会问题的解决速度与拓宽社会问题的解决路径，不仅可以提升人民群众的满意度，而且可以促进社会的和谐稳定，提高社会的整体福祉。此外，科技成果的普及与应用，还能够激发全民的创新热情，培育创新文化，为社会的长远发展奠定坚实基础。

3. 增值效益与综合影响

科技人才成果转化的增值效益体现在多个方面。

第一，它有助于知识、技术和信息的传播与共享，能够加快科技进步的步伐，为后续的科技创新提供丰富的资源和积累丰富的经验。

第二，科技人才成果转化过程中的合作与交流，能够促进产学研用的深度融合，从而形成一个更为开放和协同的创新生态系统。

第三，我国科技成果在国际舞台上的应用，可以提升我国在全球科技竞争中的地位和影响力，这对我国参与全球治理和构筑人类命运共同体具有重要的支持性作用。

综上所述，科技人才效益的内涵远不止于单纯的经济效益、社会效益或增值效益，科技人才效益是一个以成果转化为核心，涵盖经济、社会、文化、生态等多维度的综合效益体系。在这一体系中，科技人才通过持续创新与探索，将先进的科技研究成果转化为实际应用中强劲的生产力，从而助推经济社会全面进步，进而实现个人与社会双重价值的增值。因此，科技人才效益可以定义为科技人才在创新过程中产生的全方位和多层次的综合效益。科技人才效益对于我国实现高质量发展是至关重要的。

9.2.2　科技人才效益的衡量标准

1. 经济效益指标

科技人才的科技产出的直接经济效益体现为市场价值的实现，具体包括技术转让、许可、作价入股等方式带来的合同数量和金额，以及科技成果在企业应用后带来的利润增长、生产效率提升等。经济效益指标可以直观反映科技人才在推动科技成果转化过程中的贡献。

2. 社会效益指标

科技人才的成果转化不仅关乎经济效益，还涉及社会福祉的提升。例如，《北京市促进科技成果转化条例》对高校及科研机构的社会服务贡献进行了多维度评估，重点考查科技成果在科技安全、人民生命健康、生态环保及公益领域的转化成效，包括转化数量与金额，以全面反映科技成果的社会价值。此外，在衡量北京市各区域承接并应用科技成果所产生的社会效益时，同样引入了精细化的评价标准，这些标准聚焦于科技安全巩固、生命健康提升、生态环境优化以及广泛的社会公益进步等多个方面。通过评估转化成果的数量及所带来的经济与社会效益，可以深入揭示科技力量在应对社会重大挑战、提升人民群众生活质量层面所发挥的不可或缺的作用。此举不仅有助于精准把握科技成果的转化效能，也为政策制定与优化提供了坚实的数据支撑。

3. 持续创新能力指标

科技人才的创新能力是科技成果转化的重要支撑。因此，在评价科技人才效益时，还应关注其创新能力指标，如专利申请数、论文发表数、参与科研项目数等。这些指标能够反映科技人才在科研活动中的活跃度和创新能力，科技人才在提高这些指标的同时，也能为科技成果转化提供持续动力。

4. 人才梯队建设指标

科技人才效益不仅体现在当前的成果转化上，而且体现在其持续创新的能力和对未来科技发展的贡献上。因此，在评估科技人才效益时，还应关注科技人才的持续创新能力以及其在人才培养和梯队建设方面的贡献，具体包括科技人才在科技活动中的持续产出、对年轻科技人才的指导和培养以及所在团队或机构的人才结构和成长潜力等。此外，为了克服大多数高校及科研机构在技术转移过程中面临的技术转移机构人员配备少、资金缺乏等问题，政府应明确规定所有由政府资助或管理的高校及科研机构，必须构建并执行一套完善的科技成果转化管理制度。设立专门的成果转化部门或指定专职人员，负责科技成果的全面管理工作，包括成果登记、价值分析、转化方案拟定等工作。例如，《北京市促进科技成果转化条例》就明确了高校和科研院所具有加强成果转化队伍建设的义务。

在评估科技人才效益时，单纯依赖效益考核体系中冷冰冰的数字打分与排序，往往难以全面捕捉并准确衡量科技人才工作成果背后的深层次价值。科技人才的贡献，尤其是科技人才的创新成果，其价值往往需要经过市场的检验与使用者的反馈方能充分显现，这一过程往往超越短期的时间框架，即时数据难以全面反映其真实效益。因此，若仅依据短期内可量化的考核指标对科技人才效益进行评判，难免导致评估结果的偏颇与不合理。

鉴于此，衡量科技人才效益应当采用更为多元化、更具前瞻性的标准体系，既要考虑可量化的成果指标，如专利数量、项目完成度等，也要重视那些难以直接量化但同样重要的因素，如技术创新的市场潜力、使用者满意度、团队协作能力等。在这个过程中，需要由专门的指标统计机构或技术管理团队加强对各指标的规范，尤其是对指标填报过程中的随意性加以管理规范，形成一套上下统一的数据系统和相应的管理制度，以平衡主观判断与客观数据指标的影响，减少单一维度评估可能带来的偏见与不公。通过这样的衡量标准，不仅能更全面地反映科技人才的实际贡献与价值，还能激发科技人才的创新潜能，为组织的长期发展奠定坚实的人才基础。

9.3 提升科技人才质量与效益的现实需要

9.3.1 高质量发展对科技人才质量与效益的总体要求

党的二十届三中全会审议通过的《中共中央关于进一步全面深化改革 推进中国式现代化的决定》提出："教育、科技、人才是中国式现代化的基础性、战略性支撑。"在我国高质量发展的过程中，科技人才作为核心驱动力，其质量与效益的提升被置于前所未有的战略高度。这一要求不仅聚焦于科技人才个体能力的提升，更深层次地强调了科技人才队伍整体效能与协同机制的优化与重塑，以适应并引领高质量发展的时代需求。高质量发展强调创新驱动、质量第一、效益优先，这就要求科技人才必须具备卓越的创新能力和深厚的专业素养，能够持续产出高质量、高价值的科研成果。同时，科技人才的产出效益也需要更加注重质量而非数量，更加注重长期效益而非短期利益。此外，高质量发展还强调科技人才队伍的协同发展，要求构建一个结构均衡、优势互补且能够凝聚创新力量的高层次人才梯队，需要注重团队成员间的协同与互补，以形成强大的创新合力。

高质量发展对科技人才质量与效益的总体要求，既是对科技人才个人发展的鞭策，也是对科技人才队伍整体建设的指引。只有全面提升科技人才的质量与效益，才能为我国高质量发展提供坚实的支撑和强大的动力。

9.3.2 实施创新驱动发展战略对科技人才质量与效益的新需求

实施创新驱动发展战略对提升科技人才质量与效益提出了迫切需求。科技人才不仅要具备扎实的专业知识基础，而且要拥有卓越的创新能力，不断突破技术瓶颈以推动我国科技创新。同时，效益导向也尤为重要，它也关系到科技人才能否高速、高效地转化科研成果，这对推动我国高质量发展整体进程具有不可忽视的深远影响。在此背景下，提升科技人才质量与效益成为实现创新驱动发展的关键环节。通过培养高素质、创新型科技人才，并激励他们持续发挥创造力和创造效益，能为国家的创新发展提供源源不断的动力。

9.3.3 推进产业转型升级对科技人才质量与效益的新需求

随着全球经济结构的深刻调整，产业转型升级已成为各国经济发展的必然选择。其中科技人才质量与效益的高低成为决定转型升级成功与否的重要因素。在推动产业转型升级的进程中，科技人才被赋予更高的要求，他们不仅需要具备坚实稳固的专业技能作为基石，而且需要具备敏锐捕捉市场动向的感知力，拥有预见性的战略规划思维，以及跨领域整合创新的能力，以全面适应并引领产业升级的新趋势。高质量科技人才能够引领技术创新，推动传统产业向数智化、绿色化方向发展，并促进新兴产业的培育与壮大。同时，高质量科技人才集聚所带来的信息共享效应会降低信息交流成本、增强知识溢出效应，从而提高科技人才的区域创新能力，进而潜移默化地对产业结构升级产生促进作用。

以广西壮族自治区产业转型政策部署经验为例，为了精准驱动产业转型升级、因地制宜发展新质生产力，2024年，广西壮族自治区政府深入贯彻产业高质量发展的核心理念，致力于构建一套集约且高效的产业创新生态系统，紧密围绕"产业出题、科技答题"的原则，精准定位并全力攻克重点产业领域内的关键核心技术瓶颈。通过实施科技重大专项计划，精准对接经济发展的核心战场，旨在攻克一系列行业内的技术难题，着力弥补关键技术装备领域的不足，以此加速传统产业的转型升级步伐。同时，该计划还积极促进战略性新兴产业的孵化与培育，通过技术创新引领未来产业发展方向。这一系列举措将促进重大创新产品的涌现，推动产业升级与经济效益提升。总体而言，广西的系列战略部署响应了产业转型升级的迫切需求，更深刻地体现了对科技人才质量与效益提升的新时代要求。

9.3.4 促进区域协调发展对科技人才质量与效益的新需求

区域协调发展是国家整体发展战略的重要组成部分。在推进区域协调发展的过程中，科技人才作为创新要素的核心，其质量与效益直接影响到区域创新能力的提升和经济发展的均衡性。不同区域因资源禀赋、产业结构、政策环境等差异，对科技人才的需求也各不相同，凸显不同的特色。因此，在提升科技人才质量与效益时，需要针对不同区域的发展需求，制定差异化的人才政策，引导科技人才合理流动，促进各区域间科技创新资源的优化配置。同时，加强区域间科技合作与交流，共同培养具有跨区域协作能力的科技人才，可以为区域协调发展提供有力的人才支撑。

9.3.5 实现社会善治对科技人才质量与效益的新需求

社会善治是现代国家治理的重要目标，它强调政府、市场、社会等多元主体协同融入治理过程，通过强化彼此间的合作与互动，旨在增进与保障公共利益，从而推动社会的和谐与进步。科技人才作为社会治理创新的重要力量，其质量与效益直接关系到社会治理的效能和水平。高质量的科技人才能够运用先进的信息技术、大数据分析等手段，提高社会治理的智能化、精细化水平，提升公共服务效率和质量。同时，科技人才还应肩负起社会责任、牢记使命，积极投身于各类公益事业中，为构建和谐社会添砖加瓦，贡献其独特的智慧与力量。可见，提升科技人才质量与效益，还需要注重培养其社会责任感和创新能力，引导其将科技成果应用于社会治理领域，推动社会善治的实现。

9.3.6 参与国际竞争对科技人才质量与效益的新需求

在全球化日益深入的今天，国际竞争不仅仅局限于经济、军事等传统领域，已经扩展到科技、文化、教育等多个方面。作为国际竞争的重要参与者，我国必须拥有一支高素质、高效益的科技人才队伍，以应对日益激烈的国际竞争。参与国际竞争要求科技人才具备国际化的视野和竞争力，能够紧跟世界科技前沿，参与国际科技合作与交流，共同应对全球性挑战。因此，提升科技人才质量与效益，需要强化国际化人才培养机制，加强与国际顶尖科研机构和企业的合作与交流，为科技人才提供更多国际交流与实践的机会，将其培养成为具有国际竞争力的优秀人才。

9.4 提升科技人才质量与效益的耦合机制分析

9.4.1 科技人才质量与效益的耦合机制

科技人才质量与效益的耦合机制，是指两者之间相互依存、相互促进的紧密关系。这种耦合机制体现在以下两个方面。

1. 高质量的科技人才是产生高效益的前提和基础

科技人才拥有深厚的专业知识、卓越的创新能力以及敏锐的市场洞察力，能够持续产出具有创新性和竞争力的科技成果，从而产生更大范围的社会效益与经济效益等。

2. 效益的增长为科技人才质量的进一步提升提供了物质基础和动力源泉

良好的科研环境、充足的资金支持以及广泛的合作机会，都能够激发科技人才的创新热情，促进其不断学习和成长，进而形成质量与效益的双向良性循环。

9.4.2 质量提升对效益增长的促进机制

质量提升对效益增长的促进机制是耦合机制中的关键一环。具体而言，科技人才质量提升主要通过以下几个途径促进效益增长。

1. 提高科研成果的创新性和实用性

高质量的科技人才能够深入探索科学前沿，攻克技术难题，产出具有自主知识产权的原创性成果，这些成果往往具有较高的市场价值和广阔的应用前景，能够直接转化为经济效益。2023年6月，浙江省开发了全国首个"成果转移转化"人工智能大模型。该系统全面整合了全国范围主要科研机构、高等院校及杭州内所有高新技术企业的海量信息数据，实现了企业需求与技术供给之间的高效、精准对接。此模型的启用，不仅极大地提升了科研成果从理论到实践的转化效率，还促进了技术资源的优化配置与市场的快速响应，为区域乃至全国的经济增长注入了新的活力与动力。

2. 优化科研资源配置

随着科技人才质量的提升，科技人才在进行科研活动时的决策和管理能力也将随之增强，这将有助于更加高效地分配和利用科研资源，避免资源的浪费和重复建设，从而提高科研的效率和效益。

3. 优化科研流程与团队协作

优化科研流程与团队协作是科研管理质量提升的具体表现。随着科技人才质量的提升，科技人才在项目管理、团队协作和沟通协调等方面的专业能力也将得到明显增强。这有助于构建更加高效、有序的科研流程，进一步促进团队内部的密切协作和知识共享，从而提升科研成果的产出效率。

9.4.3 效益增长对质量优化的反馈机制

效益增长对质量优化的反馈机制是耦合机制中的另一重要方面。效益增长不仅是科技人才质量提升的直接回报，更是促进科技人才质量进一步优化的重要动力。具体而言，效益增长通过以下几个途径对科技人才质量优化产生反馈作用。

1. 提供物质保障和激励

经济效益的增长使得为科技人才提供更好的科研条件和生活待遇成为可能，这样能够激发他们的创新活力和工作热情，从而吸引更多优秀人才投身科研工作，形成人才聚集效应。

2. 促进知识更新和技能提升

随着效益的增长，科研机构和企业有更多的资金用于人才培养和引进，可通过组织培训、学术交流等方式促进科技人才的知识更新和技能提升，保持其在科技领域的领先地位。中共中央办公厅、国务院办公厅发布的《关于进一步加强青年科技人才培养和使用的若干措施》明确指出："国家重大科技任务、关键核心技术攻关和应急科技攻关大胆使用青年科技人才，40岁以下青年科技人才担任项目(课题)负责人和骨干的比例原则上不低于50%。"这一政策的实施有效促进了科技人才知识体系的持续更新与专业技能的显著提升，从而形成一种良性的循环机制。这一过程是对党的二十大精神及中央人才工作会议要求的积极响应，能够确保科技人才在快速变化的技术前沿中保持竞争力，从而推动我国整体科技实力的增强与科技人才质量的持续优化。

3. 推动科研管理和制度创新

效益的增长促使科研机构和企业不断探索更加科学、高效的科研管理和制度创新模式，为科技人才提供更加灵活、开放的科研环境，激发他们的创新潜能和创造力，从而推动科技人才质量的持续优化。

总结而言，科技人才质量与效益的耦合机制是推动科技进步和社会经济发展的核心动力。这一机制不仅强调了质量提升对效益增强的促进作用，也揭示了效益增长对质量优化的积极反馈效应。两者相互依存、相辅相成，共同构成了一个动态平衡、持续优化的系统。

9.5　高质量发展下科技人才提质增效的策略

在当今全球科技竞争日益激烈的背景下，高质量发展已成为推动国家经济社会持续进步的关键引擎。科技人才作为创新驱动发展战略的核心要素，其质量与效率的提升将能直接促进国家科技创新能力的增强和社会经济发展质量的提升。本节围绕健全科技人才培养体系、优化科技人才激励机制、促进科技人才产学研紧密融合、营造包容科技人才创新文化、注重科技人才国际交流合作、健全科技人才流动机制六个方面展开论述，探索并实施一系列有效策略，旨在构建一个系统、协同、高效的科技人才发展生态，以促进科技人才在高质量发展中提质增效。

9.5.1　健全科技人才培养体系：筑基固本，激发潜能

健全科技人才培养体系是实现科技人才提质增效的基础工程，它要求从教育体系改革、实践平台搭建、终身学习机制构建等多个维度入手，全方位提升科技人才的综合素质与创新能力。

1. 深化教育体系改革，对接产业需求

优化高等教育布局，建立科技发展、国家战略需求牵引的学科设置调整机制和人才培养模式，紧密对接国家重大战略需求和产业发展趋势，优化学科专业设置，强化基础学

科、交叉学科和新兴学科的建设，培养具备扎实理论基础、创新思维和实践能力的复合型科技人才。同时，鼓励高校与企业、科研机构合作建立联合培养科技人才基地，通过"双导师制"、项目合作等方式，让学生在真实科研环境中学习并成长，缩短从理论到实践的转化路径。

2. 加快实践平台搭建，提升创新能力

搭建多层次、多样化的科技人才实践平台，可以为科技人才在实践锻炼中成长、不断提升创新能力提供有效路径。政府应加大对科研基地、创新实验室等平台的支持力度，为科技人才提供充足的科研资源和实验条件。同时，推动科研项目与产业发展深度融合，鼓励科技人才参与重大科技专项、企业技术难题攻关等实践活动，通过解决实际问题提升创新能力。

3. 促进终身学习机制构建，适应时代变革

实施"强基计划"和基础学科拔尖人才培养计划，持续推进卓越工程师教育培养改革，强化科技教育和人文教育协同，有的放矢地培养国家战略人才和急需紧缺人才。加速推进教育数字化转型，构建学习型社会与学习型大国，遵循"人人皆学、处处能学、时时可学"的核心理念，加强教育资源共享平台建设。充分利用各类新兴技术，以拓宽科技人才的学习渠道。此外，还需进一步完善国家开放大学体系，加强老年大学建设，并加速推进国家数字大学的建设进程，从而全面促进全民终身学习机制的构建，为学习型社会与学习型大国的实现奠定坚实基础，从而保持知识结构的先进性和竞争力。

9.5.2　优化科技人才激励机制：激发活力，释放潜能

当前，我国仍存在产学研用融合不畅及成果转化服务专业化水平不高等问题，这些问题显著影响了科技成果的有效转移与转化进程。深入分析这些问题的根源，关键在于转移转化人员激励机制的缺失，具体表现为收益分配机制未能充分契合科技人才的职业特性与贡献价值，进而制约了科技人才的专业潜能与积极性。因此，应优化收益分配模式，使之更加贴合转移转化人员的实际贡献与工作特性。持续优化科技人才激励机制是提升科技人才工作效率和创新动力的关键。国务院颁布的《实施〈中华人民共和国促进科技成果转化法〉若干规定》指出，针对在科研开发与成果转化过程中发挥核心作用的个体，应确保从转化收益的总体奖励中划拨出不低于50%的份额，对其贡献给予奖励。该规定不仅体现了对个体努力的尊重，而且细化了针对兼任领导职务的科技人才参与成果转化的奖励机制，明确了其分享转化效益的具体途径与形式，有效避免了角色冲突下的激励空白。

上述规定虽然为科技成果转化领域的激励机制构建奠定了坚实的基础，但尚需进一步深化与完善，我们有必要构思并构建一套全方位、系统化且极具吸引力的激励机制框架。此框架旨在全面激活科技人才的内在动力，不仅要激发他们的创新思维与探索热情，而且

要深入挖掘并释放其潜在的科研能力与成果转化效能。这就要求我们不仅关注物质层面的奖励与回报，更要注重精神层面的激励与认可。应通过建立健全科研成果转化收益分配制度，让科技人才能够直接分享创新成果带来的经济收益，从而激发其创新动力。还应加强对科技人才职业发展的规划与支持，提供广阔的成长空间和多元的晋升渠道，让科技人才能在实现个人价值的同时，为国家和社会的进步贡献力量。此外，可通过表彰先进、树立典型等方式，提升科技人才的社会地位和声望，进一步增强其对创新工作的荣誉感和归属感。这些宏观层面的举措相互交织、共同作用，将为科技人才的持续成长与创新提供不竭的动力源泉。

9.5.3 促进产学研科技人才紧密融合：协同创新，共谋发展

促进产学研科技人才紧密融合是推动科技成果快速转化和产业化的重要途径。通过加强产学研合作机制建设、搭建协同创新平台等措施，可以实现科技资源的高效整合和优势互补。

1. 加强产学研合作机制建设

加强产学研合作机制建设的核心是建立健全产学研合作机制和政策体系，通过出台激励性政策措施，鼓励和支持高校、科研机构与企业建立长期稳定的合作关系，共同开展技术研发、科技人才培养和科技人才成果转化等工作。同时，建立产学研合作信息服务平台和项目对接机制，促进供需双方的有效对接和深度合作。

2. 搭建协同创新平台

围绕国家战略需求和产业发展趋势，搭建多层次、多领域的协同创新平台。比如，可以建设一批高水平的科研创新平台、产业技术创新联盟和科技成果转化中心等机构和组织。这些平台应成为产学研各方共同开展技术研发、成果孵化和产业化的重要载体和支撑力量。

9.5.4 营造包容科技人才创新文化：激发潜能，鼓励试错

《合肥市系统推进全面创新改革试验实施方案》(皖全创改〔2016〕2号)强调，要建立容错机制，弘扬创新文化，大力倡导敢为人先、宽容失败的风尚。可见创新文化的培育是科技人才发展的灵魂。营造一种深刻包容、鼓励尝试与试错的创新文化，是激发科技人才内在潜能、促进其持续突破的关键。这种文化不仅是外在环境的塑造，更是内在精神与价值观的深刻体现。具有包容性的创新文化，能够激发科技人才的创造力，鼓励他们勇于探索未知领域，敢于挑战传统思维观念。

1. 树立创新为荣的价值导向

首先，要在全社会范围内树立创新为荣的价值导向，让创新成为推动社会进步和个人发展的重要动力。其次，通过宣传表彰在科技创新中作出突出贡献的个人和团队，树立创新榜样，激发广大科技人才的创新热情和积极性。最后，加强创新教育和创新思维的培养，培养学生的好奇心、拓展其想象力，并发展批判性思考技能，从而为科技创新领域持续输送具备潜质的未来人才。

2. 构建开放包容的科研氛围

要构建开放包容的科研氛围，就要鼓励不同学科、不同领域之间的交叉融合与协同创新。首先，科研机构和高校应打破学科壁垒，建立跨学科的研究团队和平台，促进知识共享和思维碰撞。其次，应尊重科研人员的个性和差异，鼓励自由探索和独立思考，为科研人员提供宽松的研究环境和充分的自主权。最后，应建立健全科研伦理和诚信体系，保障科研活动的公正性和规范性。

3. 强化失败容忍与容错机制

要强化失败容忍与容错机制，让科技人才在创新过程中敢于尝试、敢于失败。作为一项复杂的有机系统工程，科技创新容错机制的运作涉及多个要素，包括主体、程序以及结果的应用。创新往往伴随着风险和不确定性，因此需要对失败持宽容态度，将其视为通往成功的必经之路。首先，政府和企业宜设立专项基金或项目，为创新失败提供资金支持和后续研究机会，以减轻科研人员的心理负担和经济压力。其次，应加强对科技产出失败案例的分析和总结，以从中汲取经验教训，为未来的创新活动提供借鉴和参考。

9.5.5　注重科技人才国际交流与合作：拓宽视野，共享资源

在全球化日益加深的今天，国际交流与合作已成为科技人才发展的重要途径。科技人才通过与国际同行的交流与合作，可以拓宽国际视野，了解国际前沿动态，共享全球科技资源，有助于提升科研水平，从而提升国家的科技创新能力。

1. 加强国际合作平台建设

通过加强国际合作平台建设，为科技人才提供广泛的交流与合作机遇。首先，政府和企业应积极参与国际科技组织活动及项目，建立双边或多边的科技合作机制，推动科技人才在国际舞台上的交流与合作。其次，应支持国内科研机构和高校与国外知名机构建立联合实验室、研究中心等合作平台，促进科研资源的共享和优势互补。

2. 推动人才国际化培养

通过推动人才国际化培养，提升科技人才的国际竞争力。首先，实施"走出去"和

"引进来"相结合的人才战略，鼓励国内科技人才到国外知名高校、科研机构和企业学习深造或参与工作实践，以拓宽他们的国际化视野，提升他们的跨文化交流能力。其次，应积极引进海外高层次科技人才和团队，为我国的科技创新注入新鲜血液和活力。

3. 促进国际科技项目合作

通过促进国际科技项目的合作与研发，共同应对全球性科技挑战。首先，围绕各类全球性问题，加强与国际伙伴的合作与交流，共同开展科技研发和技术攻关。其次，通过联合申报国际科技项目、共建科研设施、共享科研成果等方式，实现全球科技资源的最优配置与高效整合利用，以促进全球科技合作的深化与发展。

9.5.6　健全科技人才流动机制：优化配置，激发活力

在推动高质量发展的过程中，完善科技人才流动机制也是至关重要的一环。人才流动的成本构成比较复杂，一方面是直接成本，涵盖从科技人才离开原组织(无论是出于自愿还是非自愿)到该组织成功替换该人才期间所产生的全部费用。这些费用既包括招聘、培训新员工的有形成本，也涉及因人才流失导致的项目延误、知识流失等无形成本。另一方面是间接成本，体现为人才若不发生流动时可创造的价值。这些潜在价值可能包括持续的技术创新、项目推进的加速、团队稳定性的增强等，对于组织的长远发展和竞争力具有不可估量的影响。

为了优化科技人才配置，激发创新活力，应建立健全科技人才流动机制。可以通过完善人才流动政策体系、搭建人才流动服务平台和加强人才流动监管与评估，减少非必要的人才流动偏差，从而降低人才流动的直接成本，同时最大化地保留和利用人才的间接价值，为高质量发展提供坚实的人才支撑。

1. 完善人才流动政策体系

为了实现科技人才间的知识流动和区域间的协同创新，首先，政府部门需要出台科技人才流动的权益保障、待遇安排、职称评审等方面的政策规定，构建可持续的人才发展生态环境。其次，宜简化审批程序，提高服务效率，为科技人才的流动提供便捷、高效的政务服务。最后，应加强与周边省市和海外高校及科研院所的合作与交流，从而激发科技人才的创新活力，避免资源浪费和重复劳动。

2. 搭建人才流动服务平台

部门应搭建人才流动服务平台，为科技人才提供全面、便捷的信息服务和交流渠道。首先，通过建立人才数据库、发布人才需求信息、举办人才交流会等方式，促进科技人才与用人单位之间的有效对接和深度合作。其次，加强人才流动过程中的跟踪服务和评估反馈工作，确保科技人才流动的顺利进行和效果评估的准确性。

3. 加强人才流动监管与评估

在推动科技人才流动的过程中，相关部门还应加强监管与评估工作，确保人才流动的效果和质量。首先，建立健全人才流动监管机制，对人才流动的过程进行全程跟踪和动态管理，以及时发现和解决流动过程中出现的问题和困难。其次，建立科学的人才流动评估体系，对人才流动效果进行客观、全面评估，为政策优化提供现实依据。通过监管与评估的有机结合，推动科技人才流动的规范化、科学化和高效化。

综上所述，健全科技人才培养体系、优化科技人才激励机制、促进产学研科技人才紧密融合、营造包容科技人才创新文化、注重科技人才国际交流与合作、健全科技人才流动机制是构建创新驱动生态、促进科技人才提质增效的重要策略。这些策略相互关联、相互促进，共同构成了一个系统、协同、高效的科技人才发展体系。通过实施这些策略，我们可以进一步激发科技人才的创新潜能和创造活力，从而推动科技成果的转化与应用。

第10章

承与发：科技人才管理的承续与发展

10.1 科技人才管理的薪火承续

10.1.1 建立完善的科技人才培养体系

建立完善的科技人才培养体系是国家和社会实现创新驱动发展、推动科技进步、提升国际竞争力的关键举措。要形成高效的科技人才培养体系，不仅要注重基础教育、科研培训等环节，还要解决人才选拔、激励机制构建、国际化视野拓展等问题。下面是建立完善的科技人才培养体系的一些关键策略和措施。

1. 加强基础教育和创新能力培养

基础教育是科技人才培养的起点，良好的基础教育能为学生的科技创新能力打下坚实的根基。在基础教育阶段，通过加强培养科学素养与创新能力，能够提升学生群体的科学思维水平、动手能力和创新意识。例如，鼓励学生参与科技竞赛、实验和创客活动等，可以培养他们的动手能力和团队协作精神。同时，在基础教育阶段，应加强STEM(科学：science；技术：technology；工程：engineering；数学：mathematics)的融合教育，通过跨学科的课程设计，让学生掌握多学科知识，提升其解决复杂问题的能力。

2. 优化高等教育体系

高等教育时期是科技人才培养的核心阶段，研究型大学和学院在其中起着关键作用。现代科技领域日益呈现跨学科特点，创新往往发生在学科交叉领域，因此，跨学科创新型人才的培养至关重要，具体可从以下三个方面着手。

(1) 鼓励跨学科学习

高等教育应鼓励学生跨学科选修课程、参加具有学科交叉性的项目，以培养具有广阔视野的复合型科技人才。

(2) 注重理论与实践的结合

高等教育更应注重理论与实践的结合，鼓励学生参与科研项目、技术开发和产业实践，以提升其解决实际问题的能力。例如，鼓励学生参与导师的科研项目，开展与企业合作的产学研项目，以丰富学生的实践经验，增强其知识应用能力。

(3) 提高师资水平

高等教育还应不断提升导师队伍水平，高校要加强师资队伍建设，提升科研水平和教学质量，鼓励教师通过开展科研项目带动学生参与科研，并为学生提供指导和发展机会。

3. 创新科研院所和企业合作

科研院所和企业是科技创新的主力军，密切的产学研合作有助于推动科技成果的转化，培养具有应用能力的科技人才。要实现科研院所和企业的协同合作，应从两个方面着手。

(1) 加强产学研协同创新

科研院所、大学与企业应建立更为紧密的合作关系。通过联合实验室、技术孵化器、创新平台等形式，让学生在企业实习、研发中积累经验。企业可以向学生提出实际问题和技术难题，帮助学生理解行业需求，提升他们的创新能力和实践能力。

(2) 实施"企业导师制"

科研院所和高校可以与科技型企业合作，邀请企业专家担任学生的兼职导师，帮助学生了解市场和行业前沿动态，为学生的创新项目提供指导和资源支持。

4. 完善科技人才选拔与激励机制

合理的选拔机制和激励措施能够吸引更多有潜力的科技人才，并激发他们的创新热情，因此应完善科技人才选拔与激励机制，具体可从以下三个方面着手。

(1) 建立多元化的人才选拔体系

选拔科技人才不能仅依赖于学业和专业的考核成绩，更要注重对学生自身的科研潜力、创新能力、团队合作精神等综合素质进行评估。可以通过创新竞赛、科研项目成果、团队合作能力等指标，综合评价人才的潜力。

(2) 优化科技人才激励机制

对有潜力的科技人才，要给予充分的支持和激励。例如，提供科研经费支持、优先配备研究资源、设立奖励机制等，以激发科技人才的创新活力。对于成果突出、表现优异的年轻科技人才，应该给予更多的学术与职业发展机会，如提供晋升通道、提供学术交流机会、给予创新奖项等。

(3) 提高福利待遇、提供发展平台

设置合理的薪酬保障和福利待遇，以留住和吸引优秀人才。同时，提供良好的职业发展平台，从而满足科技人才对创业支持、职称评定、职务晋升的需求。

5. 拓宽国际化视野和培养跨文化交流能力

在全球化背景下，具有国际化视野的科技人才是推动科技创新和提升国际竞争力的重要因素，因此应拓宽科技人才的国际化视野并培养其跨文化交流能力，具体可从以下三个方面着手。

(1) 鼓励国际交流与合作

高校和科研机构应鼓励科技人才参与国际科研合作项目，举办国际学术会议和交流活动，帮助其拓宽视野，了解全球科技前沿，提升科研人员的国际竞争力。

(2) 加大留学与海外人才引进力度

鼓励具有相应条件的学生出国留学，接受并批判性吸收各国在优势领域的先进科研理论、实践经验。同时，完善海外人才引进机制，通过吸引国际优秀科研人员来华工作、讲学或合作，促进科技创新水平的提升。

(3) 开展跨文化项目与合作

在全球科技合作日益紧密的背景下，培养科技人才的跨文化交流能力尤为重要。通过国际联合实验室、跨国科研项目等形式，拓宽科技人才的全球化视野，并在此过程中实现多元文化的融合。

6. 加强科技人才的职业发展与终身学习

随着科技领域的迅猛发展，科技人才应持续更新知识储备并提升技能水平。因此，应加强科技人才的职业发展与终身学习，具体可从以下两个方面着手。

(1) 构建职业发展平台

科研机构、高等教育机构以及企业应当为科技人才搭建完善的职业发展平台，涵盖项目管理、跨学科合作、学术交流等多个维度。此外，还应构建职务晋升机制并提供创业支持，从而有效激励科技人才的持续成长。

(2) 鼓励终身学习与再培训

科技的快速发展要求从业人员不断学习新知识，掌握新技术。通过持续培训与学习，可以确保科技人才能够跟上技术发展的步伐。特别是在企业层面，可通过采取内部培训、在线学习、课程进修等多种形式，不断促进科技人才的知识更新和技能提升。

7. 营造良好的社会环境和创新文化

完善的科技人才培养体系离不开良好的社会环境和创新文化的支持，具体可从以下两个方面着手。

(1) 营造创新创业氛围

国家和社会应当通过政策支持、资金投入、创业平台建设等方式，创造有利于创新的社会环境。例如，建立科技创新孵化器、创立创业基金、创建技术转化中心等，鼓励科技人才进行创新和创业。

(2) 营造宽容失败的文化

科技创新往往伴随着失败和挫折，社会应当对科技人才给予理解和宽容，营造鼓励创新、容忍失败的文化氛围。失败并不代表终结，而是通往成功的必要过程。

建立完善的科技人才培养体系是长期而系统的工程，需要教育、科研、社会、企业等多个方面通力合作。通过完善的教育体系、创新的激励机制、国际化的视野培养等措施，才能培养出具有创新能力、解决实际问题能力以及国际竞争力的科技人才，从而推动国家科技进步和经济发展。

10.1.2　营造良好的科技人才创新环境

1. 完善的政策支持体系

政策是科技创新的基础和保障，政府应制定并执行有利于科技人才成长和创新的政策，具体包括以下三个方面。

(1) 提供创新激励政策

政府可通过设立创新奖项、提供科研项目资助、提供税收优惠等政策，激励科研人员开展原创性研究。对于有创新成果的个人或团队，应该给予充分的奖励，包括资金支持、项目立项、专利保护等。

(2) 加强科研经费投入

加大对基础研究和应用研究的财政支持，鼓励高校、科研机构和企业加强创新研发。确保科研项目资金的高效使用，并提供灵活的经费使用机制，帮助创新团队集中精力开展科研工作。

(3) 改革科技评价机制

优化科技人才的评价体系，减少"唯论文"现象，关注科研人员的实际贡献、创新能力和团队合力，施行多维度的综合评估，减少评价机制对创新的束缚。

2. 优质的科研资源和设施支持

科研资源和设施是科技人才进行创新研究的物质基础，因此，为科技人才提供充分的支持和保障至关重要，具体包括以下两个方面。

(1) 建设先进的科研平台和实验室

加大对高水平实验室、研究平台的建设力度，尤其是对于跨学科、跨领域的共享科研平台，应当提供先进的科研设施和设备。这些平台应具备高端设备，能为研究人员提供实验支持和数据分析等多方面的服务。

(2) 推动科研设施共享与开放

鼓励科研院所、高校和企业之间共享科研设施，避免重复建设，提高资源使用效率。开放实验室、数据库等资源，以使创新团队能够充分利用现有条件，开展合作研究。

3. 培养创新文化和包容失败的氛围

创新需要激发创造力、容忍失败并鼓励大胆尝试，在社会和工作环境中营造创新文化至关重要，具体包括以下三个方面。

(1) 鼓励跨学科合作与思想碰撞

创新活动通常在不同学科领域的交汇点上产生。为了激发创新灵感，应当鼓励科技人才跨越学科界限，进行跨领域合作，以打破学科间的壁垒，促进不同思想、观点和技术的融合。

(2) 营造包容失败与容错机制

创新的过程难免伴随失败，成功的科技创新往往是无数次试验和迭代的结果，因此应营造包容失败的文化，鼓励创新团队大胆试错，同时为失败提供容错机制。失败不应成为科研人员的绊脚石，而是推动创新的动力。

(3) 强化团队协作和共享精神

科技创新不应仅依靠个人的奋斗，而是需要团队协作，因此应营造良好的团队文化，鼓励成员之间的沟通与合作，分享资源和成果，从而形成良好的创新生态。

4. 良好的法律保障与知识产权保护

良好的法律环境是科技人才创新活动的底线保障，是确保创新成果合法性和原创性的关键，因此应做好以下两方面工作。

(1) 加强知识产权保护

建立完善的知识产权保护体系，特别是专利权、著作权等方面的保护。创新成果的知识产权应得到充分的保障，防止抄袭、侵权等行为，以确保创新者的权益和激励机制的有效性。

(2) 简化科研成果转化程序

推动科研成果的转化应用，简化技术转让、专利申请等程序。企业和科研机构可以通过创新的商业化模式，将研究成果快速转化为市场应用。

5. 丰富的社会支持和人才交流平台

良好的社会支持体系能够增强科技人才的归属感和集体认同感，为他们提供更多的创新机会，因此应做好以下三方面工作。

(1) 鼓励政府与企业合作

政府应加强与科技企业的合作，搭建产学研合作平台。政府可为创新型企业提供优惠政策、项目资助等，鼓励科技企业积极投入研发，并吸引创新型人才。

(2) 搭建人才交流平台

通过举办科技论坛、创新大会、国际学术交流等活动，促进科技人才之间的思想碰撞与交流。加强国内外科研人员的交流与合作，推动科技成果的国际化。

(3) 提高科技人才的社会地位

提高科技人才的社会地位，优化其工作与生活条件。通过举办科技奖项、设立科技创新奖等形式，表彰优秀的科技人才和团队，增强他们的成就感并提高他们的社会认可度。

6. 建立产学研一体化的创新生态

建立产学研一体化，可以通过以下方式构建良好的创新生态。

(1) 推动高校、科研机构和企业深度合作

鼓励高校和科研机构将科研与产业紧密结合，尤其是在技术转化和技术创新方面，加强与企业的合作。推动技术创新成果与市场需求对接，提高科技成果的转化率。

(2) 加强创业支持

为促进创新型人才的创业活动，提供包括资金援助、政策优惠、市场拓展及人才培育等多维度支持政策，鼓励科技人才将创新思维转化为可操作的创业项目。

7. 重视科技人才的职业发展与生涯规划

科技人才的个人发展对其创新驱动力及职业成就具有显著影响，因此应重视科技人才的职业发展与生涯规划，具体可从以下两方面着手。

(1) 提供职业发展规划和支持

高层次的科技人才需要个性化的职业发展规划，应在研究方向、学术交流、职业晋升等方面为科技人才提供更多选择，并帮助他们实现职业目标。

(2) 建设有吸引力的科技人才培养体系

为中青年科技人才构建系统的职业培训和发展体系，定期组织相关学术活动和职业技能提升课程，为科技人才的职业发展提供充足的支持。

营造良好的科技人才创新环境是一个多层次、多维度的系统工程，涉及政策、资源、文化、法律、社会等多个方面。只有为科技人才提供一个支持创新、包容失败、注重实践、尊重成果的环境，才能激发他们的创新潜力，从而推动国家的科技进步和经济发展。

10.1.3 完善科技人才的评价与激励机制

1. 科技人才评价机制

多元化科技人才评价指标可以从不同维度来评估科技人才的综合素质、技术能力、创新潜力以及团队协作能力。为了适应快速变化的科技行业，评价标准需要具备灵活性与前瞻性。其中多元化科技人才评价体系的一级指标包括技术能力、创新与解决问题能力、团队合作与领导力、业务理解与客户导向、学习与自我驱动能力、个人品格与职业道德、跨文化与全球视野。

(1) 技术能力

技术能力主要包括核心技术能力、技术深度与广度、技术解决问题能力、研发质量与效率、技术前瞻性等方面。

核心技术能力是指对专业领域的核心技术(如编程语言、算法设计、系统架构、数据分析等)以及对特定技术(如编程语言Python、Java，开发框架TensorFlow、React，开发工具Docker、Kubernetes)等的掌握程度。

技术深度与广度包含两个层面，技术深度强调在某一技术领域的专业化和创新能力，如某一领域的技术专家具有较强的技术深度；而技术广度是指跨领域的技术知识面，如全栈开发者能跨多个技术层面提供解决方案。

技术解决问题能力是指独立解决复杂技术问题的能力。科技人才应能在高压环境下解决技术难题、进行技术决策等，应能创新性地解决传统方法难以解决的问题，应能勇于面对技术挑战并制定有效方案。

研发质量与效率是指科技人才在研发过程中所表现出的产品或服务的质量水平以及完

成任务的效率。具体来说，研发质量包括产品或服务的可靠性、稳定性、规范性、可维护性、可扩展性等方面，而研发效率是指在规定时间内高质量完成研发任务的能力，涉及研发团队在研发过程中所花费的时间和资源等因素。

技术前瞻性是指跟踪并应用新兴技术(如人工智能、区块链、量子计算等)的能力，以及技术创新和应用的能力。科技人才应能引领团队开发新技术或新产品。

(2) 创新与解决问题能力

创新与解决问题能力主要包括创新思维、问题解决能力、项目管理与实施能力等方面。

创新思维是指新颖的解决方案或技术思路。科技人才应能推动技术或产品的革新，以及具有开放性思维，能从不同角度看待问题，并结合新技术不断优化解决方案。

问题解决能力是指解决复杂问题时的洞察力和分析能力。科技人才应能够洞察到所处理技术问题背后的根本原因，并通过分析不断优化解决方案，保障解决效果的可持续性。

项目管理与实施能力是指明确技术项目中的角色定位，能有效组织和推动项目落地，按时完成目标的能力。科技人才应具备相应的项目管理技能，即能够合理分配资源、管理时间，同时能预见风险和解决问题。

(3) 团队合作与领导力

团队合作与领导力主要包括团队合作能力、领导力与影响力、跨部门协作能力等方面。

团队合作能力是指与团队成员的协作能力。科技人才应能在跨职能团队(如产品经理、设计师等)中与他人沟通与合作，分享技术知识、解决技术争议，并能帮助他人成长等。

领导力与影响力是指引导、鼓励与激励团队的能力，尤其是在技术团队中的领导能力。科技人才应具有培养和发展团队成员的能力，能推动团队共同进步。

跨部门协作能力是指与其他部门(如产品、运营、市场等)紧密合作、理解业务需求并提供技术支持的能力。科技人才应能将技术语言转换为非技术人员易懂的表达，推动技术方案在组织内有效实施。

(4) 业务理解与客户导向

业务理解与客户导向主要包括业务理解能力、客户需求理解能力、产品思维等方面。

业务理解能力是指理解技术与业务关系的能力。科技人才应能从业务需求出发设计技术方案，推动技术和产品紧密结合，能推动业务创新，能理解和适应市场的变化并快速响应。

客户需求理解能力是指对客户需求的敏感度。科技人才应能通过技术创新满足客户需求或提升用户体验应具有处理客户反馈的能力，应能根据客户的需求快速调整技术方案。

产品思维是指能从产品的生命周期、客户需求出发，参与产品的设计与优化的能力。在产品开发过程中，科技人才应能从技术角度提出创新性建议。

(5) 学习与自我驱动能力

学习与自我驱动能力主要包括自我学习能力、适应能力、反馈与改进能力等方面。

自我学习能力是指在新技术或业务领域中快速学习并掌握新知识的能力。科技人才应能持续关注行业发展动态，不断提升自己的技术水平。

适应能力是指在快速变化的技术环境中，迅速适应新的技术工具、开发方法和工作模式，以及在多变的市场环境中调整自身的技能与工作方式的能力。

反馈与改进能力是指接受批评并从中学习，改进工作方式的能力。科技人才应能从失败中总结经验，不断提高自身的技术水平和优化工作流程。

(6) 个人品格与职业道德

个人品格与职业道德主要包括责任感、诚信与透明度、抗压能力等方面。

责任感是指在工作中展现出的责任心，对任务的高度投入、对团队的支持以及对公司目标的认同。科技人才应具备高度的职业道德，应遵守行业规范和公司规章制度。

诚信与透明度是指科技人才应在沟通、决策和人际行为中保持诚实、公正和道德的原则。

抗压能力是指在高压环境下依然能够保持理性和高效工作的能力。当科研项目遭遇技术挑战或时间压力时，科技人才应能理性应对。

(7) 跨文化与全球视野

跨文化与全球视野主要包括国际化视野、跨文化沟通能力等方面。

国际化视野是指从全球或更广阔的角度观察和处理问题，具备全球意识，能够在不同文化、社会和政治背景下进行有效交流和合作的能力。科技人才应具备应对跨国文化的适应能力，能在全球化的技术环境中与不同地区的团队合作，能在全球化背景下推动技术的国际化进程或参与全球技术创新。

跨文化沟通能力是指在跨文化环境中沟通的能力。科技人才应能理解并适应不同文化背景的团队成员的工作方式和交流方式。

这些指标从技术能力与创新能力、团队协作与领导力、业务理解与客户导向等多个维度全面评估科技人才。通过多元化的评价标准，可以全面了解科技人才的素质，帮助企业更好地选拔、培养和激励人才，同时为科技人才的职业发展指明方向。

2. 科技人才激励机制

科技人才激励机制包括薪酬激励、非现金激励两大类。

(1) 薪酬激励

① 薪酬结构设计

一是基础薪资(固定薪资)。基础薪资通常根据市场调研、同行业薪酬水平以及人才的经验和技能水平进行调整，以确保其具有市场竞争力。同时，基础薪资还需要考虑岗位价值的因素，即不同岗位(如开发工程师、数据科学家、AI专家等)的薪资应根据岗位的技术复杂性、市场需求和公司战略需求进行差异化设计。

二是绩效奖金。绩效奖金可以分为个人绩效奖金和团队绩效奖金两类。前者以个人年度或季度绩效考核结果为依据，具体包括技术完成度、创新成果、项目推动情况等。后者以团队或部门共同的KPI(关键绩效指标)为依据，根据团队的整体表现发放奖励，以鼓励协作和集体成果。

三是股权激励。股权激励由股票期权和限制性股票构成。其中，股票期权(stock

option)是为核心技术人才、管理层及关键岗位人员提供股票期权激励，让其分享公司的长期发展成果。股权激励特别适用于初创公司或高成长企业，通过股权激励可增加员工的忠诚度和归属感。限制性股票(restricted stock unit，RSU)是指在企业上市或者发展稳定后，给予员工一定数量的限制性股票，通过股票价值增长来激励员工的长期成长与忠诚。

四是长期激励计划(long-term incentive programs，LTIP)。长期激励计划包括递延奖励和长期发展奖励两种情况。递延奖励是指将一部分薪酬或奖金递延支付，按一定时间(如3年或5年)分期支付，以此鼓励员工留任并长期贡献，如绩效股、现金奖励等。长期发展奖励是指依据员工的长期贡献或职业发展情况，进行相应的奖励。长期激励计划将员工的个人利益与公司未来的发展紧密绑定，能够在多个方面产生深远的影响。它不仅能增强员工的忠诚度，激发其创新动力，还能促进公司战略目标的达成和企业文化建设。对于科技人才而言，长期激励计划是一个重要的动力源泉，它能帮助科技人才更好地理解自己的努力和公司长期发展之间的关系，从而在技术创新、团队合作以及战略执行方面发挥更大的作用。

② 非现金激励

一是职业发展机会。职业发展机会主要包括提供培训与学习津贴、晋升机会、技术深造与科研支持等。其中，培训与学习津贴是指为科技人才提供职业技能提升和学术进修的机会(如技术课程、认证考试、大学学位等)，或为其支付学习相关费用。晋升机会是指规划清晰的职业发展路径，根据科技人才的业绩和贡献提供晋升通道。技术深造与科研支持是指为科技人才，尤其是研发类人才，提供项目资金支持或研发团队的支持，鼓励科技人才进行技术创新。

二是弹性工作制度。科技人才的工作具有一定的特殊性，因此设定弹性工作制度尤其必要。弹性工作制度主要有弹性工作时间、远程工作或混合工作、弹性工作地点三种情况。所谓弹性工作时间，就是为科技人才提供灵活的工作时间安排，使其能够根据个人情况调整工作时间。远程工作或混合工作是指支持远程办公或混合办公模式，增强科技人才的工作与生活平衡。弹性工作地点是指允许科技人才根据项目需要选择不同的工作地点或跨地区工作。

三是创新奖励。创新奖励是指对于提出创新技术方案或取得技术突破的科技人才，设立专项奖励。奖励可以是现金、设备、技术工具或其他形式，激励科技人才在技术创新方面作出贡献。

四是健康与福利。健康与福利由全面的健康保障、健身补贴或设施、科技人才关怀计划三个部分构成。其中，全面的健康保障是指为科技人才提供优质的医疗保险、健康检查、心理健康支持等福利。健身补贴或设施是指为科技人才提供健身房会员卡、运动补贴或公司内部健身设施，帮助科技人才保持身体健康。科技人才关怀计划是指为科技人才提供家属福利、子女教育帮助、家庭支持等，关注科技人才的整体福利和幸福感。

五是工作环境与文化激励。工作环境与文化激励主要是指为科技人才提供舒适的工作环境和营造开放、包容和创新的企业文化。其中，提供舒适的工作环境包括提供现代化办公设施、休息区、休闲饮品等，以提升科技人才的工作体验。营造开放、包容和创新的企业文化则是指鼓励科技人才提出新想法、挑战现有技术和流程。

10.1.4　加强科技人才的引进与留用

政府加强科技人才的引进与留用是推动国家科技创新、提升综合竞争力的重要措施。科技人才不仅是经济发展的驱动力，也是科技创新和产业升级的关键因素。政府可通过以下政策和措施，优化人才引进环境，激发科技人才的创造力和活力。

1. 制定有吸引力的政策和环境

(1) 完善科技人才引进政策

① 政府制定并出台高层次人才引进计划

例如国家级人才引进计划(如"国家高层次人才特殊支持计划")，通过提供税收优惠、资金支持、科研资源和生活补贴等，吸引海外高层次科技人才回国或留在国内从事科研工作。

② 面向海外科技人才实施灵活的签证和工作许可政策

为海外人才提供简便的签证申请流程和更灵活的工作许可政策，降低人才流动的门槛，吸引更多海外优秀人才加入本国科技领域。

③ 制定并实施有针对性的科技人才激励措施

设立专项科研基金、项目资助、人才安居费等财政资金支持措施，以缓解科技人才的经济负担，激励其在国内长期从事科研工作与生活。

(2) 优化科技人才服务体系

① 面向科技人才提供科研资源支持

政府可以通过国家、地方科研机构及财政部门提供科研设备、项目资金、实验平台等支持，确保科技人才能够顺利开展创新工作。

② 为科技人才提供居住与教育保障

为引进的科技人才提供住房补贴、优质教育资源等，解决其在生活上的后顾之忧，增强其在国内扎根的意愿。

③ 制定科技人才家庭保障措施

针对有家庭的科技人才，提供配偶就业、子女教育等相关支持政策，提升其整体生活质量。

2. 提供有竞争力的薪酬与职业发展机会

(1) 高薪与股权激励

① 科技人才薪酬水平对标国际标准

政府可以与企业合作，推动相关领域的企业设定与国际接轨的薪资水平，尤其是对高端科技岗位，提供具有竞争力的薪资待遇。

② 实施科技人才股权激励和创业支持

鼓励创新型企业为科技人才提供股权激励，通过股票期权、企业股权等方式，让科技人才与公司共同发展，增强其长期留任的动力。

(2) 职业发展与晋升通道

① 规划多元化的科技人才职业发展路径

政府支持企业和科研机构，为科技人才提供多元的职业发展路径，包括科研管理岗位、技术专家岗位等，协助科技人才探索适合其个人发展的职业路径。

② 加强科技人才培养与深造支持

政府可以通过设立专项培训基金，支持科技人才深造和进一步提升职业技能，例如资助科技人才出国进修、参加国际学术会议等。

3. 创造良好的创新与科研环境

(1) 支持科研平台建设

① 加强重点实验室与创新基地建设

政府应当积极支持科研院所、企业创新中心以及重点实验室等科研平台的建设工作，为科技人才创造充足的创新环境并提供研究资源条件。

② 共建产学研合作平台

通过推动高校、科研院所与企业的深度合作，打造产学研协同创新的生态系统，为科技人才提供更多的实践机会，推动科技成果转化。

(2) 鼓励科技创新与知识产权保护

① 提供创新资金支持

政府可设立专项科研资金，资助创新项目，尤其是那些具有较大科技突破和市场潜力的项目，鼓励科技人才从事前沿科技研究。

② 加强知识产权保护

通过加强知识产权法律保护，确保科技人才的创新成果不受侵犯，从而激励更多人才投身科技创新事业。

(3) 优化创新创业生态环境

① 支持创业和创新型企业发展

政府可以通过减税、贷款支持、产业园区建设等措施，帮助科技人才创办创新型企业，尤其是在高新技术产业、人工智能、生物医药等领域。给予合理、实用的政策帮助，赋能高新产业的发展。

② 开展跨部门协作

政府应加强不同部门之间的协作，为科技人才提供高效的创新创业服务，包括简化行政审批程序、加速项目立项审批等。

4. 加强国际人才交流与合作

(1) 开展国际人才合作

① 参与国际科研合作项目

政府可以通过与国际科研机构、跨国企业开展合作，引导国内科技人才参与国际科研项目，拓宽国际视野，提升技术水平。

② 推进人才流动与交流

通过实施"引进来"和"走出去"相结合的人才政策，鼓励科技人才出国深造或与国际专家进行交流，促进科技合作与知识共享。

(2) 吸引外籍专家和海归人才

① 建立海外高层次人才引进渠道

针对海外高层次科技人才，政府可采取简化引进程序、提供科研资助、解决就业及居住难题等策略，以吸引其归国或长期居留国内。

② 鼓励海归人才创业

为海归科技人才提供创业资金、政策支持和市场对接等便利，推动其将海外创新成果转化为国内产业和经济增长点。

5. 加强科技人才的留用与激励

(1) 优化人才流动与留用机制

① 实施绩效评价与职业晋升。通过建立科学合理的绩效评价机制，确保科技人才的努力和贡献得到公正的评估和回报。同时，为优秀人才提供广阔的晋升空间，增强其工作动力和留任意愿。

② 引导人才留在关键领域

针对关键领域和紧缺人才，政府可以通过设立专项资金、提供优厚的生活补贴等方式，引导科技人才留在重点行业和领域，支持国家战略性发展。

(2) 建立人才成就的社会认可机制

① 建立公开表彰与奖励机制

设立科学技术奖项及杰出人才奖等荣誉，对在科学技术领域作出卓越贡献的科技工作者予以社会认可与奖励。通过公开表彰的形式，提升其社会地位，增强其荣誉感。

② 注重成果转化与社会影响

政府应加强对科技人才成果转化的支持，让他们的研究成果得到广泛应用，增强科技人才的社会责任感和使命感。

政府加强科技人才的引进与留用需要从政策制定、人才服务、薪酬福利、科研支持、国际合作等多方面入手。通过优化政策环境，提供有竞争力的薪酬待遇、职业发展机会和创新支持，政府能够吸引并留住科技人才，从而推动国家科技创新和经济发展。

10.1.5　促进科技人才的跨界合作与交流

1. 构建跨学科的合作平台

政府、科研机构和企业应当为科技人才提供跨学科合作的平台，促进不同领域的专家学者、工程师、企业家等共同参与到问题的解决过程中来。例如，跨学科的创新实验室、孵化器、创新平台可以成为不同领域专家交流与合作的前沿阵地。

(1) 设立跨学科的研究中心

通过设立以解决重大科技问题为导向的跨学科研究中心，吸引不同学科的人才共同参与。

(2) 建设创新实验室和技术平台

通过建立开放的技术平台，鼓励各领域的人才共同研究和创新。例如，建设结合人工智能、数据科学和材料科学的智能制造实验室，能够推动工业和科技的融合。

2. 推动科技人才跨行业合作

科技人才的跨行业合作有助于将科技成果应用于实际生产和生活中，提升产业效率和创新水平。例如，互联网行业和医疗行业的合作可以推动远程医疗、健康大数据分析等技术的发展。政府和企业可以为不同领域的科技人才提供资源支持和合作机会，促进技术转化与产业创新。

(1) 加强产学研合作

加强高校、研究院所和企业之间的协作，搭建行业和学术界之间的桥梁，能够推动科技人才的科研成果的转化与应用。

(2) 建设产业联盟和创新基地

通过组织产业联盟和创新基地，鼓励各行业科技人才之间的合作，促进技术与产业需求的匹配。

3. 促进科技人才国际交流与合作

国际化的跨界合作不仅能帮助科技人才吸收全球领先的科技成果，而且能够提高国内科技人才的国际竞争力。政府可以通过国际合作项目、学术交流平台、联合实验室等形式，推动科技人才的全球流动与合作。

(1) 开展国际联合研究项目

通过与其他国家的科研机构或企业合作，开展国际联合研究项目，推动全球科技资源的共享与合作。

(2) 加强学术交流与人才流动

通过定期举办国际学术会议、技术研讨会，邀请世界各地的专家学者进行交流与合作。同时，支持科技人才出国学习和交流，拓宽国际视野。

4. 强化企业和政府间的合作

企业和政府应加强在科技创新方面的协作，共同为科技人才提供更好的研发环境和政策支持。例如，政府设立专项科技资金，支持企业的创新研发活动，企业可以为科技人才提供丰富的实践机会和应用场景。

(1) 加大创新政策支持力度

政府通过出台政策，鼓励企业投资研发，特别是跨界合作领域，如智能制造、绿色能源、健康科技等。

(2) 设立科技创新基金与奖励机制

政府可通过设立专项基金，支持跨界合作的科研项目，并给予创新成果相应的奖励，以激励科技人才不断创新。

5. 搭建跨界人才培养平台

跨界人才的培养需要结合不同学科和行业的需求，通过培养跨学科复合型人才，可以促进科技创新。高校可通过开设跨学科的课程和培训项目，帮助学生构建完善的知识体系，培养学生的创新能力。

(1) 探索跨学科的课程设置方式

高校在人才培养过程中，应根据市场需求和技术发展趋势，设计跨学科的专业课程和实践项目，以培育具备跨学科知识结构的创新型人才。

(2) 企业与学校联合培训

企业可与高等教育机构及研究机构携手合作，开展定制化的人才培养项目，以助力科技人才在新兴领域内掌握关键技术并提升管理能力。

6. 鼓励企业内部跨部门合作

企业应当鼓励内部科技人才跨部门合作，打破部门壁垒，推动跨界创新。通过设立跨职能的项目团队，科技人才能够从不同角度分析和解决问题，提高整体效率和创新能力。

(1) 组建跨部门科技创新团队

企业可以通过项目制的方式，组建跨部门、跨学科的创新团队，共同推动新产品或新技术的研发。

(2) 鼓励不同背景的科技人才合作

企业可以招聘具有不同专业背景的人员，从而促进多元思维和跨学科知识的碰撞，进而推动创新。

10.1.6　关注科技人才的心理健康与职业发展

关注科技人才的心理健康与职业发展，有助于科技人才提升创新能力、提高工作效率、实现可持续发展。科技领域的工作环境通常高压且快速变化，科技人才往往面临长时间的工作压力、复杂的任务、职业发展的不确定性等挑战，因此，提供适当的支持和资源，确保他们的心理健康和职业发展是至关重要的。

1. 科技人才面临的心理健康挑战

(1) 高强度的工作压力

科技人才通常面临高强度的工作压力，尤其是在科研和技术开发领域，项目的紧迫性、失败的压力和繁重的日常工作可能导致心理压力的积累。例如，持续加班、项目延期以及失败的实验结果等都会使科技人才产生较大的心理压力。

(2) 长时间的孤立工作

许多科技工作，尤其是研究和开发工作，往往需要个人长时间集中精力进行独立操作，导致科技人才缺乏足够的社交互动。这种孤立性工作可能会使科技人才产生孤独、焦虑甚至抑郁等心理问题。

(3) 职业发展的不确定性

科技人才的职业路径通常较为不明确，尤其是在快速发展的领域中，技术的更新迭代、项目的成功与否往往决定了其职业发展前景。对于年轻科技人才而言，如何在竞争激烈的环境中脱颖而出，找到适合自己的职业方向，也是他们面临的一大挑战。

(4) 工作与生活的平衡问题

科技人才，尤其是科研人员和技术人员，常常会因项目需求牺牲个人生活时间，这可能导致工作与生活的失衡。而长时间的超负荷工作又可能影响科技人才的个人健康、家庭生活及社交关系，从而进一步加剧其心理压力。

2. 科技人才的心理健康支持

(1) 提供心理健康教育和支持服务

企业和科研机构应为科技人才提供专业的心理健康教育和心理辅导服务，帮助科技人才更好地管理工作压力，培养健康的心理素质。例如，可以通过定期举办心理健康讲座、开展压力管理训练等形式，提高科技人才的心理韧性；可以为科技人才提供定期的心理咨询或心理治疗服务，帮助他们缓解焦虑、抑郁等情绪问题；可以实施员工支持计划，向科技人才提供心理健康支持、职业规划辅导等服务，帮助科技人才解决工作中或生活中的难题。

(2) 构建支持性的组织工作环境

企业和科研机构应当构建更加支持科技人才的组织工作环境，具体包括合理的工作负荷、尊重员工个人空间、提供灵活的工作安排等。例如，可以实行灵活的工作时间与休假政策，减轻科技人才因加班过多产生的心理负担；可以鼓励团队合作和跨部门互动，制造更多的社交机会，缓解科技人才的孤独感。

(3) 加强领导层的关怀与沟通

企业和科研机构的领导层应当积极与科技人才沟通，及时了解他们的工作状态和心理状况，以便给予必要的支持和鼓励。领导的理解和支持能够增强科技人才的归属感和心理安全感，有助于他们提高工作效率。例如，可以定期与科技人才一对一沟通，以了解他们的工作状态、情绪变化和职业发展需求，从而及时给予反馈和支持；可以鼓励科技人才提出自己的意见和建议，尤其是在工作环境、工作量等方面的问题，避免科技人才感到被忽视。

(4) 提供心理健康资源

各级各类组织可以为科技人才提供心理健康资源，如培训、书籍、在线课程等，帮助他们提升情绪调节和压力管理的能力。此外，还可以利用科技产品，如在线心理健康平台、虚拟辅导等，为科技人才提供心理健康支持。

3. 科技人才的职业发展支持

(1) 规划明确的职业发展路径

对于科技人才来说，职业发展的不确定性是一个重要的心理压力源。科研机构和企业应当为科技人才提供明确的职业发展路径，设定清晰的晋升标准并给予职业规划支持，帮助科技人才在工作中看到成长的空间和未来的机会。例如，可以提供系统的职业规划培训，帮助科技人才理解不同职业路径的机会，提升他们的职业技能和竞争力；可以设立导师制度，让有经验的科技人才为新入职的科技人才提供职业指导，帮助他们明确发展目标并解除职业困惑。

(2) 实现职业发展的多元化

科技人才的职业发展不应局限于科研或技术工作，还可以拓展到管理、市场营销、产品开发等多个方向。提供多元化的职业发展路径，能够激励科技人才多角度思考职业生涯规划，增加他们的职业满意度。例如，可以为科技人才提供跨部门工作机会，丰富其在不同领域的工作经验，培养其综合能力；可以提供技术与管理双通道发展路径，科技人才可以根据个人兴趣和优势选择适合自己的职业发展道路。

(3) 注重团队协作

在科技人才的职业发展道路上，除了个人技术能力的提升，团队协作精神和对整体成就的认同感同样至关重要。通过强化团队协作和明确共同目标，科技人才可以获得更多的认可与成就感，这对于职业发展和心理健康都有积极影响。例如，可以通过设置团队奖励机制，增强团队成员之间的协作精神和凝聚力，帮助科技人才在团队中找到自己的价值；可以定期举办成果分享会，让科技人才能够展示自己的工作成果，获得团队和领导的认可与鼓励。

科技人才的心理健康与职业发展是密切相关的，良好的心理状态能够促进职业发展，而职业发展的满足感也能提升心理健康水平。因此，企业和科研机构应当从多个层面入手，提供必要的支持和资源，帮助科技人才克服工作中的压力和挑战，保障其身心健康，同时为他们提供持续发展的机会和空间。这样，才能创造出健康、创新和可持续的科技人才工作环境。

10.1.7 加强面向科技人才的政策支持与引导

加强面向科技人才的政策支持与引导是促进科技创新、推动经济高质量发展的重要措施。科技人才是创新的核心驱动力，而有效的政策支持能够为他们创造一个良好的工作和生活环境，帮助他们应对挑战，发挥潜力，从而实现科技创新，进而推动国家科技进步和社会发展。

1. 科技人才政策的目标

科技人才政策支持主要有以下四个目标。

(1) 激发科技人才创新潜力

通过政策激励，提高科技人才的创新能力和科研积极性。

(2) 优化科技人才工作环境

为科技人才提供更好的工作条件、生活保障和职业发展机会，提升其工作效率与幸福感。

(3) 吸引和留住高端科技人才

通过优厚的待遇、清晰的职业发展路径和稳定的科研环境，吸引更多顶尖人才，并留住核心人才。

(4) 促进科技人才的多元发展

提供多渠道、多领域的支持，帮助科技人才找到适合个人发展和成长的空间。

2. 政策支持的关键领域

(1) 优化科研资助与资金支持

科技研究往往需要大量的资金支持，而充足的经费能够减轻科技人才的后顾之忧，鼓励他们专心从事创新性工作。具体而言，政府应加大对科研项目的资金支持力度，特别是面向基础研究和前沿技术的资金投入，增强科技人才的资金获取能力；应简化科研资金审批和管理流程，减少烦琐的行政手续，保障科研资金的高效使用；可通过设立创新奖项、科研成果转化基金等激励措施，对于在科研创新中取得突出成绩的科技人才给予奖励与资助。

(2) 优化科技人才的收入待遇与福利保障

薪酬待遇和社会保障对于吸引和留住科技人才至关重要。政府应在薪酬、福利和社会保障等方面提供优厚支持。政府可以为科技人才提供与国际水平接轨的薪酬待遇，并通过税收优惠等政策提高他们的收入水平；可以为科技人才提供全面的社会保障，包括医疗保险、养老保险、住房补贴等，减轻他们的生活压力；针对高端人才，可以提供优惠住房政策，如人才公寓、购房补贴等，降低其居住成本，增强其归属感。

(3) 为科技人才提供职业发展与培训支持

科技人才的持续发展离不开培训和职业发展的支持，政府应当通过政策为科技人才提供充分的成长机会。政府应设立专项资金支持科技人才参加国内外的学术交流、技术研讨会和继续教育项目，提升其专业能力和创新能力；规划明确的职业发展路径并设立晋升标准，鼓励科技人才通过努力取得更高的职位或获得更强的专业影响力；支持科技人才参与国际合作项目、短期国际研修计划等，拓宽其国际视野并提升其全球竞争力。

(4) 激励创新和促进科研成果转化

创新是科技人才的重要驱动力，而科研成果的转化对于科技人才的职业成就和社会价值具有重要意义，因此政府应促进创新成果的产业化和应用。政府应提供政策支持，鼓励科技人才将创新成果转化为技术、产品或服务；通过技术转让、技术孵化器等平台，帮助科技人才实现科研成果的产业化；通过设立各类科技创新奖项或成立企业孵化基金，鼓励科技人才创新创业，推动科技成果的商业化应用；通过政策激励加强企业、高校和科研机构的合作，推动科研成果的快速转化和市场应用。

(5) 加强科技人才的心理健康和工作环境建设

长期的高压科研工作可能会影响科技人才的心理健康，因此，还应加强对科技人才心理健康和工作环境的关注。例如，可以为科技人才提供心理辅导和心理健康培训，设立心理健康热线或咨询服务，帮助他们应对科研中的压力、焦虑和其他心理问题；可以提供灵活的工作安排、远程办公等选项，鼓励科技人才合理安排工作与生活，避免因长时间的工作压力而产生职业倦怠；可以通过组织团队活动、学术交流等，增强科技团队的凝聚力和向心力，为科技人才提供更好的社交支持和工作环境。

(6) 完善科技人才的流动与引进机制

科技人才的流动与引进对于科技创新具有重要意义，尤其是在全球化背景下，人才的跨国流动和交流至关重要。例如，可以简化外籍科技人才的引进程序，为外国优秀人才提供更便利的工作和生活条件，如签证政策、税收优惠等；对于在外留学或工作的科技人才，政府可以通过提供资金、税收优惠、住房等政策，鼓励他们回国发展或参与国家重大科技项目；可以通过国际合作和人才交流计划，促进全球科技人才流动，提升国家在全球科技领域的竞争力。

3. 科技人才政策实施的保障与监督

科技人才政策的实施保障与监督是确保政策效果的重要环节，直接关系到政策目标的实现和科技创新的推动。实施保障和监督机制要确保政策的公平性、透明度、有效性，以便及时发现实施过程中可能出现的问题并进行调整。

(1) 建立多层次评估机制

① 政策实施效果评估

定期对政策实施效果进行评估，是确保政策达到预期目标的关键。具体措施包括：组织专项评估小组，通过问卷调查、访谈、数据分析等多种方式，定期评估政策实施情况、科技人才创新活跃度、科研成果转化等方面的成效；制定清晰的量化评估指标，如科研项目的数量、技术创新的实际应用、科技成果转化的市场表现等，确保评估的客观性和可操作性；根据评估结果和科技发展趋势，及时调整政策内容和实施方向，确保政策始终与科技人才的需求和国家科技发展目标相契合。

② 科技人才的个人发展评估

针对科技人才个体，可以综合评估其科研成果、创新项目、学术贡献等方面。评估不应仅局限于产出，还应包括个人发展路径和职业满意度等，确保人才政策能够促进科技人才的全面成长。

(2) 提升政策执行的透明度和公正性

① 公开透明的决策过程

科技人才政策的制定和实施应当注重透明度，确保决策过程公开、公正，避免因信息不对称或不透明的操作影响政策的执行效果。透明的决策过程可以增加科技人才政策实施的社会认同感和执行力度，具体体现为：政府部门在发布政策前，应通过官方渠道广泛宣传，征求科技人才的意见和建议，确保政策措施的合理性和可行性；科技人才的科研资助、创新奖励等政策的审批和评审过程应公开透明，确保公平竞争，避免权力寻租和不正当影响。

② 建立投诉与反馈机制

在科技人才政策执行过程中，要建立有效的投诉与反馈机制，允许科技人才对政策执行过程中的不公平、不合理现象提出意见和建议。这可以帮助政府及时发现和纠正问题，避免政策实施的偏差。可建立热线电话、网站平台、社交媒体等多个渠道，便于科技人才随时反映问题；可以设置独立的监督机构，专门处理政策实施过程中的投诉，确保处理过程的公正性和透明性。

(3) 强化监管与监督机构

① 设立专门的监管机构

政府应设立专门的监管机构来监督科技人才政策的实施，如科技部、教育部、人才工作领导小组等机构，都可以担任监督和调度的职能。监督机构需要具备充分的权限，能对政策实施进行全方位监督。在工作中，不同政府部门应协同合作，形成合力，确保政策实施的顺利进行。科技、教育、财政、人力资源等部门之间要建立良好的信息共享机制。同时，还应该建立独立的评审委员会或监督机构，对科技项目、科技人才引进等进行透明、公正的审查。

② 加强第三方审计和评估

引入独立的第三方审计机构，对科技人才政策的资金使用、项目进展、科研成果的转化等方面进行审计，确保政策的执行不偏离初衷。第三方审计机构可以提供客观的评估报告，帮助政府及时识别政策实施中的问题。

(4) 完善科技人才数据管理与信息共享

① 建立健全科技人才数据库

通过建立科技人才数据库，集中管理有关科技人才的信息，包括科研成果、职业发展、项目申请等数据。该数据库有助于政府对科技人才政策实施的监控和调整。在数据库维护和管理中，要注意数据的实时更新，确保其能够反映科技人才的流动情况、工作状态、科研进展等，为政策调整提供数据支持。在政策执行过程中，政府可以定期公开科技人才的数据报告，增强公众对政策实施的了解和监督。

② 增强数据驱动的决策能力

通过大数据分析，可以更加精准地评估政策的实施效果和科技人才的需求变化。例如，通过分析科技人才的流动趋势、科研项目的绩效等数据，政府可及时调整人才引进和支持政策。

(5) 加强政策的灵活性和适应性

① 灵活的政策调整机制

科技领域变化迅速，科技人才的需求和创新形式也在不断变化。因此，科技人才政策应当具备灵活性，能够根据实际情况及时调整。例如，政府可以针对某一特定领域的人才需求出台专项政策，或者根据科研进展情况调整科研资金的投入；可以制定定期审查和调整政策的机制，根据科技发展的最新趋势和人才的实际需求进行政策更新；还应针对政策执行过程中所显现的问题，迅速作出响应，并在短期内调整相应的策略。

② 结合国际经验提出适应性政策

政府应借鉴其他国家或地区的成功经验，结合本国的实际情况，灵活调整和完善科技人才政策。例如，可以参考一些科技创新强国在科技人才引进、激励创新、科研成果转化等方面的经验，采取适合本国国情的政策举措。

科技人才政策的实施保障与监督不仅是保障政策效果的重要措施，还能提升科技创新的活力。通过多层次的评估机制、透明公正的执行、强有力的监督机构、完善的数据管理、灵活的调整机制等手段，能够确保科技人才政策在实际操作中顺利推进。同时，政策实施过程中的反馈和监督也有助于不断优化政策体系，推动科技人才的全面发展和科技创新的可持续进步。

10.2　科技人才管理的创新发展

科技人才管理的创新发展是在当前科技快速进步和竞争日益激烈的背景下，企业和组织必须面对的重要课题。

10.2.1　智能化科技人才管理系统

智能化科技人才管理系统是运用现代信息技术与人工智能技术，对企业和科研机构在人才管理及发展方面的效率与效果进行优化和提升的系统。

1. 核心功能

(1) 科技人才招聘与筛选

智能化科技人才管理系统借助自然语言处理和机器学习技术，能自动筛选科技人才的简历，匹配职位要求，推荐最适合的候选人；还能开展智能面试和视频面试分析，通过语音识别和表情识别技术评估候选人的综合素质。

(2) 科技人才发展与培训

智能化科技人才管理系统能制订个性化培训计划，根据科技人才的技能、兴趣和职业发展目标，推荐适合的培训课程和资源；还能依托在线学习平台，为科技人才提供丰富的学习资源和互动培训课程，实时跟踪学习进度和效果。

(3) 科技人才绩效管理

智能化科技人才管理系统能通过数据分析和科技人才反馈，提供客观的绩效评估结果；还能基于绩效数据提供相应的改进建议，帮助科技人才和管理层识别改进点和发展机会。

(4) 科技人才满意度与参与度调查分析

智能化科技人才管理系统能定期开展科技人才满意度调查，利用文本分析、技术分析反馈，识别潜在问题和改进方向；还能通过智能推荐和激励机制，提高科技人才的参与感和归属感。

(5) 数据分析与决策支持

智能化科技人才管理系统能汇总和分析各类科技人才数据，提供可视化报告和决策支持；还能通过大数据分析和预测模型，帮助企业和科研机构制定科技人才战略和做好未来发展规划。

2. 技术特点

(1) 人工智能与机器学习

智能化科技人才管理系统利用人工智能算法进行科技人才的简历筛选、职位匹配、绩效评估等，能提升效率和准确性；还能通过机器学习不断优化系统功能，使系统能够适应科技人才管理不断变化的需求和环境。

(2) 自然语言处理

智能化科技人才管理系统能针对科技人才的反馈、简历内容、面试对话等进行语义分析，提取其中的关键信息和洞察其中的变化，从而自动生成报告和建议，可减少人工工作量，提高科技人才管理决策的科学性。

(3) 数据安全与隐私保护

智能化科技人才管理系统采用先进的数据加密和隐私保护技术，可确保科技人才的个人信息安全，在使用过程中严格遵循数据访问控制和审计机制，可防止未经授权的数据访问和信息泄露。

3. 应用场景

(1) 场景：企业人力资源管理

智能化科技人才管理系统可以应用于大中型企业的科技人才招聘、培训发展、绩效管理和科技人才关怀等全流程管理，为这些企业提供战略性的科技人才规划和管理决策支持，有助于企业提升竞争力。

(2) 场景：教育培训机构

智能化科技人才管理系统可以帮助教育培训机构优化教师和学员的管理，提供适合科技人才的个性化教学和学习方案，并且通过数据分析提升教学质量和学员满意度。

(3) 场景：政府与公共部门

智能化科技人才管理系统能支持公共服务部门的科技人才选拔、培训和绩效管理，有助于提升公共服务效率和质量；还能帮助制定和实施科技人才政策，促进区域经济和社会发展。通过智能化科技人才管理系统，组织能够更高效地管理和发展科技人才，提升整体竞争力和创新能力。

10.2.2　灵活的工作模式

在未来的科技行业，灵活的工作模式已成为提升科技人才工作效率、激发其创新活力以及吸引和留住科技人才的重要手段。在科技人才管理中，可以结合个人需求与组织目标，灵活采用多种工作模式，创造一个更加开放、灵活且具有吸引力的工作环境。

1. 灵活工作模式及其特点

(1) 远程工作

远程工作(remote work)是指科技人才可以在任何地点工作，通常无须到单位办公室办公。这种工作模式特别适合技术岗位，如软件开发、数据分析等。该工作模式的优势在于有助于平衡工作与生活；拓宽人才招聘范围，不受地理限制；降低办公室维护成本。该工作模式的劣势在于科技人才之间缺乏面对面交流，可能影响团队合作；需要高效的在线沟通和项目管理工具；孤立感和沟通不畅可能影响科技人才的参与度和创新动力。

(2) 灵活办公

灵活办公(flexible office hours)是指科技人才无须遵守传统的工作时间，可以根据个人的高效时间段调整工作时间。该工作模式的优势在于能够满足科技人才的个人需求(如家庭、健康等)；提高科技人才的工作效率，因为他们可以在自己最高效的时段工作；能够吸引不喜欢固定工作时间的优秀人才。该工作模式的劣势在于需要明确的工作成果和绩效评估标准；对团队协作的要求较高，需要合理安排和沟通。

(3) 弹性工作制

弹性工作制(flex-time)是指科技人才可以根据需要调整自己的工作时长。例如，一些科技人才可以选择缩短一周的工作时间，并在其他时间补充工作时长。该工作模式的优势在于可以增加科技人才的自主权，提高其工作满意度；可以根据公司需求灵活调整工作量，降低加班成本。该工作模式的劣势在于工作时间的灵活性可能导致工作效率难以统一；需要精确的工作时间管理系统来追踪工作进度。

(4) 混合办公模式

混合办公模式(hybrid work model)是指把远程工作和传统办公有效结合所形成的一种工作模式。科技人才可以选择一部分时间在办公室工作,其他时间在家或任何地方远程工作。该工作模式的优势在于结合了办公室合作和远程工作的优势,具有更大的灵活性;能提高科技人才的满意度,同时保持团队的凝聚力;对公司来说还能降低办公室空间成本和运营成本。该工作模式的劣势在于需要完善的技术支持(如远程协作工具和云服务);管理层需要有能力平衡不同工作地点的科技人才的工作状态和绩效。

(5) 项目制工作

项目制工作(project-based work)是指科技人才根据项目的需求进行工作,而不是承担固定的岗位职责。这种模式常见于科技研发、设计等领域。该工作模式的优势在于能充分利用科技人才的专长,提升项目完成效率;允许团队成员在项目之间切换,避免工作内容单一化。该工作模式的劣势在于项目时间管理较复杂,需要明确项目管理节点和里程碑;团队协作可能面临挑战,尤其是跨部门项目。

(6) 按需工作

按需工作(on-demand work)是指科技人才根据任务或需求的变化调整工作时间和工作内容。这种模式通常适用于自由职业者或合同工。该工作模式的优势在于具有极大的灵活性,适合那些希望自己控制工作时间的人;有助于企业根据需求动态调配人才资源,降低人员成本。该工作模式的劣势在于难以建立与科技人才长期的员工关系,影响企业文化塑造;对于长期项目的支持可能不足。

(7) 短期/临时工作

短期/临时工作(part-time and temporary work)是指科技人才根据需要选择短期或兼职的工作模式,这种模式通常适用于项目高峰期或有特定工作任务时。该工作模式的优势在于可以有效弥补科技人才短缺,增加工作的灵活性;有助于科技人才根据个人情况选择工作时长,获得更多自由。该工作模式的劣势在于科技人才流动性较大,可能影响团队稳定性;部分二作岗位的职业发展路径可能不清晰。

(8) 数字游牧工作

数字游牧工作(digital nomadism)是指科技人才利用技术设备,在全球任何地方工作,兼顾工作和旅行。该工作模式的优势在于高度灵活,能吸引年轻科技人才;有助于实现工作与生活的平衡,自由度较高。该工作模式的劣势在于沟通与协调比较困难,时区差异可能影响团队协作;需要强大的技术支持和安全保障,确保数据安全。

2. 实施灵活工作模式的关键因素

(1) 技术支持

强大的远程协作工具(如Slack、Teams、Zoom等)和项目管理工具(如Trello、Asana、Jira等)是实施灵活工作模式的基础。数据安全与隐私保护是远程工作的核心,应确保科技人才在家工作时的数据安全。

(2) 沟通与协作

采用灵活工作模式时，需要通过定期的虚拟会议和面对面的团队活动来保持团队的凝聚力；需要采用更加灵活的工作流程，避免过度依赖会议，而应主要利用数字化工具实现信息共享。

(3) 文化适应性

灵活工作模式强调信任和成果导向，而非时间和地点管理，需要确保在提高科技人才工作自由度的同时不会影响工作质量和进度；需要培养以目标为导向的企业文化，鼓励科技人才自主决策和创新。

(4) 绩效管理

采用灵活工作模式时，应采用更加灵活的绩效评估标准，例如基于项目的绩效、成果导向评估；需要使用数据分析工具，实时跟踪科技人才的工作进度，确保目标达成。通过灵活工作模式，企业能够提升科技人才的工作满意度和创新力，同时也能够更高效地吸引和管理科技人才。

10.2.3　多样化的科技人才引进策略

1. 面向海内外引进科技人才

面向海内外吸引科技人才是许多国家和企业在当今全球化和快速发展的科技环境中保持竞争力的重要战略之一。

(1) 提供有竞争力的薪酬和福利

国家与企业在引进海外高层次人力资源时，提供具有竞争力的薪酬待遇是基本条件。具体的薪酬水平应根据市场行情和行业标准做出相应调整。此外，还应该考虑科技人才健康保险、退休计划、带薪休假以及灵活工作模式等方面。

(2) 创造有吸引力的工作环境

国家与企业致力于构建对科技人才具有吸引力的工作环境，旨在为国内外科技人才营造一个开放、包容且创新的企业文化氛围，以促进团队协作与个人发展。同时，还应为科技人才提供现代化的办公设施与工具，支持远程办公及灵活工作模式。

(3) 职业发展和培训机会

海内外科技人才在成长过程中，通常比较关注职业发展和培训机会。为科技人才提供持续的职业培训和发展机会，可帮助他们提升技能、丰富知识，这对科技人才具有一定吸引力。此外，科技人才还期望国家和企业能够为他们规划明确的职业晋升路径，让他们看到发展前景。

通过以上策略，国家与企业可以有效吸引和留住海内外的科技人才，从而推动科技创新和经济发展。

2. 注重科技人才的多元化背景

注重科技人才的多元化背景已经成为许多企业和研究机构在全球化竞争中脱颖而出的关键因素。多元化不仅能带来不同的视角、创意和解决问题的方法，还有助于提升团队的创新能力和整体表现。

(1) 制定包容性的科技人才招聘政策

为确保科技人才招聘流程的公平，消除潜在的性别、种族、文化等偏见，企业和研究机构可以使用盲审技术(如匿名简历)来评估候选人的资质。同时，还可以通过拓展招聘渠道来吸引不同背景的候选人。例如，可以与全球不同国家的大学、科研机构和社群合作，扩大招募范围；在职位描述和招聘广告中明确表达对科技人才多元化的重视，以吸引具有不同经验、文化背景和思维方式的科技人才。

(2) 提供平等的职业发展机会

企业和研究机构应为所有科技人才提供平等的培训机会和晋升路径，确保不同背景的科技人才都能获得成长和发展的机会。可通过建立导师制度或支持小组，来帮助不同文化背景的科技人才更好地融入职场并获得发展。

(3) 打造多元文化的工作环境

企业和研究机构应致力于营造尊重、理解和支持多样性的组织文化，鼓励不同背景的科技人才分享各自的观点和经验。同时，还要有目的地提供跨文化沟通和协作的培训，帮助科技人才理解和尊重不同文化之间的差异，从而更好地合作和创新。

(4) 定期开展考核评估和反馈

政府及相关部门可针对企业和研究机构的科技人才管理工作，设定具体的多元化目标和指标，定期评估这些组织在吸引、支持和留住多元化科技人才方面取得的进展。同时建立匿名的科技人才反馈机制，了解科技人才在多样性和包容性方面的真实感受，并根据反馈调整政策和实践。

引进多样化的科技人才，不仅有助于企业和研究机构提升创新力和决策质量，还能为不同背景的科技人才提供更加公平的发展机会，创造更为活跃与和谐的科技创新工作环境。这不仅是企业和研究机构的社会责任，也符合全球化市场发展的需求。

10.2.4　跨界合作与创新

科技人才的跨界合作与创新是推动技术进步和解决复杂问题的重要力量。在科技快速发展的时代，单一学科或领域的专家往往难以应对多变的市场需求和技术挑战。跨界合作不仅能够汇集多方专业知识，还能激发出新的创意和解决方案。

1. 打破学科边界，促进跨领域合作

政府、企业和研究机构应该鼓励不同学科背景的科技人才共同组建团队，开展跨领域合作。例如，人工智能(AI)领域的科技人才可以与生物学家、医学专家、社会学家等合作，推动智能医疗的发展。通过定期组织跨学科的技术研讨会和创新论坛，可促进来自不同领域的科技专家进行思想碰撞和经验分享，激发创新灵感。

2. 鼓励开放式创新

政府部门通过建立开放平台和构建协作工具，可以吸引外部科技专家、初创企业和学术机构参与合作，加速推动知识共享和创新。例如，通过设立开源项目、技术挑战赛和创客空间，可以促成不同领域的科技人才共同合作。此外，还可以通过组织全球性的创新竞赛或合作项目，鼓励不同背景的科技人才围绕特定领域的技术难题或社会问题展开跨界合作。

3. 跨行业合作推动应用创新

政府部门鼓励科技人才与传统行业(如制造业、农业、医疗等)合作，探索如何将新技术应用到实际生产和服务中，从而推动产业升级。例如，结合物联网技术和智能制造，或在农业中应用大数据分析和AI技术。科技人才与社会学家、环境专家等也可以通过共同参与社会创新项目，利用科学技术推动社会问题的解决，例如，智慧城市、环境保护、可持续发展等领域的创新。

4. 培育跨界创新的文化

在企业或组织内部，培育和打造跨界创新的文化，鼓励科技人才走出舒适区，跨部门、跨专业交流与合作。提供开放、自由的环境，允许科技人才自由探索与自己专业领域相关但非核心的其他领域的知识和技术。通过设立跨界创新奖项，表彰那些在合作中打破学科界限、提出新思路和新解决方案的科技人才，激励更多的创新精神。

5. 强化跨界人才的培训和教育

高等学校和科研院所等可以通过设计跨学科的课程和项目，培养既有专业技术又有跨领域知识的科技人才。例如，结合计算机科学与艺术、设计、哲学等课程，培养具有创新思维的复合型科技人才。伴随着科技行业的迅速发展，科技人才也需要不断更新自己的知识和技能。企业和研究机构可以提供持续的培训机会，帮助科技人才打破专业领域的知识壁垒，掌握多领域的技能。

6. 打造多元化的合作生态系统

社会各方要努力推动企业与供应链上下游的合作，尤其是在技术开发和应用的过程中，科技人才需要与原材料供应商、制造商、服务提供商等开展深度合作，共同推动科技创新。政府可以发挥政策引导作用，企业提供实际应用场景，学术界进行技术研发和理论支持，从而实现政府、企业、学术界的三方合作。通过三方合作，形成科技创新的合力，推动科技创新活动的深度融合以及科技创新成果的跨界应用。

10.2.5 高效领导力与管理创新

科技人才的领导力与管理创新能力是推动科技组织发展和项目成功的关键因素，尤其在科技快速发展的环境中，高效领导力和管理创新能够有效激发团队的潜力、提高工作效率，并能促进技术和产品的不断创新。

1. 赋能型领导力

赋能型领导力(empowering leadership)倡导让团队成员在工作中拥有更多的自主决策权，并承担相应的责任。科技人才通常具备较强的专业能力，领导者的信任和支持可以激发他们的创造力和创新精神。领导者应鼓励科技人才不断学习新技能和探索新领域，尤其是在跨学科的合作中，鼓励科技人才跨领域学习和交流，帮助他们拓宽视野并提升综合能力。

2. 敏捷管理与创新驱动

科技创新团队常常面临快速变化的技术需求和市场环境，敏捷管理方法(如Scrum工具或Kanban项目设计)能够帮助团队快速响应变化，提升工作效率和项目成功率。通过迭代式开发和小步快跑的方式，团队能够在短周期内快速试错和改进，保持创新活力。敏捷管理强调团队成员的跨职能合作，不同领域的科技人才可以在快速迭代中共同解决问题，推动产品和技术的创新。

3. 数据驱动的决策与创新

科技领导者可以通过数据分析来驱动决策过程。通过收集和分析项目进展、市场反馈、技术可行性等数据，管理层可以作出更加精准的决策，减少风险和降低不确定性。在科技企业中，领导者应设定与创新相关的KPI(关键绩效指标)，例如技术研发进度、产品创新率、客户反馈等，确保科技创新团队的努力能够有效地推动创新成果的产出。

4. 鼓励内部创业和开放创新

企业和研究机构应为科技人才提供资源和支持，鼓励他们在组织内部开展创新项目。例如，可以设立内部创新基金，为科技人才开发新项目或新产品提供资助。内部创业能够激发科技人才的企业家精神，促进技术突破和市场开拓。开放创新(open innovation)能够鼓励科技人才与外部专家、企业和学术机构共同研发新技术和新产品。这种模式不仅能够推动技术进步，也能够增强企业的市场竞争力。

5. 多元化团队的领导与协作

领导者应关注团队成员的多元化，这不仅包括性别、种族、背景的多样性，还包括专业技能和思维方式的多样性。跨学科、多元化的团队可以带来更丰富的创意思路，提升创新的深度和广度。在全球化的今天，跨文化管理尤为重要。领导者需要具备跨文化沟通能力，尊重并包容不同文化背景的团队成员，从而促进有效的协作与创新。

6. 数字化工具与技术赋能管理

随着技术的进步，许多智能化管理工具(如AI驱动的分析工具、协作平台、项目管理软件等)得到广泛运用，可以帮助管理者高效地协调团队工作、追踪项目进度、分析数据趋势，从而提升决策效率。科技人才管理者可以通过技术手段自动化地完成部分烦琐的管理流程，让团队成员能够将更多时间投入技术创新和产品开发之中。

7. 建立沟通与反馈机制

科技人才通常对技术细节高度关注，为了方便科技人才进行技术沟通，领导者需要建立一个开放的沟通环境，鼓励团队成员提出意见和反馈。通过定期的技术交流会和团队会议，确保信息畅通，并迅速解决出现的技术或管理问题。同时，通过建立快速反馈机制，领导者可以及时了解团队中科技人才的需求和面临的挑战，并作出相应调整。通过创新沟通和反馈机制，不仅能够提升团队的工作效率，也能够帮助领导者更好地把握创新的方向和节奏。

8. 注重人才培养与继任计划

在科技公司中，培养未来的技术领导者是确保组织长远发展的关键。通过系统的领导力培训、项目管理经验积累和技术深耕，可提升科技人才的管理能力和战略眼光。管理者应为关键岗位的科技人才制订继任计划，以确保人才梯队建设，提升组织的持续创新能力。具体包括从内部培养或外部招聘优秀的技术经理和领导者，以确保团队的创新能力不会因人员流动而受到影响。

通过高效领导力和管理创新，科技人才不仅能够在技术上实现突破，还能在管理、组织和战略层面推动企业和研究机构的持续发展。在竞争激烈的科技领域，高效领导力和管理创新是确保组织快速响应市场变化、激发团队创造力和实现长期成功的核心要素。

参考文献

[1] 李作学，赵媛媛，曹依霏，等. TPB框架下科技人才创新意愿的驱动路径研究——基于 fsQCA分析[J/OL]. 科技导报，1-10[2024-11-14]. http://kns.cnki.net/kcms/detail/11.1421.N. 20241031.1833.002.html.

[2] 周微，黄箐. 四川省战略科技人才力量建设的对策思考[J]. 决策咨询，2024(5)：53-56.

[3] 董宝奇. 基于CiteSpace的科技人才创新激励[J]. 科技和产业，2024，24(20)：340-347.

[4] 张瑾. 教育科技人才一体化背景下职业教育政策工具的现状分析及其反思——基于长三角地区"十三五"和"十四五"时期教育事业规划的考察[J]. 中国职业技术教育，2024(30)：26-34.

[5] 严纯华. 论强化高等教育对科技和人才的支撑[J]. 中国高教研究，2024(10)：11-17.

[6] 金梦兰，甄嘉熠. 教育、科技、人才一体化发展的逻辑、困境与实现路径[J]. 中州大学学报，2024，41(5)：108-112.

[7] 方慈，杨嘉麟，马宗文. 日本开展国际科技合作的实践路径与启示[J]. 科学管理研究，2024，42(5)：159-168.

[8] 李旭辉，严晗. 科技自立自强视域下中国科技人才效能测度、区域差异及影响因素[J]. 科学管理研究，2024，42(5)：128-139.

[9] 吉冰冰. 科技创新人才培养质量评价指标体系构建[J]. 中州大学学报，2024，41(5)：113-117.

[10] 杜俊华，谭湘，冯熙茹. 论新时代高校青年科技人才工作创新[J]. 重庆行政，2024，25(5)：4-7.

[11] 陈彬，刘鹏飞，史先昊，等. 基于二阶验证性因子分析模型的江苏高校科技人才竞争力评价[J]. 江苏师范大学学报(自然科学版)，2024，42(3)：59-63.

[12] 成祖松. 科技人才赋能乡村振兴的实践探索——以安徽马鞍山市为例[J]. 现代化农业，2024(10)：75-77.

[13] 陈晓东，杨晓霞. 畅通教育、科技、人才良性循环：新质生产力驱动下科教兴国新战略[J]. 南京社会科学，2024(10)：48-59.

[14] 胡航，杨琳. 从"原始"走向"智能"："洞穴隐喻"对教育、科技、人才"三位一体"的教育省思[J]. 现代教育技术，2024，34(10)：13-22.

[15] 方阳春，蔡宇辉，刘永华，等. 构建提升工作幸福感和创新活力的科技人才评价指标体系[J/OL]. 科技与经济，2024(5)：101-105[2024-11-14]. https://doi.org/10.14059/j.cnki.

cn32-1276n.2024.05.021.

[16] 马陆亭. 教育、科技、人才一体推进新质生产力发展[J]. 北京教育(高教)，2024(10)：34.

[17] 张辉，金浏，刘美荣. 地方高水平研究型大学促进北京人才高地建设的路径研究——基于北京工业大学统筹教育、科技、人才协同发展促进人才高地建设的实践[J]. 北京教育(高教)，2024(10)：64-68.

[18] 唐登莹，陈伟. 推动教育、科技、人才有效贯通为发展新质生产力蓄势赋能[J]. 北京教育(高教)，2024(10)：44-46.

[19] 全程钼，龙群，周天哲. 教育科技人才一体化语境下科学家精神的价值意蕴与弘扬策略[J]. 科技传播，2024，16(19)：41-46.

[20] 胡建华. 略论教育、科技、人才一体化发展中的研究生教育[J]. 江苏高教，2024(10)：1-9.

[21] 闫巩固，高喜乐，张昕. 重新定义人才评价[M]. 北京：机械工业出版社，2019.

[22] 王成军. 高学历科技人力资源流动研究[M]. 北京：科学出版社，2009.

[23] 王海东. 技术团队管理者的第一堂课[M]. 北京：人民邮电出版社，2021.

[24] 司海恩，陈晖，王双. 科技成果转化绩效评价研究——基于云南省科技成果的实证分析[J]. 科技创业月刊，2023，36(7)：49-53.

[25] 全念. 成渝地区双城经济圈经济高质量发展对科技人才集聚的影响效应研究[D]. 重庆理工大学，2023.

[26] 统筹推进教育科技人才体制机制一体改革——访教育部党组书记、部长怀进鹏——教育部

[27] 姚畅，杜伟，张超，等. 科技成果转移转化人员收益分配模式的实践与探索[J]. 中国科学院院刊，2024，39(6)：1060-1071.

[28] 邹振宇，王泽强. 构建合肥科技创新容错及信用评价机制的对策思路[J]. 安徽科技，2019（11）：42-43.

[29] 张之艳，陈洪转，方志耕，等. 科技人才流出、流入成本—效益改进模型[C]. //江苏省系统工程学会第十届学术年会论文集，2007：51-55.

[30] 瞿群臻，高思玉，牛萍. 中国战略科技人才成长阶段流动规律研究——以281名中国工程院院士为例[J]. 中国科技论坛，2023(3)：104-114.

[31] 谢香芹，张利. 新疆科技工作者心理需求与离职行为：工作满意度的中介作用——基于1826份兵团科技工作者状况调查问卷[J]. 劳动保障世界，2020(15)：80-81.

[32] 陈标新，徐元俊，罗明. 基于粤港澳大湾区建设背景下的科技创新人才队伍建设研究——以东莞市为例[J]. 科学管理研究，2020，38(1)：133-138.

[33] 王顺梅. 甘肃省高校科技工作者心理健康状况调查研究[J]. 兰州教育学院学报，2020，36 (3)：87-89.

[34] 丁刚，王士源. 省域科技创新人才队伍建设中政府效能的影响作用测评[J]. 合肥工业大学学报(社会科学版)，2019，33(6)：44-50.

[35] 张钰莹，何吴钰，曾一帆. 粤港澳大湾区高校科技创新人才队伍建设研究[J]. 合作经济

与科技，2019(23)：98-99.

[36] 叶晓倩，陈伟. 我国城市对科技创新人才的综合吸引力研究——基于舒适物理论的评价指标体系构建与实证[J]. 科学学研究，2019，37(8)：1375-1384.

[37] 李慷，邓大胜. 支持老科技工作者服务科技强国建设——基于全国老科技工作者状况调查[J]. 今日科苑，2019(6)：81-92.

[38] 赵正国. 持续深化科技体制改革，更好激发科技人员的积极性和创造性[J]. 科技导报，2019，37(10)：81-88.

[39] 唐潇，穆晓龙，史玲燕，等. 河北省科技创新人才吸引力评价及其引进政策优化研究[J]. 智库时代，2019(21)：137-138.

[40] 《广西科技工作者科学意识状况调查研究》成果简介[J]. 广西经济管理干部学院学报，2019，31(2)：109.

[41] 《广西第二次科技工作者状况调查报告》成果简介[J]. 广西经济管理干部学院学报，2019，31(2)：2.

[42] 李翠霞，胡祥明. 激发科技工作者开展科普工作内在潜力的政策研究——基于黑龙江省科技工作者开展科普工作状况调查[J]. 学会，2019(3)：26-35+41.

[43] 赵令锐，陈锐. 科技工作者对学术不端行为的认知状况分析——基于第三、四次全国科技工作者状况调查数据[J]. 今日科苑，2019(2)：84-89.

[44] 李志清. 加强广深科技创新走廊创新型人才队伍建设的对策建议[J]. 科技创新发展战略研究，2019，3(1)：40-43.

[45] 于巧玲，邓大胜，史慧. 女性科技工作者现状分析——基于第四次全国科技工作者状况调查数据[J]. 今日科苑，2018(12)：87-91.

[46] "上海科技创新管理人才现状及对策研究"课题组. 上海科技创新管理人才队伍现状分析[J]. 科技中国，2018(12)：74-81.

[47] 李慷，张明妍，于巧玲，等. 全国科技工作者状况调查研究分析[J]. 今日科苑，2018(11)：72-77.

[48] 吴芸，赵延东. 科技工作者的政治参与行为及影响因素——基于全国科技工作者状况调查数据的实证分析[J]. 中国科技论坛，2018(11)：125-132.

[49] 薛昱，张文宇，杨媛，等. 基于匹配模型的科技创新人才评价[J]. 技术经济，2018，37(9)：65-72.

[50] 刘有升. 省域科技创新创业人才队伍建设效率研究[J]. 重庆文理学院学报(社会科学版)，2018，37(2)：106-113.

[51] 蔡闻一，操群. 航天领域科技工作者状况调查分析报告[J]. 今日科苑，2018(3)：67-76.

[52] 中国科学院学部"影响我国高层次科技人才培养与成长相关问题的研究"咨询课题组，何积丰. 加强和促进我国高层次科技创新人才队伍建设的政策建议[J]. 科技中国，2018(1)：80-86.

[53] 毛素芝. 河南省高层次科技创新人才队伍建设问题与对策研究[J]. 创新科技，2018，

18(1)：58-60.

[54] 江希和，张戊凡. 科技工作者状况分析及对策建议——基于江苏省科技工作者调查[J]. 科技管理研究，2017，37(24)：50-60.

[55] 李森林，钟周，孟天广，等. 江苏省科技企业家创新人才队伍建设现状及发展需求研究[J]. 继续教育，2017，31(11)：3-7.

[56] 朱婷钰，赵万里. 玛蒂尔达效应与科学界的性别不平等——基于对中国科技工作者分层状况的调查研究[J]. 自然辩证法通讯，2017，39(5)：8-18.

[57] 省人大常委会组成人员对《省政府关于全省高层次科技创新人才队伍建设情况的报告》的审议意见[N]. 辽宁日报，2016-11-29(7).

[58] 沈佳文. "十三五"时期科技创新人才队伍建设思考——以浙江省湖州市为例[J]. 湖南工业职业技术学院学报，2016，16(3)：41-44.

[59] 刘小婧，林继扬，吴华刚. 福建省科技创新创业人才队伍建设的对策研究[J]. 甘肃科技纵横，2016，45(2)：35-38.

[60] 苏楠，万玉玲，侯晓霞. 科技评价导向、科技资源分配是科技工作者关注的焦点[J]. 科技导报，2015，33(9)：17.

[61] 刘县兰，许宏，曾海萍，等. 广州市科技工作者压力源状况调查[J]. 中国健康心理学杂志，2015，23(1)：56-60.

[62] 崔颖. 基于模糊综合评价的科技创新人才政策环境评价研究——来自河南省的数据[J]. 科技管理研究，2013，33(11)：83-87.

[63] 汪立超. 高校科技创新人才队伍建设研究——以双因素理论为视角[J]. 管理工程师，2013 (1)：12-14.

[64] 丁刚，罗暖. 我国省域科技创新人才队伍建设的现状评价与空间集聚效应研究——基于GPCA模型和ESDA方法[J]. 武汉理工大学学报(社会科学版)，2012，25(4)：519-525.

[65] 崔颖. 基于层次分析法的河南科技创新人才创新能力评价研究[J]. 科技进步与对策，2012，29(6)：112-116.

[66] 宋微，戴磊. 吉林省科技创新人才培育环境评价指标体系的构建[J]. 工业技术经济，2011，30 (8)：39-42.

[67] 周昀. 城市科技创新人才吸引力评价指标体系的构建[J]. 商场现代化，2009(5)：310.

[68] HARRIS A. Finding and Hiring Top Tech Talent is Management's Greatest Concern for Fifth Straight Year, Reveals Harris Allied Tech Hiring and Retention Survey [J]. Journal of Engineering, 2017, 482.

[69] WANG F, FENGLIAN W, XIAOHONG Z. Evaluation on the Effect of High-Level Scientific and Technological Talents Team Building in Local Industry Based on DEA [J]. Journal of Physics:Conference Series, 2020, 1621 (1):012097.

[70] 栾鸾，张惠娜. 科技人才政策汇编[M]. 北京：北京理工大学出版社，2015.

[71] 文魁，吴冬梅，等. 激励创新：科技人才的激励与环境研究[M]. 2版. 北京：经济管理

出版社，2012.

[72] 陈书洁. 教育、科技、人才一体化赋能新质生产力：趋势、挑战与应对[J]. 人口与经济，2024(4)：9-14+18.

[73] 刘惠琴，牛晶晶，辜刘建. 倍增高质量发展：教育、科技、人才的协同融合[J]. 清华大学教育研究，2024，45 (3)：31-36.

[74] 马鹏涛. 中国式现代化进程中教育、科技、人才一体化建设的三维探析[J]. 新疆社科论坛，2024(3)：18-26.

[75] 肖安娜，吕慧珍，张福生. 科技人才流动对经济高质量发展的空间溢出效应研究[J]. 科技经济市场，2024(6)：69-72.

[76] 兰玉杰. 提升科学基金资助效能 助力教育科技人才一体化高质量发展[J]. 中国科学基金，2024，38 (2)：223.

[77] 杨慧慧，刘晖. 科技人才集聚对中国经济高质量发展的影响[J]. 科技管理研究，2024，44 (2)：61-69.

[78] 沈坤荣，金童谣，赵倩. 以新质生产力赋能高质量发展[J]. 南京社会科学，2024(1)：37-42.

[79] 陈宇学. 教育、科技、人才协同推动高质量发展问题研究[J]. 理论学刊，2023(6)：144-151.

[80] 孙锐. 构建人才引领驱动高质量发展战略新布局[J]. 人民论坛·学术前沿，2023(21)：76-87.

[81] 侯灵芝. 高质量发展视域下科技人才的引进与培养[J]. 人才资源开发，2023(21)：20-22.

[82] 李思蕾. 科技创新对社会经济高质量发展的影响研究[J]. 环渤海经济瞭望，2023(10)：4-7.

[83] 葛世荣. 加快培育国家青年科技人才 推进高等教育高质量发展[J]. 中国高等教育，2023(19)：1.

[84] 姜芮，孟令航，刘帮成. 科技创新人才集聚度与区域经济高质量发展的空间特征——基于空间计量和面板门槛模型的实证分析[J]. 经济问题探索，2023(10)：59-72.

[85] 邓成超，全念. 成渝地区双城经济圈经济高质量发展对科技人才集聚的影响效应研究[J]. 重庆理工大学学报(社会科学)，2023，37 (8)：95-109.

[86] 郝平. 把服务高质量发展作为建设教育强国的重要任务[J]. 红旗文稿，2023(11)：4-8+1.

[87] 王福世. 科技人才促进区域高质量发展研究——基于中国省际面板数据的实证检验[J]. 中国人事科学，2023(4)：49-60.

[88] 杨睿娟，齐宝华，唐安双. 经济高质量发展、科技创新与科技人才流动的交互效应研究——以陕西省为例[J]. 科技和产业，2023，23(3)：20-26.

[89] 李平，方新，申金升，等. 推进新时代教育、科技、人才"三位一体"高质量协同发展——"现代化建设科技人才体系研究"座谈会主旨发言摘编[J]. 技术经济，2023，42 (1)：1-13.

[90] 张宝友，吕旭芬. 高质量发展视角下浙江创新创业人才发展环境评价及优化路径研究[J]. 科技管理研究，2022，42 (24)：69-77.

[91] 孙雨洁，唐靖淮. 构建面向高质量发展的青年科技人才就业体系[J]. 山东人力资源和社会保障，2022(11)：32-33.

[92] 程小慧. 背景·价值·路径：青年科技人才赋能乡村振兴高质量发展探微[J]. 农村经济与科技，2022，33 (16)：100-104.

[93] 陈修高，雷凤利，于博. 沪粤人才国际化和高水平人才高地建设的比较与思考[J]. 中国人事科学，2022(7)：33-42.

[94] 程宏燕，史宁超. 习近平关于新时代科技人才线性培育机制研究[J]. 武汉理工大学学报(社会科学版)，2022，35 (2)：29-34+58.

[95] 杭国荣. 高质量发展视域下的科技人才引进与培养[J]. 人力资源，2021(24)：120-121.